贵州财经大学引进人才科研启动项目"新时代贵州脱贫地区农村经济高质量发展路径研究"（项目编号：2021YJ052）

中国—东盟自由贸易区的林产品贸易效应研究

杨重玉 著

中国社会科学出版社

图书在版编目（CIP）数据

中国—东盟自由贸易区的林产品贸易效应研究/杨重玉著. —北京：中国社会科学出版社，2022.8
ISBN 978-7-5227-0597-2

Ⅰ.①中⋯ Ⅱ.①杨⋯ Ⅲ.①自由贸易区—林产品—国际贸易—研究—中国、东南亚 Ⅳ.①F752.652.4

中国版本图书馆 CIP 数据核字（2022）第 133548 号

出 版 人	赵剑英	
责任编辑	张玉霞	刘晓红
责任校对	周晓东	
责任印制	戴 宽	
出　　版	中国社会科学出版社	
社　　址	北京鼓楼西大街甲 158 号	
邮　　编	100720	
网　　址	http：//www.csspw.cn	
发 行 部	010-84083685	
门 市 部	010-84029450	
经　　销	新华书店及其他书店	
印　　刷	北京君升印刷有限公司	
装　　订	廊坊市广阳区广增装订厂	
版　　次	2022 年 8 月第 1 版	
印　　次	2022 年 8 月第 1 次印刷	
开　　本	710×1000　1/16	
印　　张	13.75	
插　　页	2	
字　　数	193 千字	
定　　价	69.00 元	

凡购买中国社会科学出版社图书，如有质量问题请与本社营销中心联系调换
电话：010-84083683
版权所有　侵权必究

摘　要

　　自由贸易区旨在成员国之间逐步消除所有歧视性贸易障碍以及其他非贸易壁垒，实现成员国之间自由贸易，而在自由贸易区成员国与非成员国之间继续保持贸易壁垒。中国—东盟自由贸易区是中国对外商谈的第一个自贸区，也是世界第三大自由贸易区。

　　东盟是中国重要的林产品贸易市场，尤其是2010年中国—东盟自由贸易区启动以来，中国与东盟国家间林产品贸易快速发展，但中国一直处于净进口状态，并且净进口额呈现不断扩大趋势。经典理论认为，自由贸易区可以通过贸易的静态效应和动态效应影响成员国的贸易结构和贸易规模，但由于各种因素的综合作用，贸易效应在不同国家间的表现不尽一致，许多经验检验的结论也为此提供了支撑。

　　本书将研究视角集中于中国—东盟自由贸易区林产品贸易效应的理论和实证研究，基于林业产业特性引致的贸易特性，从理论上解析林产品贸易效应形成路径和内在逻辑，建立了一般分析框架。在此基础上，实证检验了自由贸易区的静态林产品贸易效应、动态林产品贸易效应，并进一步估计中国—东盟自由贸易区内林产品的"前沿"贸易效率、贸易水平以及分析影响贸易效率的因素。主要研究结论如下：

　　（1）基于林产品贸易特性和相关理论，搭建了自由贸易区的林产品贸易效应的分析框架。林产品静态贸易效应实现路径为通过贸易转移和贸易创造影响资本效应和资源配置效应，动态效应则通过规模效应、竞争效应、技术效应和投资效应等路径形成。其内在逻辑是：区域内贸易开放使产品市场扩大，短期内具有比较优势的企业获得扩大区域内贸易的动力，产生了贸易创造和贸易转移，通过贸易实现了资本效应和资源配置效应。同时，资本效应和资源配置效应使企业更加积极参与区域内贸易，提高资源配置效率、获得资本收益。长期来看，一方面，随着成员国家间贸易规模的扩大，资本积累增加，要素价格相对变化，引致资源禀赋结构变动进而比较优势发生变化。另一方面，贸易竞争加剧的同时带来技术的转移和扩散，企业具有了技术进步的内在和外在动力，通过模仿和学习形成动态比较优势。比较优势的变动引致成员国贸易结构和贸易流向的变化，发生新的贸易转移和创造效应。其间，由于林业特性决定的林产品贸易特性，政府行为将起到影响静态和动态贸易效应的辅助作用。林业产业的特殊性，使林产品贸易具有可贸易性、非贸易关注等特性，对贸易效应产生影响，前者抵消贸易效应，后者扩大贸易效应。

（2）中国—东盟自由贸易区在国家层面体现出的统计特征表现为，中国与东盟林产品贸易额持续扩大，但占前者的比重在下降，而占后者的比重在上升；中国与东盟林产品贸易结合度逐年攀升，但东盟与中国林产品贸易结合度逐年减弱；中国与东盟林产品竞争程度较高，整体呈倒"U"形变化；中国与东盟林产品贸易互补性较高，且在增强，而东盟与中国林产品互补性较低，且在减弱。统计分析表明，自由贸易区对于林产品贸易具有静态效应和动态效应，只不过在不同发展阶段，不同国家和不同产品上贸易效应表现不同。

（3）林产品静态贸易效应的检验结果表明：从林产品整体来看，中国—东盟自由贸易区对于成员国林产品出口贸易具有贸易转移效应；对于成员国林产品进口贸易具有抑制作用，主要是因为部分成员国实施限制林产品出口、进口的贸易政策。从具体林产品来看，中国—东盟自由贸易区对于成员国的林果、纸及纸制品以及木浆（2010—2015年）等林产品出口贸易具有贸易创造效应，人造板

（2010—2015年）、林品（2004—2010年）、纸及纸制品（2004—2010年）等林产品的进口贸易具有贸易转移效应。

（4）林产品动态贸易效应的实证分析发现：市场效应是中国—东盟自由贸易区成员国间林产品贸易增长的主要原因。结构效应对于中国—东盟自由贸易区成员国间林产品进、出口贸易增长的影响并不一致。除个别情况外，考察期间，结构效应对林产品进口贸易的影响发生质变，由正转为负；对于林产品进口贸易的影响为正。竞争效应对于成员国间林产品贸易增长的影响并不一致。

（5）进一步分析林产品贸易效率和影响因素认为：林产品贸易效率呈上升态势。从整体来看，成员国间林产品进、出口贸易效率均呈现波动上升，但大部分成员国的出口贸易效率小于其进口效率。进、出口国的政府效率、贸易自由度、金融自由度等因素对于林产品贸易的影响存在显著差异。其中，出口国的上述三因素与贸易非效率之间存在负相关关系。进口国的金融自由度与贸易非效率负相关；政府效率、贸易自由度与出口贸易非效率负相关，但与进口贸易非效率不存在显著关系。贸易伙伴的商业自由度、货币自由度与贸易非效率之间不存在显著关系。

关键词：中国—东盟自由贸易区；贸易效应；林产品；随机前沿模型

目 录

第一章 导论 ··· 1
    第一节 研究背景与问题提出 ··· 1
    第二节 研究目标与内容框架 ··· 3
    第三节 研究方法与范围界定 ··· 6
    第四节 可能的创新点 ·· 8

第二章 概念界定与文献综述 ··· 9
    第一节 概念界定 ··· 9
    第二节 文献综述 ·· 11
    第三节 文献评析 ·· 23

第三章 自由贸易区贸易效应理论分析框架 ························· 25
    第一节 林业产业特性与贸易特性 ·· 25
    第二节 理论基础 ·· 27
    第三节 理论分析框架 ·· 31

第四章 中国—东盟自由贸易区林产品贸易现状和特征 ········· 35
    第一节 中国—东盟林产品贸易政策 ···································· 35
    第二节 中国—东盟林产品贸易发展现状 ······························· 39
    第三节 中国—东盟林产品贸易发展特征 ······························· 66
    第四节 本章小结 ·· 91

第五章 中国—东盟自由贸易区林产品贸易的静态效应 …… 93

第一节 模型构建 …… 93
第二节 林产品出口贸易效应 …… 98
第三节 林产品进口贸易效应 …… 113
第四节 中国—东盟自由贸易区的中国林产品贸易效应 … 128
第五节 本章小结 …… 141

第六章 中国—东盟自由贸易区林产品贸易的动态效应 …… 144

第一节 模型构建 …… 144
第二节 动态效应分析 …… 147
第三节 本章小结 …… 166

第七章 中国—东盟自由贸易区林产品贸易潜力及影响因素 … 168

第一节 模型设定 …… 168
第二节 基于出口的实证结果及分析 …… 171
第三节 基于进口的实证结果及分析 …… 183
第四节 本章小结 …… 195

第八章 结论及政策启示 …… 197

第一节 研究结论 …… 197
第二节 政策启示 …… 199
第三节 后续研究的问题 …… 201

参考文献 …… 202

第一章

导论

第一节 研究背景与问题提出

经济全球化进程中，跨国公司和区域经济一体化是重要推手。20世纪50年代以来，国际区域经济一体化逐渐开始发展；进入90年代以后，新区域主义兴起，在全球范围内掀起了新一轮地区经济一体化的发展高潮；特别是近十年来，随着WTO多边谈判难度不断增大且成效甚微，区域经济一体化得到快速发展。截至2021年12月5日，WTO收到789个区域贸易协议的通报，其中571个已生效实施。[①] 随着区域经济一体化合作的内容日益广泛，内涵和外延不断加深，为成员国之间提供更加自由的经贸空间，从而实现了互惠互利。

为积极应对区域经济一体化在全球范围内掀起的高潮，2002年11月4日，中国与东盟签署《中国—东盟全面经济合作框架协议》。从2004年实施"早期收获计划"到2005年签署《货物贸易协议》；从2007年《服务贸易协议》到2009年8月签订《投资协议》，中国—东盟自由贸易区（CAFTA）最终于2010年1月1日全面建成；自2016年以来，CAFTA进入巩固完善阶段。CAFTA作为中国与其

---

① 资料来源：http://www.wto.org/english/tratop_e/region_e/region_e.htm.

他国家建设的第一个自贸区,是目前中国参与建成的最大自由贸易区,也是世界上第一个以发展中国家为主的区域经济合作组织。虽然中国与东盟的贸易结构竞争性大于互补性,但建立自由贸易区有利于调整各方的贸易结构,扩大贸易规模。

林产品以森林资源为基础,森林资源的培育周期相对较长,在维护生态平衡中具有重要的作用,外部效益显著,因此林产品具有不同于普通商品的特征。随着各国对资源型产品敏感度的提高,林产品贸易逐渐受到各国政府的关注。2004年,CAFTA"早期收获计划"启动,双边水果贸易实施零关税政策。2000—2020年,中国与东盟林产品双边贸易额从30.71亿美元增长至225.61亿美元,2000—2007年,中国与东盟林产品贸易比重呈下降态势,2007年以来,比重呈现波动上升,东盟成为中国林产品贸易的第二大贸易伙伴,见图1-1。但是,在双边林产品贸易中,中国始终处于净进口的状态,CAFTA建成之前,中国与东盟林产品净进口不断缩小,之后,净进口在高水平波动,2020年林产品净进口额为43.77亿美元。

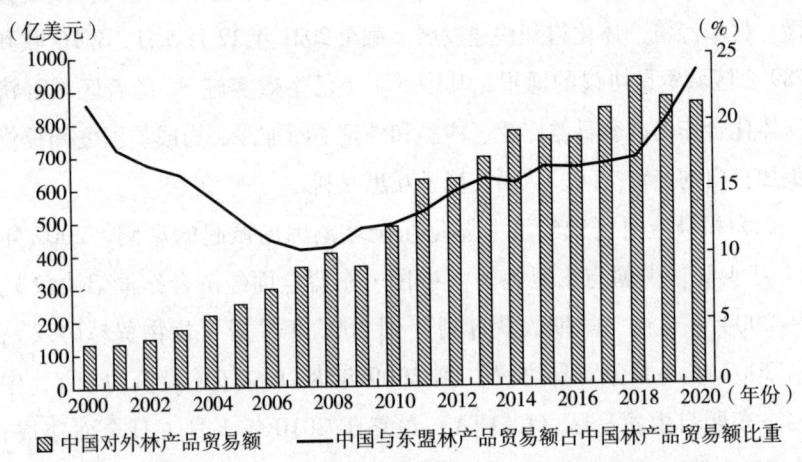

图1-1 2000—2020年中国对外林产品贸易情况

资料来源:笔者根据世界银行WITS数据库数据计算整理。

从理论上来看，自由贸易区作为区域经济一体化的组织形式，旨在消除成员国关税和非关税壁垒，扩大区域成员国间相互贸易和投资。CAFTA作为一个具有较为严密的制度性安排的区域一体化形式，不仅可以实现贸易创造和贸易转移的静态效应，而且能实现规模经济、竞争和投资的动态效应。

东盟是中国重要的林产品贸易伙伴。自2004年"早期收获计划"实施以来，CAFTA建设对于双边林产品贸易增长是一个统计现象，还是长短期贸易效应的影响？CAFTA是通过什么效应作用于双边林产品贸易增长的？CAFTA林产品贸易潜力如何，自贸区发挥何种作用？基于上述问题对CAFTA框架下中国—东盟林产品贸易效应进行系统分析和评估，无疑具有理论意义和实践意义。

第二节 研究目标与内容框架

一 研究目标

本书旨在构建自由贸易区林产品贸易效应的一般分析框架，多层次和多视角地检验CAFTA林产品贸易效应。揭示贸易效应在林产品整体和分类层面的差异性以及成员国间贸易效应的差异性。探讨CAFTA林产品贸易潜力及影响因素。进而为中国下一步参与自由贸易区建设的决策提供理论依据和经验借鉴。研究目标包括以下四个方面：

（1）基于林业产业特性引致的贸易特性和相关理论，从理论上解析自由贸易区的林产品贸易效应形成路径和内在逻辑，建立一般分析框架。

（2）基于林产品整体和分类层面，实证检验CAFTA的林产品静态贸易效应，较全面明确贸易效应的总量规模和结构性特征。从国别视角来研究CAFTA的林产品静态贸易效应，明确贸易效应在成员国间的差异性。

（3）基于林产品整体层面，从国别视角来研究CAFTA的规模效应、结构效应、分布效应和竞争效应,探析林产品动态贸易效应的国别特征。

(4)探明 CAFTA 建设以来区域内林产品贸易效率,测算区域内林产品贸易潜力,并对影响林产品贸易效率的因素进行分析。

二 内容框架

本书在基本面上对 CAFTA 的林产品贸易效应进行研究,主要包括 CAFTA 的静态林产品贸易效应和动态林产品贸易效应,还包括自由贸易区的贸易潜力,均属于事后研究的范畴。本书共分为八章:

第一章,导论。介绍本书的选题背景和问题;根据研究的目的提出研究思路与结构安排;依据"研究思路"提出本书的命题和研究层面,界定研究对象和范围。

第二章,概念界定与文献综述。首先,界定了贸易效应、自由贸易区和林产品的性质定义。其次,对自由贸易区贸易效应的理论研究进展,CAFTA 贸易效应实证研究和林产品贸易研究现状进行了较为系统的梳理,廓清了自由贸易区的贸易效应理论和实证研究线索,以此为基础来确定本书的主要出发点。

第三章,自由贸易区贸易效应理论分析框架。在对关税同盟理论、自由贸易区理论、大市场理论和协议分工理论分析框架的梳理、提炼基础上,确定自由贸易区建设对资源配置、规模经济、竞争程度和技术进步的积极影响。在此基础上,基于国际贸易理论构建了本书的一般分析框架。

第四章,中国—东盟自由贸易区林产品贸易现状和特征。本书首先对 CAFTA 成员国林产品贸易的变化情况,所反映的林产品贸易特征进行研究。在此基础上,从贸易比较优势、结合度、竞争和互补性、产业内贸易等方面,对中国—东盟双边林产品贸易的发展特征进行经验分析,这也是第五章、第六章、第七章工作的重要基础。

本书的第五章至第七章为 CAFTA 成员国林产品贸易的经验研究部分,分别从林产品整体、分类两个层面检验了 CAFTA 对于成员国林产品贸易的影响，并从林产品整体层面估计贸易潜力。

第五章，中国—东盟自由贸易区林产品贸易的静态效应。在基于总体视角的实证分析中，选择了CAFTA成员国几乎所有的贸易伙伴作为研究对象，并考虑样本选择可能产生的影响，采用Heckman两阶段法，剖析CAFTA在不同阶段对于林产品贸易的静态影响。

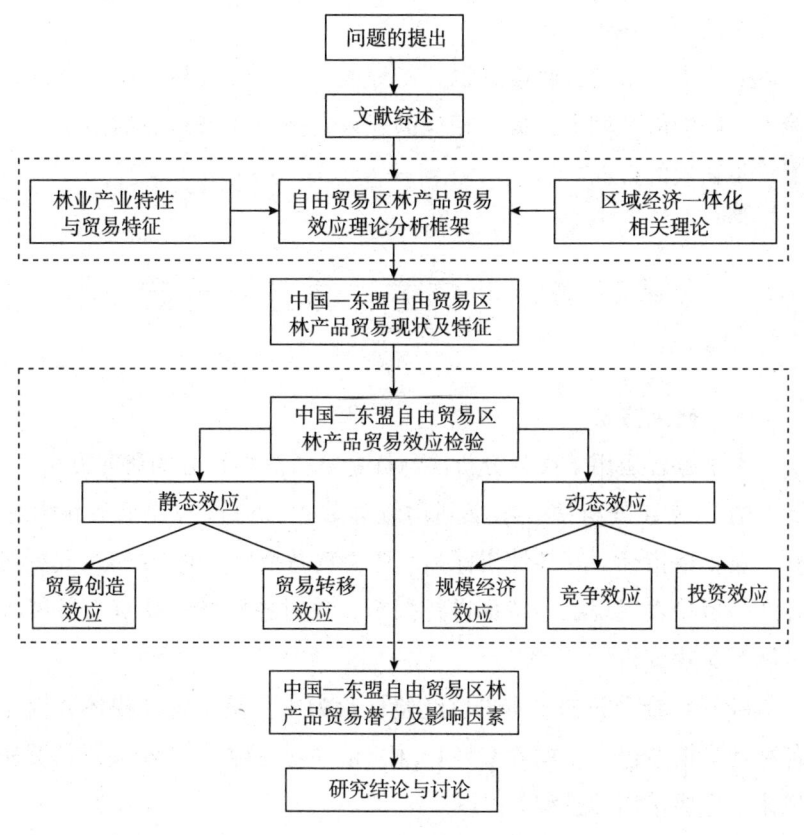

图1-2 技术路线

第六章，中国—东盟自由贸易区林产品贸易的动态效应。基于恒定市场份额模型，从事件发生的视角，分析CAFTA成员国双边林产品贸易变动的原因，揭示自由贸易区建设对于CAFTA成员国林产品贸易的动态影响。

第七章，中国—东盟自由贸易区林产品贸易潜力及影响因素。本章首先在中国—东盟双边林产品贸易的基础上，借助于随机前沿分析方法对自由贸易区作用于林产品贸易增长的效率效应进行研究。在此基础上，对双边林产品贸易潜力进行度量。并在随机前沿引力模型分析框架内，采用"两步法"估计出各因素对于林产品贸易效率的影响冲击。

第八章，结论及政策启示。在对本书理论分析和实证研究进行梳理、归纳的基础上，提出相应的建议，指出本书存在的不足以及下一步拓展的方向。

第三节 研究方法与范围界定

一 研究方法

本书综合运用了统计分析法与计量分析法相结合的研究方法。

（1）统计分析法。本书利用统计数据，通过构建比较优势指标、竞争性指标、互补性指标和产业内贸易指标，对 CAFTA 成员国林产品贸易发展现状和特征进行探析，并对各国林产品贸易发展水平展开比较分析。

（2）计量分析法。本书以经验检验为主，基于统计描述，构建各种计量模型进一步检验 CAFTA 林产品贸易的各种贸易关系和贸易规律。主要采用的模型有：

静态效应分析采用 Heckman 两阶段贸易引力模型，检验 CAFTA 林产品的贸易创造效应和贸易转移效应，并对稳健性进行分析。

动态效应分析采用经常市场份额模型，将影响林产品出口增长的因素分解为市场扩大效应和竞争效应进行实证检验。

贸易潜力分析采用随机前沿引力模型，测算中国与东盟林产品贸易发展潜力，并对影响贸易效率的因素进行实证分析。

二 研究范围

东南亚国家联盟（Association of Southeast Asian Nations），简称东盟（ASEAN），1967年8月8日成立。截至2016年10月，拥有马来西亚、印度尼西亚、泰国、菲律宾、新加坡、文莱、越南、老挝、缅甸和柬埔寨十个成员国。

菲律宾、马来西亚、泰国、印度尼西亚和越南5国占东盟林产品贸易总额70%以上，占中国与东盟林产品双边贸易总额70%以上，是东盟最重要的5个贸易国。而老挝、缅甸、柬埔寨和文莱4国贸易统计数据缺失较大，且与中国林产品贸易品种很少，新加坡多为转口贸易而不具有代表性，因此，本书选择菲律宾、马来西亚、泰国、印度尼西亚和越南5国代表东盟。

林产品的研究范围界定在HS1992标准中的木质林产品和林果。其中，木质林产品主要包括：原木、其他原材、锯材、人造板、木制品、木浆以及纸及纸制品，具体见表1-1。另外，纸及纸制品参考姚昌恬的方法进行折算以扣除非木浆加工的纸制品金额。时间区间为2002—2020年，数据来源于世界银行WITS数据库。

表1-1　　　　　　　　　林产品种类划分

大类	小类	HS1992编码
林果	新鲜或干的椰子、巴西果和腰果	HS0801
	香蕉	HS0803
	鲜或干的番石榴	HS080450
	柑橘属水果	HS0805
	新鲜或干的葡萄	HS0806
	番木瓜	HS080720
	新鲜苹果和梨	HS0808
	新鲜杏子、樱桃、李子、桃子等核果	HS0809
	鲜榴莲、鲜荔枝、鲜龙眼、鲜红毛丹、鲜番荔枝、鲜杨桃、鲜莲雾、鲜火龙果等	HS081090
	龙眼干、荔枝干等	HS081340

续表

大类	小类	HS1992 编码
原木	原木	HS4403
其他原木	其他原木	HS4401-HS4402、HS4404-HS4405
锯材	锯材	HS4406-HS4407
人造板	人造板	HS4408-HS4413
木制品	木制品	HS4414-HS4421
木浆	木浆	HS4701-HS4706
纸及纸制品	纸及纸制品	HS4707、HS48、HS49

第四节 可能的创新点

（1）基于林产品贸易特性，参照区域经济一体化理论和国际贸易理论，从一般理论分析及作用机理两个方面构建自由贸易区林产品贸易效应的一般分析框架，分析了自由贸易区建设作用于贸易的内在逻辑，进一步从静态和动态两个方面分析了自由贸易区作用于贸易的途径，解释自由贸易区对一国贸易增长的影响效应，是本书的主要创新点。

（2）本书从静态和动态对自由贸易区的贸易效应进行了实证检验。以往关于区域一体化贸易效应的研究，研究焦点集中于检验区域一体化的静态贸易效应，分析短期内区域一体化对于贸易的影响，而本书选用恒定市场份额模型从动态的角度揭示了区域一体化对于贸易的作用效用。

（3）实证检验方法较为新颖。一般实证研究对"零"贸易的样本选择剔除，而本书将采用 Heckman 两阶段估计方法，考虑了"零"贸易的情况，将在很大程度上削减了样本选择问题对估计结果的影响。同时，以往大部分关于贸易效应的经验检验，一般都是选择自由贸易协定实施前的所有贸易伙伴为参照，忽略了潜在成员国可能是"天然贸易伙伴"的情况。本书选择自由贸易协定实施前的非潜在成员国为参照，使估计结果更为合理。

第二章

概念界定与文献综述

本书主要探讨的是，CAFTA 建设会对林产品贸易产生哪些影响，这些影响是否能够促进成员国林产品贸易发展，以及如何更好地促进成员国林产品贸易。对这些问题的探讨，涉及相关概念的界定、自由贸易区贸易效应理论、CAFTA 贸易效应、林产品贸易、实证检验方法等相关研究，本章将对相关的研究文献进行梳理归纳。

第一节 概念界定

一般对于贸易效应、自由贸易区和林产品的概念学者并不陌生，但对于它们含义的理解可能存在差异。基于此，对它们的内涵进行界定，为全书的分析做铺垫。

一 贸易效应

贸易效应，实际上可以理解为一项行动的贸易影响，包括对于贸易流量、贸易流向、贸易条件、贸易结构产生的正向或负向影响，以及引致生成、投资、市场竞争和经济增长的改变。从根本意义上来看是对各利益相关主体的福利影响。

自由贸易区的贸易效应是指：自由贸易区贸易规则实施后，成员国贸易流量、贸易流向、贸易条件、贸易结构的短期影响，以及所引起的生成、投资、市场竞争和经济增长等方面的长期改变，其实质是福利效应。根据交易标的的不同，国际贸易可分为货物贸易和服务贸易，自由贸易区的贸易效应也应包括货物贸易效应和服务贸易效应（匡增杰，2014）。本书的研究范围是自由贸易区的货物贸易效应，为研究方便将货物贸易效应简称为贸易效应。

二 自由贸易区

所谓自由贸易区，一般是指两个或两个以上的国家（包括独立关税地区）根据 WTO 相关规则，为实现相互之间的贸易自由化所进行的地区性贸易安排的缔约方所形成的区域。自由贸易区，是国际经济一体化安排的形态之一，是一种相关的一体化形态，与关税同盟相似，专门关注于贸易。与关税同盟一样，自由贸易区也以成员国间的免税贸易为特征，但各成员国继续实施独立的对非成员国关税。由于成员国在执行自由贸易政策时难以准确区分产品的来源地，因此容易出现贸易偏转现象。鉴于此，自由贸易区通常采用"原产地原则"。最近几年自由贸易区出现了新的变化，其内容由货物贸易自由化延伸至服务贸易、投资、政府采购以及知识产权保护等领域。

世界海关组织在《京都公约》[①]（1973 年）中对自由贸易区界定为，某国境内的特定区域，外国货物进入该区域的进口关税及其他各税被免征，被认为在关境以外。该界定的实质是自由贸易园区。自由贸易区有别于自由贸易园区，两者所涵盖的范围存在差异，前者涵盖的是全部而不是部分关税领土，后者涵盖的是部分关税领土。本书研究的范围是 CAFTA 成员国中的中国、菲律宾、马来西亚、泰国、印度尼西亚和越南 6 国。

三 林产品

国际上一般将以森林资源为基础生成的木材和以木材为原料的各种产品统称为林产品，主要包括原木、锯材、木质人造板、各种

[①] 李延：《关于简化和协调海关制度的国际公约（京都公约）总附约和专项附约指南》，中国海关出版社 2003 年版。

木质成品和半成品、木浆、以木材为原料的各种纸及纸制品、林化产品等（周泽峰，2007）。联合国粮食及农业组织（FAO）出版的《林产品的分类和定义》（1982年）中将林产品划分为原木、其他原材、锯材、人造板、木浆和回收纸、纸和纸板六大类。国家林业局在《中国林业发展报告》中将林产品分为木质类产品和非木质类产品。其中，木质类产品主要包括原木、锯材、人造板及单板、木制品、纸类、木家具、木片、其他（薪材、木炭等）八大类，非木质类产品主要包括苗木类，菌、竹笋、山野菜类，果类，茶、咖啡类，调料、药材、补品类，林化产品类，竹藤、软木类七大类（国家林业局，2014）。通过对已有研究资料梳理发现，具有代表性的林产品统计口径主要包括《国际贸易标准分类》（SITC）林产品口径、《商品名称及编码协调制度的国际公约》简称协调制度（HS）林产品口径和《中国林业统计年鉴》划定的林产品口径。考虑到要保证林产品分类明确，以及贸易数据的可获得性，本书选择HS林产品口径。

本书所研究的林产品既包括原木、其他原材、锯材、人造板、木制品、木浆以及纸和纸制品等木质类产品，也包括林果这一非木质类产品。本书林产品统计的具体范围见表1-1。

第二节　文献综述

一　自由贸易区贸易效应理论研究进展

（一）静态贸易效应

作为区域贸易协定理论的基础和核心部分的关税同盟理论，该理论的渊源可以追溯至19世纪德国李斯特的保护贸易理论，由美国经济学家瓦伊纳在其1950年出版的《关税同盟问题》一书中提出。1955年，英国经济学家米德出版的《关税同盟理论》，将消费效应引入关税同盟理论；1960年，美国经济学家李普西在《关税同盟理论的综合考察》中完善了该理论；1965 年，加拿大经济学家约翰逊发表《保护主义经济理论、关税协议与关税同盟》，分析了关税同盟的全部福利所得。此外，麦尔文、巴格瓦蒂、丁伯根、马塞尔、瓦尼克、肯普以及库珀等经济学家均对关税同盟理论的完善和发展做出了一定的贡献。

在区域经济一体化理论的发展实践中，瓦伊纳的关税同盟理论占据如此重要的地位，是因为他采用局部均衡分析法系统分析关税同盟对贸易流量的影响，提出了"贸易创造效应"和"贸易转移效应"的概念。贸易创造效应是指关税同盟的建立，高成本的国内生产被低成本的成员国生产取代，提高了资源配置效率，增加了社会福利；贸易转移效应是指关税同盟的建立，使从高成本的成员国进口替代原来从低成本的非成员国的进口，降低了资源的配置效率，减少了社会福利（Viner，2014）。这两个概念几乎被每一位从事国际贸易理论研究的学者所接受，为区域经济一体化静态效应的后续研究奠定了基础。其后，为解决区域经济一体化实践中所提出的各种问题，同时受到国际经济、贸易理论中其他分支的迅速发展的影响，经济学家对关税同盟理论不断进行完善，使区域经济一体化理论得到大力发展。

经济学家米德（Meade）认为，关税同盟对不同效率成员国的影响不同。瓦伊纳提出贸易创造效应和贸易转移效应并不适用高效率成员国，仅适用低效率成员国。关税同盟建立，高效率成员国将以其价格优势占领整个同盟市场，其贸易量将大幅度增加，而获得贸易扩张效应。贸易扩张效应同样适用于低效率成员国，因为关税同盟建立后，低效率成员国的国内市场价格将下降，会刺激国内需求的增加，国内市场的短缺通过对外贸易得到解决，从而获得贸易扩张效应（Meade，1955）。所以，关税同盟的贸易效应包括贸易扩张效应。

英国经济学家约翰逊（Johnson）认为，瓦伊纳的贸易创造效应仅指关税同盟产生的生产效应，忽视了消费效应。高效率成员国在关税同盟生效后，其低价产品会大量进入低效率成员国市场，低效率成员国的国内市场价格将随着自高效率成员国的进口增加而下降，低效率成员国的生产者不得不减少低效率的生产而蒙受损失，消费者因降价而获得更多的消费者剩余。显然，低效率成员国的贸易创造效应包括生产效应和消费效应（Johnson，1960）。

除传统关税同盟的贸易创造与贸易转移之外，科登（Corden）在其著作《规模经济与关税同盟理论》中提出了"外部贸易创造""贸易重整"和"贸易抑制"效应，进一步扩展了关税同盟的静态效应（Corden，1972）。

米德（1953）采用瓦伊纳的1×3模型分析了自由贸易区的建立对成员国产生的经济影响。他认为，自由贸易区与关税同盟最大的不同之处在于：自由贸易区会产生"贸易偏转"现象。所谓贸易偏转是指区域外生产厂商利用自由贸易区的各成员国对非成员国的关税差异，从低关税成员国进口商品并在其他成员国销售。米德的分析，为自由贸易区制定和实施原产地原则以避免贸易偏转的发生，提供理论上的支持（孙衷颖，2009）。

比较全面、系统研究自由贸易区理论的是英国经济学家彼得·罗布森（Peter Robson），采用分析关税同盟的方法研究自由贸易区，在著作《国际一体化经济学》中阐述其自由贸易区理论的主要思想。罗布森首先指出自由贸易区与关税同盟的区别，主要在于两个本质特征：一是自由贸易区的成员国对从非成员国的进口有权自主决定关税税率；二是自由贸易区内部使用原产地原则，即原产于区域内或者主要部分产于区域内的产品才可以在区域内进行自由贸易。其中，原产地原则的目的是限制"贸易偏转"。

（二）动态贸易效应

区域经济一体化建立后不仅会产生贸易创造、贸易转移、贸易扩张等静态效应，也会带来一些重要动态效应。其中主要包括规模经济效应、竞争效应和投资效应。

1. 规模经济效应

区域经济一体化组织的建立，区域内的贸易壁垒将削弱，原来分散孤立的小市场形成了统一的大市场，有效率的厂商将突破市场的限制，使规模经济的优势得到充分发挥（Corden，1972；Krauss，1972；Scitovsky，1958；小岛清，1987）。虽然通过向世界市场的出口也可以达到规模经济的效果，但世界市场竞争激烈且规模不确定，而区域经济一体化的出现则可以向有效率的厂商提供实现规模经济的稳定市场。巴拉萨（1962）认为，在其他条件不变的情况下，组建的区域一体化组织规模和市场规模越大，规模经济对经济运行中潜在的利益越多，并且带给成员国的利益越多（Havens、Balassa，1961）。

2. 竞争效应

区域经济一体化组织形成之前，各国厂商处于狭窄的市场，竞争趋于消失，不愿通过降低成本、提高效率去获得利益，而是靠垄断谋取利润；之后，区域内实行产品自由贸易，使各成员国厂商面临空前激烈的竞争，从而刺激生产效率的提高和生产成本的降低，并促进新技术的开发和利用。同时，竞争的加剧有助于提高经济资源的配置效率，使区域内的经济福利增加。西托夫斯基（T. Scitovsky）认为，统一大市场使竞争加剧，产品成本和价格下降，人们实际收入水平提高，消费需求增加，出现大市场→竞争激化→大规模生产→大量消费的良性循环（Scitovsky，1958）；而德纽（J. F. Deniau）认为，人们消费需求的大量增加将带动投资的扩大，经济会开始滚雪球似的扩大（陈军亚，2008）。

3. 投资效应

区域经济一体化组织建成后，区域内厂商为了应对市场的扩大和竞争的加剧，必然增加投资，以更新设备和采用先进技术，扩大生产规模；同时，由于生产要素流动性的大大增强，有助于生产要素配置效率的提高。因此，区域经济一体化将促进投资的增加。投资效应主要表现在两个方面：一方面是区域内厂商为了提高产品竞争能力,增加投资;另一方面区域外国家为了享受区域内的自由贸易,到区域内投资。

美国经济学家查尔斯·P.金德尔伯格(Charles P. Kindleberger)借鉴瓦伊纳(1950)的贸易创造和贸易转移概念,提出投资创造和投资转移理论(Kindleberger, 1966),奠定了区域经济一体化投资效应的基本分析框架。投资创造是指由于区域一体化的贸易转移效应,影响区域外企业的竞争优势,非成员国生产厂商为了重新抢占失去的市场而转向区域内生产,导致区域内投资增加。投资转移是指当区域一体化产生贸易创造效应和贸易转移效应时,区域内的生产结构将发生改变,引起区域内直接投资布局的调整,以及区域外直接投资增加(张焦伟,2009)。

二 中国—东盟自由贸易区贸易效应研究进展

(一)自由贸易区扩大区域内贸易规模,提高整体竞争能力

有学者通过理论研究指出,CAFTA 的建立,打破原来分散孤立的小市场,形成了统一的大市场,产品相互交融,出口增加,生产成本大幅度降低,最后形成完全专业化生产,实现规模经济。同时推动了成员国经济增长和技术创新,不仅可以实现静态规模经济,而且能实现动态规模经济效应(陈诗阳,2003);各成员国厂商面临空前激烈的竞争,将促进结构调整,提高重新配置效率,提升其在全球市场的竞争力(Park, 2007);有助于巩固和加强中国与东盟之间的友好合作关系,进一步扩大双方贸易规模,提高整体竞争能力(Aslam, 2012; Devadason, 2010; Estrada, et al., 2012;贺晓琴,2003;沈铭辉,2013;赵春、刘振林,2002),有利于该区域作为一个整体的出口规模的扩张(王学柏、李荣林,2006)。

有学者认为,贸易便利化水平的提高,改善贸易环境,降低贸易成本,促进贸易增长(Hasan, et al., 2014; Yu, 2013;方晓丽、朱明侠,2013)。也有学者认为,目前中国与东盟之间未构建一种密切产业分工,通过建立自贸区来确定双方高层次产业协议分工框架,深化成员国依据比较优势加强国际分工(崔庆波等,2017),

促进双边贸易、投资增加，拉动成员国经济增长，创造双赢局面（Qiaomin, et al., 2016；江虹，2005；卢文鹏、李达，2002；王道俊，2006）。有学者通过研究 CAFTA 的贸易效应发现，其对中国与东盟 6 国双边商品贸易产生了显著的促进效应（赵金龙、赵明哲，2015），也有学者指出，该自贸区不但对于区内贸易具有显著扩大效应，而且在成员国与非成员国之间的贸易中产生显著的正面影响（郎永峰、尹翔硕，2009），学者进一步研究指出，CAFTA 的贸易创造效应为 127.04%，贸易转移效应为 57.9% 且以 3.27% 的年均速度递减（黄新飞等，2014）。有学者通过对主要自贸区的农业贸易创造和贸易转移进行评估发现，中国—东盟自贸区、欧盟 15 国、欧盟 25 国和南部非洲发展共同体等区域组织均促进成员国之间农业贸易的增加（Sun, Reed, 2010；Taylor, et al., 2007）。

但是也有学者研究指出，在 CAFTA 建设阶段，优惠贸易安排尚未完全发挥作用（Tovar, 2012；范爱军、曹庆林，2008；赵雨霖、林光华，2008）。

（二）自由贸易区促进成员国对外贸易，但对各成员国影响不同

有学者认为，CAFTA 的建立对中国具有显著为正的贸易效应，但更有利于东盟国家（程伟晶、冯帆，2014）；CAFTA 贸易自由化给中国带来了更为明显的产品出口竞争效应，给东盟国家带来更为明显的市场扩大效应（韩民春、顾婧，2010）。有学者运用贸易引力模型分析 CAFTA 对于区域内双边贸易流量的影响，指出，相比东盟 5 国从中国的进口，CAFTA 对中国从东盟 5 国的进口具有较大的扩大效应（徐婧，2008）。Chirathivat（2002）利用全球贸易分析模型（GTAP）分析了 CAFTA 建立的贸易效应，结果表明，自贸区建立将使双方受益。贸易创造将抵消东盟的贸易转移，而中国的贸易转移不明显。随着中国经济的强劲增长，中国从东盟进口将增加（Chirathivat, 2002）。

（三）自由贸易区更有利于东盟国家

有学者指出，在中国和东盟贸易中，CAFTA 对东盟的贸易推动

作用较大（徐芬，2021）；由于双方的产业结构趋同，存在一定的竞争关系，将对对方产生一定冲击，特别有可能使中国自东盟净进口扩大（魏民，2002）；也可能存在利益分配不均，可能会减少而不是增加中国的福利，虽然福利损失很小（Park, et al., 2009）。Tongzon（2001）利用一般均衡模型进行模拟后认为，CAFTA 的建立将对东盟成员国有益，没有迹象显示相反的结果（王艳红，2010）。有学者指出，CAFTA 建立后，零关税政策虽在一定程度上降低了农产品出口的成本，却未能根本性地增加和改善中国农产品在亚洲的出口状况，而将继续加快东盟对中国的农产品输出（许庆等，2011）。有学者的研究验证了该观点，CAFTA 在一定程度上促进了区域内贸易，但对中国进口的推动作用大于出口（陈雯，2009）。也学者通过对 CAFTA 下中国的静态贸易效应研究发现，贸易创造效应远远小于贸易转移效应，且两者之间的差额在逐年增加（陈汉林、涂艳，2007）。

（四）自由贸易区更有利于中国

部分研究结果表明，CAFTA 的建立也有利于中国。其中，有学者指出：CAFTA 的建立对中国的贸易总效应和贸易推动作用大于东盟（徐芬，2021）；降低了中国从东盟进口产品的集中度，这意味着中国从东盟各国进口产品日趋多样化（张中元、沈铭辉，2017）；促进中国产业结构升级（张亮，2021）；带动中国关联企业出口国内附加值率提升（吕冰、陈飞翔，2021）。同时，也有学者对 CAFTA 升级版研究发现，不仅能促进中国经济增长，而且有助于社会福利和贸易条件的改善（刘斌、刘欣，2016）。

另外，也有学者研究发现，CAFTA 对成员国的进、出口贸易具有创造效应，并扩大了非成员国进出口贸易（徐芬，2021）；有助于成员国企业融入全球价值链，带动以中间产品为特征的价值链贸易，吸引自由贸易区内生产网络型投资（王勤、赵雪霏，2020），促进成员国的经济增长，推动世界减贫事业的发展（余森杰、高恺琳，2018）。

(五) 自由贸易区对不同产业的影响不同

有学者从产业转移效应视角研究发现，CAFTA 不仅可以带来成员国的产业转入，也会造成成员国之间的不平衡发展（龙云安，2013）。也有学者利用 GTAP 分析了 CAFTA 对中国贸易的影响，认为将显著改变中国的进出口贸易格局（周曙东、崔奇峰，2010）。

有学者从产业的角度研究发现，中国—东盟自由贸易区的建立，会使各国的比较优势出现变化，成员国资源分配格局随之发生变化，导致成员国农业部门的投入要素按照比较优势调整，农业部门的生产资源存在逐渐向非农业部门转移（周曙东等，2006）。也有学者采用贸易引力模型检验中国—东盟自由贸易协定对出口的影响，结果表明，农产品和工业品以及最重要的制造业产品（包括化工产品、机械和运输设备）的出口与该协议存在显著正相关关系（Yang、Martínez-Zarzoso，2014）。有学者研究 CAFTA 的建立对农林产品贸易的影响，发现 CAFTA 的建立能在短期内促进双方热带水果贸易流量增加，但长期作用不明显，自贸区外贸易转移效应短期内也不突出（庄丽娟、郑旭芸，2016）；对中国的 13 类农产品出口贸易存在创造效应，其余 3 类农产品出口贸易呈现负效应（杨重玉、高岚，2018）。

此外，有学者认为，CAFTA 的建立产生了显著贸易转移效应和贸易创造效应，但前者小于后者，双边机电产品贸易增长（陈磊、曲文俏，2012），CAFTA 促进双边农产品贸易的增长，不是以贸易转移为代价来实现的（原瑞玲、田志宏，2014）。

三 农林产品贸易相关研究进展

随着世界经济不断增长，全球气候与环境问题日益受到关注的背景下，世界林产品贸易有新的发展趋势，人工林将成为木材供给主体；高附加值的林产品正在成为交易的主体；森林认证制度正在成为林产品贸易的重要条件；产业内贸易正在迅速发展（宋维明、程宝栋，2007）。但中国林产品产业内贸易水平较低，而且大量消耗森林资源的产品产业内贸易水平更低（刘艺卓等，2006）。林产品中的原木、其他原材、锯材、人造板以及木浆和回收纸均按照基于要素禀赋的比较优势参与国际贸易（刘艺卓等，2008），其中，中国的贸易流向也符合比较优势理论（刘艺卓、田志宏，2007）。

此外，有学者揭示了中国林产品贸易比较利益扭曲的形成机理（程滢，2013）；研究APEC的有关贸易安排对中国木质林产品贸易流量产生重要影响（戴明辉、沈文星，2010）；研究贸易便利化对木质林产品出口的影响，指出贸易便利化对木质林产品出口的三元边际均有显著的促进作用，但对数量边际的促进作用最大（胡艳英、刘思雨，2021）；研究CAFTA的中泰荔枝龙眼贸易效应（庄丽娟、罗洁，2014）；研究中国木质家具的国际竞争力，认为具有很强国际竞争力，但同意大利等国竞争激烈，又面临马来西亚等新兴强国的挑战（张寒等，2008）；也有学者从中国林产品出口的视角分析贸易自由化的影响，认为进口国的贸易自由化程度与林产品出口存在正相关关系（韩爽等，2019）。有学者对中美木质林产品的产业内贸易水平、互补性进行分析，认为两国木质林产品以产业间贸易为主，产业内贸易的发展以垂直型产业内贸易为主（凌冬梅、蔡志坚，2016；宋莎等，2013）。也有学者分析了低碳经济、生态环境保护和绿色贸易壁垒对林产品贸易的影响（庞波、夏友富，2005；邱亦维、杨刚，2007；石小亮等，2015）。

目前在林产品贸易研究中存在产品范围界定不清和不同的统计口径林产品分类不一致的问题。不同的统计口径所包含的产品种类范畴不一样，会使在进行林产品贸易的时序分析中，难以保持数据的连贯性和一致性，甚至会造成研究结果存在严重分歧（刘艺卓，2008）。

四　实证检验方法研究进展

（一）经验模型和进口需求模型

经验模型起源于弹性法，基本表达：

每种商品组的贸易创造＝该组商品总进口额×该产品的进口需求价格弹性×因经济一体化引起的关税变化而导致价格变化的百分比

每种商品组的贸易转移＝全部非成员国的每种商品总进口额×伙

伴国与非伙伴国之间的进口替代弹性×在经济一体化之前进口国对外国的关税税率

运用上式进行贸易创造和贸易转移的测算时,难点在于求出伙伴国与非伙伴国之间的进口替代品的弹性值。计算这一弹性的方法目前有两种:一种是建立在伙伴国与非伙伴国出口相等假设条件下的模型;另一种是建立在伙伴国与非伙伴国出口量不等假设条件下的模型。学者在后一种假设条件的基础上建立了进口需求模型的表达式为:

$$\ln M_j = \alpha_{0j} + \alpha_{1j}\ln\left(\frac{P_j}{P_d}\right) + \alpha_{2j}\ln\left(\frac{P_j}{P_s}\right) + \alpha_{3j}\ln Y_i + \varepsilon$$

其中,M_j 为 i 国从 j 国进口 K 商品的总量;P_j 为 j 国进口 K 商品在 i 国市场的价格;P_s 为各竞争国出口 K 商品的加权平均价格;P_d 为 i 国市场 K 商品的批发价格;Y_i 为 i 国国内动态变量,及通常的真实收入或某工业产品的指数;ε 为正常的分配误差项;α_{0j} 为截距项;α_{1j} 为国内和国外(j 国)之间的替代品价格弹性;α_{2j} 为从伙伴国和非伙伴国进口之间的替代品价格弹性,即竞争性价格弹性;α_{3j} 为进口需求的收入弹性(钟慧中,1997)。

(二)巴拉萨模型

巴拉萨模型(Havens, Balassa, 1961)是通过区域贸易合作前后进口的需求收入弹性的变化来说明区域贸易合作的贸易创造效应和贸易转移效应(李丽等,2008)。巴拉萨模型的基本假设是,在区域贸易合作之前,进口的需求收入弹性是固定不变的,也就是说,衡量国内生产总值与进口关系的进口需求收入弹性的变化是由区域贸易合作引起的。该模型的基本方程为 $M_r = \alpha Y_r^b V$,其中,M_r 为 r 国的进口值,Y_r 为 r 国的国内生产总值,α 为常数,V 为模型误差,b 为进口的需求收入弹性(万佑锋,2013)。其优势在于解决了经典理论中的贸易创造和贸易转移的难以计算问题,此处巴拉萨的贸易创造和贸易转移与维纳的概念不同,巴拉萨的范畴更大,其贸易创造除了替代国内生产的那部分区域内贸易外,还包括替代从非成员国进口的区内贸易部分；同样，其贸易转移除了替代从区域外进口的区内贸易外，还包括替代区域外进口的国内生产部分（张婕、许振燕，2007）。其局限性在于其进口需求弹性不变这个假设前提与现实不符，此外，由于只考虑收入变化对贸易带来的影响，却忽略了影响贸易的关键因素——价格。因此，巴拉萨模型只能用于分析关税同盟的静态效应，而且它不能显示哪一年的区域合作效应明显。巴拉萨模型采用的分析方法属于局部均衡分析、静态分析，是关于对区内贸易影响的事后研究（王卓，2009）。

（三）引力模型

引力模型最初是用来分析贸易流与贸易伙伴的经济规模以及地理距离之间的关系（Tinbergen，1962）。Tinbergen在运用引力模型时未提出严格的理论依据，但后来研究者尝试利用较为成熟的理论对模型进行推导，并从不同角度进行解释，引力模型的理论基础研究不断得到重视（王卓，2009）。根据学者是否基于现有理论对贸易引力模型进行研究，可分为两大流派：一派是不基于任何贸易理论基础推导引力模型，主要以Anderson（1979）、Bergstrand（1985）、Anderson和Wincoop（2003）、Baier和Bergstrand（2007）为代表（Van，et al.，2009）；另一派是基于国际贸易理论推导引力模型，主要以Bergstrand（1989）、Deardorff（1995）、Evenett和Keller（2002）为代表，应用的主要理论有H-O模型、规模收益递增、李嘉图模型等（Yakop，Bergeijk，2009）。

贸易引力模型的形式一般为：$PX_{ij} = \alpha_0 Y_i^{\beta_1} L_i^{\beta_2} Y_j^{\beta_3} L_j^{\beta_4} D_{ij}^{\beta_5} \varepsilon_{ij}$，其中$PX_{ij}$表示国家$i$对国家$j$出口额，$Y_i$（$Y_j$）表示国家$i$（$j$）的GDP，$L_i$（$L_j$）表示国家$i$（$j$）的人口，$D_{ij}$表示国家$i$、$j$经济中心间距离（Anderson，1979）。Bergstrand（1989）对Anderson的贸易引力模型进行变形，将表示促进或阻碍国家i、j间贸易的其他因素A_{ij}引入贸易引力模型，模型表示为$PX_{ij} = \alpha_0 Y_i^{\beta_1} (Y_i/L_i)^{\beta_2} Y_j^{\beta_3} (Y_j/L_j)^{\beta_4} D_{ij}^{\beta_5} A_{ij}^{\beta_6} \varepsilon_{ij}$。现在大多数影响贸易流的因素都被纳入Anderson（1979）、Bergstrand（1989）等贸易引力模型中。

用引力模型分析国际区域经济一体化的贸易流量需要依靠虚拟变量，学者出于不同的研究目的，在引入虚拟变量时也采用不同的形式，第一种形式是将区域经济一体化作为一个虚拟变量，以考察一体化对区域内贸易流的影响，如果系数显著为正，表明该一体化存在贸易创造效应。第二种形式是根据贸易伙伴之间的关系定义内部贸易、外部贸易两个虚拟变量，估计一体化对成员国的内部贸易、外部贸易的影响，如果内部贸易变量的系数显著为正则认为该一体化存在贸易创造效应，如果外部贸易变量的系数显著为负则认为该一体化存在贸易转移效应，这两个变量系数之和反映了该一体化对贸易流的净冲击效应。第三种形式是根据成员国定义虚拟变量，估计区域经济一体化对某个或者某些成员国的影响（匡增杰，2014；袁立波，2013）。

（四）CGE 模型

CGE 模型是以 Walras 一般均衡理论为基础并通过数学建模来模拟经济体的一般均衡结构的方法。概括地说，一个典型的 CGE 模型，就是用一组方程来描述供给、需求以及市场关系（在这组方程中不仅商品和生产要素的数量是变量），所有的价格，包括商品价格、工资也都是变量，在一系列优化条件（生产者利润优化、消费者效益优化、进口收益利润和出口成本优化等）的约束下，求解这一组方程，得出在各个市场都达到均衡时的一组数量和价格（吴强，2008）。该模型随着区域经济一体化的发展得到了广泛使用，它假设了不同程度的贸易自由化对经济体的影响，从而为经济体制定相关政策提供依据。一般均衡模型属于一般均衡分析，是对区域经济一体化的事前分析，是对经济系统的静态分析。缺陷是需要的数据复杂而难以找到。

（五）GTAP 模型

GTAP 模型是一个涵盖多国多部门的可计算一般均衡模型，由 Thomas W. Hertel（1997）所领导的全球贸易分析计划开发，后经 Francois 等（2005）研究者对模型进行了完善。GTAP 模型主要包括

GTAP 数据库和 RunGTAP 程序，GTAP 数据库目前已更新至第八版，录入 2007 年全球的生产与贸易数据，涵盖 57 个行业分组，129 个国家或地区，使用 GTAPAgg 程序可根据研究目的对产业部门、国家地区和生产要素重新分类加总。RunGTAP 是一种可计算一般均衡模拟分析的应用程序，通过对冲击变量和求解方式的设定来实现不同的研究目的（陈虹等，2013）。GTAP 模型属于一般均衡分析和比较静态分析。

学者 Baier 和 Bergstrand（2009）第一个采用匹配计量经济分析方法，对自由贸易区的贸易效应进行非参数经验估计，研究发现，引力模型能够为分析自由贸易区对贸易流量的影响提供基准参数框架。国内也有学者运用倾向匹配估计分析区域经济一体化的贸易效应，解决了传统引力模型估计中存在的内生性问题（董有德、赵星星，2014；李荣林等，2014），而且较之于对数线性化贸易引力模型式，并不需要具体的函数形式（董鹏馥等，2021）。此外，有国外学者利用极值边界分析方法对区域经济一体化贸易创造效应的稳健性进行检验，结果表明，并非所有的一体化组织都具有贸易创造（Ghosh，Yamarik，2004）。

第三节 文献评析

近年来，国内外对自由贸易区贸易效应的研究文献层出不穷，对于自由贸易区经济理论体系的研究已较为成熟和完善，并进行了充分验证。但随着全球范围内整体关税和非关税壁垒对贸易的限制作用的减弱，自由贸易区静态贸易效应对贸易解释能力已大为降低。尽管学者针对静态贸易效应分析的缺陷进行扩展，并提出动态贸易效应，但未形成全面、系统的理论体系。自由贸易区理论研究可进一步深化，构建涵盖静态效应和动态效应的理论分析框架。

学术界对林产品贸易给予了高度关注，从不同方面对其展开大量研究，然而，对于自由贸易区林产品贸易效应的研究较少。原因可能在于，林产品贸易的相关研究，不仅需要考虑林木的经济社会属性，更要考虑其生物物理属性，因此具有交叉学科的特点。已有很多的研究焦点集中于贸易特征、变动成因以及贸易效应上，着重考虑的是对林产品贸易现象的解释。同时，自由贸易区的建设，提升了成员国间经济、社会和政治等因素的相互关联度，促使林产品贸易发生变化的原因更加复杂。

  本书通过构建一个基于林产品贸易特性、区域经济一体化理论和国际贸易理论的理论分析框架，并对CAFTA林产品贸易效应进行实证分析，检验自由贸易区对一国贸易增长的影响效应，为中国更好利用自由贸易区发展林产品贸易提供参考。

第三章

自由贸易区贸易效应理论分析框架

第一节 林业产业特性与贸易特性

林产品具有不同于其他普通产品的特性,它同森林资源紧密相连(刘艺卓,2008),而森林资源供给既要考虑经济因素又要考虑生态效益(蒋敏元等,2003);林产品需求多样且不断变化(邱俊齐,1998)。因此,林产品贸易顺利进行,不仅取决于林产品质量,而且受到经济、生态、环境等综合因素的影响。由此可见,林业产业特性决定了林产品贸易特性。

一 林业资源环境约束和运输特性导致林产品可贸易性较低

一方面产品的可移动性及运输成本,它构成贸易的天然阻碍。产品的可移动性越差,或者单位价值运输成本越高,可贸易性就越低(尹翔硕、汤毅,2021)。鉴于部分林产品体积较大,较为笨重,跨地区运输成本较高,因此,较大比例的林产品贸易发生在区域内(刘艺卓、田志宏,2007)。另一方面关税、配额等贸易保护手段会使物品跨国流动受到阻碍,即人为贸易限制程度越高,则物品可贸易程度越低。林业不仅向人类提供发展中不可缺少的重要自然资

— 25 —

源，而且对改善生态环境，维护生态平衡起着决定性的作用，鉴于此，各国采取相关贸易措施以协调木材贸易与环境保护。例如，世界的主要原木产地正采取提高出口关税、限制采伐以及限制输出等办法来防止出口价格下跌和保护林业资源。

二 林业具有很强的外部性引致林产品非贸易关注

林业多功能性是一种和林业生产紧密联系的溢出效应，这种溢出效应具有公共产品的特性，单靠市场价格无法体现林业生产多种功能的价值，从而也无法确保林业非商品产出的供给，必须对林业的非贸易问题给予足够的关注，对林业给予适度的支持和保护。因此，对于林业应给予非贸易关注。

三 林产品种类多，标准化程度低，不利于贸易

标准是国际贸易规则的重要组成部分，在保证产品质量、促进贸易流动、推动贸易发展等方面发挥着重要作用（杨丽娟，2013）。林产品贸易的种类众多、品种多样，个体产品特征存在显著差异。此外，众多林产品的生产环境差异明显，导致林产品在质量、规格等方面都不尽相同。这不利于制定精准且简单的产品标准，导致林产品的商品标准化程度较低，限制了林产品交易的手段和方式，不利于林产品贸易的扩大。

四 林业生产周期长，增大了贸易风险

价格以其自身变动的方向和幅度，传递市场商品供销等市场信息，有利于提高决策的效率。一般情况下价格机制对消费品市场的调节较为迅速，而对生产品市场的调节相对迟缓。林业的生产周期长、扩大生产难度大，导致林木经营者对于木材价格反应较弱，木材加工者对于木材价格反应迟钝。由于林业经营者在经营中很难根据当前的市场行情预测未来林产品市场的供求情况，及时调整生产规模，林业经营风险较大（顾艳红，2013；孟辕，2016；薛艳，2006），引致贸易风险增大。

五 不同林产品比较收益差异显著，贸易结构具有不稳定性

由于营林的周期长和自然、社会风险较高等，加上以木材为原

材的初级产品的供给、需求弹性偏小,在市场竞争中难以获得比较优势,林业比较收益低于农业,从而制约了生产要素流向森林资源培育,限制木质林产品贸易。但种植果树比一般农作物的收益要高,以苹果为例,比一般大田作物收益高5—8倍,比油料作物高4—5倍,比棉花高2倍(刘英杰,2005),促使林果在林产品中的地位不断提高,有助于林果贸易。

第二节　理论基础

一　关税同盟理论

关税同盟理论,作为区域经济一体化理论的核心,被公认是美国经济学家瓦伊纳(J. Viner)在1950年出版的著作《关税同盟问题》中开拓性研究而开始成型的,他提出了"贸易创造效应"和"贸易转移效应"的概念,奠定了区域经济一体化静态效应的研究基础。

贸易创造效应,是在经济体实施关税同盟后,各缔约国根据比较优势理论选择优势产业实行专业生产,这样,缔约国放弃国内生产成本较高的产品,转而从生产成本较低的缔约国进口以满足国内需要。这种改变包括两方面的内容:一方面是由于生产成本较高的国家减少生产,生产成本较低的国家增加生产,使经济体内的资源使用效率提高,进而使生产的利益扩大;另一方面是由于进口产品的成本较低,使进口国用于该产品的消费支出减少,从而可用于其他产品的消费支出增加,扩大了进口国的社会需求,使进口国消费者剩余整体增加,最终经济体的社会福利水平得以提高。

贸易转移效应,是在经济体实施关税同盟后,缔约国间的低关税或者零关税使缔约国停止从生产成本较低的非缔约国进口产品,转而从生产成本较高的缔约国进口产品,导致社会整体福利受损。这种改变包括两方面内容:一方面是由于缔约国进口来源地的改变，导致生产成本较高的缔约国生产增加而其他生产成本较低的非缔约国生产减少，使整体的资源使用效率降低；另一方面是由于缔约国从其他缔约国进口增加，将导致进口国的税收收入减少，使进口整体支出减少，进而使进口消费者剩余整体减少，最终经济体的社会福利水平出现下降。

二 自由贸易区理论

罗布森在《国际一体化经济学》中指出，与关税同盟一样，自由贸易区的建立可能也产生贸易创造和贸易转移，但由于原产地原则无法限制或者避免"间接贸易偏转"现象的存在，这两种不同的一体化组织形式在实际运作中存在重要差异。间接贸易偏转是指，自由贸易区建立后，内部出现供求缺口时，低成本国可以以高于本国的价格向高成本国出口产品，直至达到其全部供给能力为止，而本国市场出现的产品供求缺口则通过从非成员国的进口来弥补（彼得·罗布森，2001；陈军亚，2008），并运用瓦伊纳分析关税同盟的方法，分析研究自由贸易区的贸易效应。

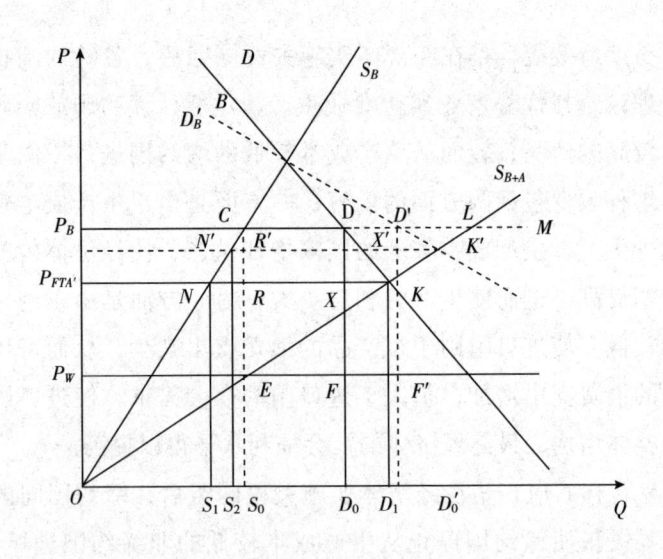

图 3-1 自由贸易区的贸易效应

假设两个国家，国家 A 和国家 B。在产品 k 的生产上，国家 A 的效率高于国家 B。这两国对该产品的进口各自实施不同的关税：国家 A 实施禁止性关税，国家 B 实施非禁止性关税。D_B 为国家 B 的需求曲线，S_B 为国家 B 的供应曲线。S_{A+B} 为国家 A 和国家 B 全部供应曲线。P_B 是国家 B 加入自由贸易区前的国内价格；P_W 是外部世界的价格。P_{FTA} 是两国建立自由贸易区后的区内价格。

自由贸易区建立前，国家 B 从世界市场以 P_W 进口，征收 P_BP_W 关税，国内价格为 P_B，国内供应为 OS_0，需求为 OD_0，进口规模为 S_0D_0。自由贸易区建立后，只要区内仍存在净进口，国家 B 产品 k 的价格将在 P_B 与 P_{FTA} 之间，有效供应曲线为 $P_{FTA}KLM$，与需求曲线 D_B 共同决定价格 P_{FTA}。在价格为 P_{FTA} 时，国家 B 国内供给为 OS_1，消费需求为 OD_1，自国家 A 的进口为 S_1D_1。其中，S_1S_0 和 D_1D_0 是贸易创造，S_0D_0 是贸易转移。

另外，需要说明的是国家 A 国内价格维持在 P_{FTA} 以下。如果国家 A 的生产能够满足国家 B 的进口需求，P_{FTA} 等于国家 A 价格 P_A，否则 P_{FTA} 高于 P_A。同时，国家 A 通过自外部世界进口来满足国内需求。这种贸易流向被称为"间接贸易偏转"，原产地原则无法避免此现象。

自由贸易区建设使国家 B 社会福利的变动取决于图中四边形（RXFE）面积与两个三角形（CNR+DXK）面积的大小，若前者大于后者，意味着国家 B 社会福利增加；反之，则减少。

如果国家 B 的需求曲线为 D'_B，区内价格为 P'_{FTA}，接近价格 P_B。此时，国家 B 国内供应为 OS_2，需求为 OD_2，自国家 A 进口规模为 S_2D_2，其中 S_2S_0 和 D'_0D_1 是贸易创造，$S_0D'_0$ 是贸易转移。国家 B 社会福利的变动取决于图中四边形（R'X'FE）面积与两个三角形（CN'R+D'X'K'）面积的大小。

三 大市场理论

大市场理论是在共同市场理论的基础上发展而来的，从动态的视角分析共同市场带来的竞争效应和规模经济效应，代表人物为西托夫斯基和德纽。他们认为,共同市场的建立能够将各国贸易政策保护的"小市场"统一为大市场,经过各国竞争实现产业分工、专业化生产和规模化经营。其中,西托夫斯基认为,贸易政策保护的"小市场"不利于企业规模化经营,企业间缺乏竞争动力,使经济陷入"恶性循环";共同市场能向缔约国企业提供更大的市场有助于企业之间竞争,使缺乏竞争优势的企业退出市场,实现经济体进入以规模经济为主导的市场扩大、竞争加剧的良性循环。

德纽认为,共同市场带来的大市场有助于企业生产能力得到充分利用、最新技术得到采用,企业间竞争加强,产品价格下降,导致消费者的实际购买力增强和实际生活水平提高。消费需求的增加拉动企业投资需求的增加,企业投资需求的增加引起产品价格的进一步下降和工资提高,消费者的购买力增强。如此往复,经济进入需求刺激投资、投资助长需求的良性循环。

市场的扩大使企业间竞争加剧,推动企业规模化经营,使企业获得规模经济、实现经济利益,使共同市场经济体的经济进入良性循环,这是西托夫斯基和德纽的理论核心。同时,共同市场经济体外的国家会选择在经济体内部投资生产,可以使企业保持原来的市场和产品优势,利用共同市场关税减免获得更多利润;而且有助于缔约国生产资本的积累。由此可见,大市场理论为经济一体化的发展提供了理论依据。

四 协议性国际分工理论

协议性国际分工理论是由日本学者小岛清提出。他认为,经济共同体内部仅依靠比较优势原理实现内部分工,可能导致各缔约国企业的垄断和集中。因为各缔约国为了同其他缔约国进行竞争,有动力采取政府干预手段实现企业规模的合理化和一国范围的规模经济。在此背景下,内部经济的企业必然发展为垄断;外部经济的企业必然带动产业集聚。因此,通过加剧竞争实现规模经济,可能不利于经济共同体内部的产业分工和贸易,导致内部的竞争和对抗。基于此,小岛清认为实行协议性国际分工可能是有必要的。

所谓协议性国际分工，经济共同体的缔约国根据缔约协议分别放弃国内某些产品的生产并把其国内的市场提供给其他缔约国，导致各缔约国企业市场规模扩大，生产成本下降，即缔约国通过缔约协议相互提供国内市场，并据此进行经济共同体内的国际分工，从而实现经济体内的规模经济。这表明，协议性国际分工是对市场机制配置资源方式的人为替代，由此可见，协议性国际分工不能仅仅依靠市场机制来完成，必须通过制度实现协议性分工的组织化。实行协议性国际分工必须满足以下三点：一是缔约国必须处在相同的发展阶段，二是协议分工的对象必须是具备规模经济的商品或产业，三是缔约国让渡的产业和保留的产业不存在优劣之分。

第三节 理论分析框架

基于已有区域经济一体化理论和国际贸易理论，本书从一般理论分析及作用机理两个方面构建分析框架，不仅阐释自由贸易区作用于贸易效应的内在逻辑，也进一步从静态和动态效应的结合上分析了自由贸易区作用于贸易的途径，进而解释自由贸易区对一国贸易增长的影响效应。

自由贸易区作用于林产品贸易的逻辑可表述为：区域内贸易相对开放使产品市场扩大，短期内，具有比较优势的企业获得扩大区域内贸易的动力，产生了贸易创造和贸易转移，通过贸易实现了资本效应和资源配置效应，获得了静态贸易效应。长期来看，具有规模经济特征的企业获得扩大规模的动力，从而企业的产品竞争更加激烈，引致投资增加，使企业的生产要素得到积累，推动要素禀赋变动和贸易结构调整。同时，区域内贸易开放引致技术扩散和转移，通过模仿、学习、竞争等机制推动技术进步，引起技术结构变动。要素禀赋变动推动技术结构变动，技术结构变动带动要素禀赋结构改变。

林业产业的特殊性，一方面影响自由贸易区成员国林产品贸易的静态效应作用路径，从而使贸易转移和扩大效应在不同成员国间扩大或者降低；另一方面从长期看，可通过自由贸易区多边制度安排，重视林产品的非贸易关注问题，通过政府行为扩大林产品贸易的动态效应。

自由贸易区通过改变成员国间林产品贸易，并对其林产品生产要素供给产生静态和动态影响，进而促使成员国国内资源禀赋结构的改变。主要表现在两方面：第一，优化资源配置。瓦伊纳、米德、李普西、约翰逊等学者有较一致的看法，即经济体实施关税同盟后，各缔约国根据比较优势理论选择优势产业实行专业生产，这样，缔约国放弃国内生产成本较高的产品，转而自生产成本较低的缔约国进口以满足国内需要，使林产品生成资源向高效率的林业部门转移，林业资源配置更加合理。不过也有学者指出，贸易不仅可以减轻要素的错配程度，而且也可以加大要素的错配程度（程滢，2013）。第二，资本积累效应。当派生性林产品贸易利益的部分收入增加被用于投资，成员国的资本积累就会增加（庄丽娟，2007）。

自由贸易区的实质是成员国间消除或完全消除贸易壁垒，而成员国与非成员国间继续保持贸易壁垒，在区域内实行贸易自由化。在不完全竞争和规模报酬递增的情况下，贸易自由化不仅改善资源配置效率，而且发挥其促进竞争效应，竞争效应主要表现在：第一，降低市场垄断程度。即通过贸易，增加国内市场产品数量，国内产品的市场份额收缩；第二，实现规模经济。当出口企业出口规模扩大则其生产规模扩大，有助于实现规模生产和贸易；第三，提高全要素生产率的增长率。当出口企业的出口规模扩大时，相互竞争会促进出口企业的生产率提升（陶剑，1999；张洪胜，2017）。同时，当竞争引致"超越竞争效应"，将激励企业加大研发，进一步加快技术创新（宋学印，2016）。此外，竞争效应可能"倒逼"利益集团寻求游说制度，提升制度水平（马俊英，2016）。

规模经济或者规模收益递增是决定国际分工和贸易格局的重大

因素之一。亚当·斯密曾指出，市场规模的不断扩大，有利于国际分工和生产效率的提高。新贸易理论指出，只要规模经济存在，专业化分工和贸易就会发生，但规模经济的专业化分工具有较强的随意性。规模效应是自由贸易区影响成员国林产品贸易的最重要效应。自由贸易区的建立打破了成员国间的贸易壁垒，将成员国国内市场延伸至囊括国内外的自由贸易区大市场，使成员国企业摆脱了国内市场规模的约束。自由贸易区的规模经济效应对于成员国林产品贸易具有重要影响，理由在于两个方面：一是自由贸易区建立前贸易小国国内市场狭小，难以达到规模经济生产量，导致生产成本较高，建立后市场规模扩大，从而使企业的生产规模扩大，生产成本降低。二是许多林产品的生产都具有规模经济的特征，林业第二产业具有明显的规模经济特征（林红，2016），其中造纸业内部规模经济极其显著（李周等，1991）。

　　国际贸易理论对于技术进步一向较为重视，技术差距贸易理论则是典型代表。该理论强调国家间技术水平发展的不平衡引起国际贸易，但是无法解释技术水平与生产要素禀赋不存在差异的国家间的贸易。新贸易理论假设技术进步为内生性，认为随着贸易的发展，规模扩大，生产的边际成本将递减，技术获得内生性增长。技术进步是贸易模式变动的主要动力之一。技术进步的内容较为广泛，但通过生产领域作用于贸易主要有两个途径：一是生产技术的改进与发展以提高生产效率和降低经营成本支出，二是改善产品质量和提供差异化产品提高非价格竞争力，增强出口竞争能力，促进贸易增长。自由贸易区的林产品贸易效应取决于自由贸易区对技术进步所起的作用。如果技术进步效应可以通过自由贸易区的建设来实现，自由贸易区建立后的成员国林产品贸易必然强于建立前。

　　鉴于上述理论分析可以发现，要用单一理论去解释自由贸易区背景下成员国贸易的变动是困难的，显然，成员国贸易结构的调整、贸易流的变动不能简单归因于资源配置，也不可能仅从规模经济或技术进步来解释。本书认为较为贴近现实的思路应该是：在自

◇ 中国—东盟自由贸易区的林产品贸易效应研究

由贸易区建设的背景下，要素禀赋结构、技术结构、贸易结构之间有机联系形成了贸易变动的内生机制，由此决定了不同的贸易发展质量。随着比较优势动态化发展，资源配置以及要素积累也发生转变，并推动要素禀赋结构、技术结构、贸易结构、产业结构的升级，并据此提出政策建议。自由贸易区林产品贸易效应的一般分析框架见图3-2。

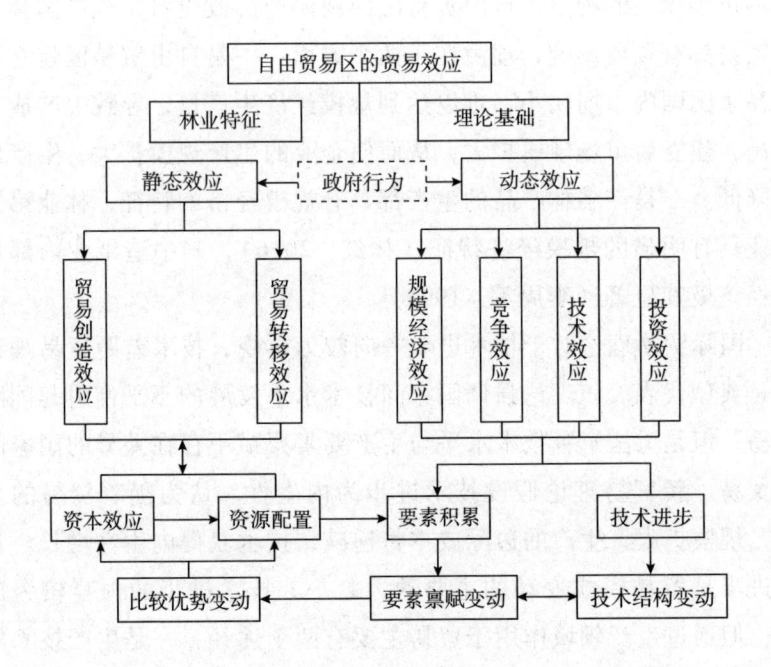

图3-2 自由贸易区林产品贸易效应的一般分析框架

第四章

中国—东盟自由贸易区林产品贸易现状和特征

CAFTA 是中国参与建立的第一个自贸区，也是世界上最大的发展中国家自由贸易区。研究该自贸区的建设对中国、东盟林产品贸易的影响，不仅关系到自贸区成员国的切身利益，而且能够为其他自贸区的建设提供经验借鉴。

第一节 中国—东盟林产品贸易政策

一 中国林业政策演变

中国林业进入全面深化改革的新阶段。随着经济社会的不断发展，对国家发展总体形势、林业发展规律和人民群众期待的认识不断深化，中国对林业建设更加强调可持续发展，其重心也逐渐由木材生产向生态建设转移，林业政策不断调整完善，逐步形成了一套比较完整的林业政策体系。1990 年以来，中国林业政策演变经历可持续发展时期、政策初步建立时期、生态建设为主时期、生态建设新时期和体制机制改革阶段，具体见表 4-1。

二 中国和东盟国家林产品贸易政策

中国为了鼓励木材进口，从 1999 年 1 月 1 日起，实行木材进口零

表 4-1　　　　　　　　1993—2018 年中国林业政策演变

阶段	时间	政策名称	主要内容
可持续发展时期	1993 年 2 月	《关于在东北、内蒙古国有林区森工企业全面推行林木生产商品化改革的意见》	改革营林资金管理体制，全面推行林价制度
	1994 年 1 月	《中华人民共和国自然保护区条例》	加强自然保护区的建设和管理
	1995 年 1 月	《关于实行使用林地许可证制度的通知》	对林地许可证的各种事项做出明确规定，并从当年开始使用林地许可证制度
	1996 年 9 月	《关于国有林场深化改革加快发展若干问题的决定》	对国有林场实行分类经营、调整组织结构、转换经营机制、合理利用资源、优化产业结构等工作提出具体要求
政策初步建立时期	1998 年 8 月	《国务院办公厅关于进一步加强自然保护区管理工作的通知》	强调保护和发展森林资源的重要性、迫切性
	1999 年 5 月	《国家林业局关于加强重点林业建设工程科技支撑的指导意见》	明确林业工程科技支撑的指导思想和战略目标
	2000 年 1 月	《中华人民共和国森林法实施条例》	制定保护森林资源的法规
	2001 年 1 月	《全国林业发展第十个五年计划》	明确了中国林业未来五年的发展计划
	2002 年 12 月	《退耕还林条例》	标志着退耕还林从此步入了法制化管理轨道
生态建设为主时期	2003 年 6 月	《中共中央、国务院关于加快林业发展的决定》	将生态建设确定为林业发展的主要方向
	2004 年 11 月	《全国林业产业发展规划纲要》	促进林业产业可持续发展
	2005 年 4 月	《国家林业局 2005 年工作要点》	深入落实"抓住一个重点，办好两件大事，强化三项工作，深化四项改革，加强五大建设，处理好六大关系"的林业工作总体部署
	2006 年 7 月	《全国林业自然保护区发展规划（2006—2030 年）》	确定 2006—2030 年全国林业自然保护区发展规划
	2007 年 5 月	《中国森林防火科学技术研究中长期发展纲要（2006—2020 年）》	提高森林防火科技水平
	2008 年 6 月	《中共中央国务院关于全面推进集体林权制度改革的意见》	推进集体林业经营体制机制创新
	2009 年 1 月	《林业产业振兴规划（2010—2012 年）》	指导林业产业应对金融危机的行动计划方案，规划期为 2010—2012 年

续表

阶段	时间	政策名称	主要内容
生态建设新时期	2009年6月	《中央林业工作会议》	系统研究林业在新形势下的发展改革问题
	2010年6月	《全国林地保护利用规划纲要（2010—2020）》	提出了适应新形势要求的林地分级、分等保护利用管理新思路
	2010年12月	《大小兴安岭林区生态保护与经济转型规划（2010—2020》	促进大小兴安岭林区生态保护与经济转型
	2011年6月	《全国主体功能区规划》	规划明确了国家层面4类主体功能区的不同功能定位，将全国划分为国家层面优化开发、重点开发、限制开发和禁止开发4类主体功能区
	2012年7月	《国有林场森林经营方案编制和实施工作的指导意见》	促进国有林场森林可持续经营，充分发挥国有林场示范带动作用
	2012年1月	《关于加强国有林场森林资源管理保障国有林场改革顺利进行的意见》	为切实加强国有林场森林资源管理，保障国有林场改革顺利进行，提出的改革意见
	2013年8月	《中国智慧林业发展指导意见》	《意见》系统诠释了智慧林业的内涵意义、基本思路、目标任务和推进策略
	2014年4月	《关于推进林业碳汇交易工作的指导意见》	加快生态林业和民生林业建设，努力增加林业碳汇，积极推进林业碳汇交易
体制机制改革阶段	2015年2月	《国有林场改革方案》和《国有林区改革指导意见》	保护生态、保护民生、创新体制
	2015年4月	《关于加快推进生态文明建设的意见》	强化主体功能定位，优化国土空间开发格局等内容
	2016年11月	《关于完善集体林权制度的意见》	国家再次对集体林权制度改革工作进行全面部署
	2017年7月	《省级林业应对气候变化2017—2018年工作计划》	进一步加强省级林业应对气候变化工作，确保"十三五"既定目标任务如期实现
	2018年1月	《关于加强林业品牌建设的指导意见》	加强林业品牌建设，提高林业竞争力，实现林业提质增效

资料来源：张壮、赵红艳：《改革开放以来中国林业政策的演变特征与变迁启示》，《林业经济问题》2018年第4期。

关税政策，原木、锯材、薪材、木片、纸浆和废纸等的进口税调减到 0；中国严格按照入世承诺，对 249 种林产品降低关税，向世界开放林产品市场；亚洲金融危机之后（1998—2003 年）的一段时间，中国对所有木质林产品实行了出口退税；2004 年以后，开始对木材资源型产品的出口进行限制，取消或调低出口退税率；2006 年 11 月 1 日，对部分出口林产品加征出口关税，其中木片、实木地板和一次性筷子税率为 10%；2006 年 11 月 22 日起，不允许加工贸易企业以国产木材或以珍贵木材作原料生产的板材、家具、木制品等林产品出口；2007 年 4 月 26 日起，以国产木材作原料生产的木浆、纸制品等不允许出口；2008 年 12 月 1 日起，木门、胶合板出口退税由 5% 提高到 9%；2009 年 2 月 1 日起，恢复木制品等商品的出口免税政策；2018 年 11 月 1 日起，纸制品等部分资源性商品及初级加工品平均税率由 6.6% 降至 5.4%，并对同类或相似商品减并税级；2020 年起，将对 150 多项木材和纸制品设置进口暂定税率，由 5.3% 左右下降到 3.2% 左右；2021 年 1 月 1 日起降低木材和纸制品等商品的进口暂定税率。

缅甸于 2010—2011 财年末，停止了缅甸木材公司与私营企业进行的来料加工合作方式；2014 年 4 月 1 日起，禁止本国原木出口，但允许出口成品或半成品木材产品；2017 年取消原木进口税，同时将木质家具出口税由 15% 提高至 20%[①]；2019 年 5 月 31 日决定，将重新允许出口国有和私有人工柚木林出产的柚木原木。

印度尼西亚于 1985 年开始禁止原木出口；2007 年总统向各省各区的首长下令，在发出森林伐木特许权准证时，必须敏锐地做出判断；2017 年环境与林业部决定允许人工林原木出口；2019 年 8 月 5 日宣布永久停止砍伐原始林。

越南于 2013 年 5 月起，对红木原材料出口提税 200%；10 月中

---

① 徐芝生：《缅甸取消原木进口税并提高木质家具出口税》，http://www.forestry.gov.cn/search/list.html。

旬，报关公司通知中国合作方，凡在这两国订购的交趾黄檀必须于 10 月 25 日前全部出关，以后越南政府将严禁出口；10 月 25 日起禁止出口大红酸枝木材。2017 年 7 月 1 日起至 9 月停止橡胶林的砍伐审批。

马来西亚于 2006 年 8 月起，特定长度和尺寸的指接型橡胶木锯材将禁止出口；2017 年 7 月 1 日暂停橡胶木出口海外市场；2019 年用激励机制刺激木材进口。2018 年 5 月沙巴州出台了政策禁止原木出口，该决定即刻生效。

2016 年至今，老挝、泰国、柬埔寨、缅甸等国接连宣布暂停木材出口中国。

三　中国—东盟自由贸易区林产品关税减让安排

中国的"二轨产品"清单包括木制板材，根据协议中国与东盟 6 国在 2012 年取消关税，与东盟其余 4 国在 2018 年取消关税；我国提出的敏感产品清单包括木制板材、纸制品，按照协议中国与东盟 6 国在 2012 年削减到 20%以下、2018 年削减到 5%以下，与越南、老挝、柬埔寨和缅甸在 2015 年削减到 20%以下、2020 年削减到 5%以下。除木制板材、纸制品外，其他林产品属于"一轨正常"产品，根据协议中国和东盟 6 国在 2010 年取消关税，越南、老挝、柬埔寨和缅甸在 2015 年取消关税。

第二节　中国—东盟林产品贸易发展现状

本部分从森林覆盖、贸易规模、贸易结构特征等方面入手，分析中国和东盟森林覆盖情况、林产品国际贸易以及中国与东盟双边林产品贸易的贸易结构和特征变化。

一　中国和东盟森林覆盖情况

（一）中国和越南森林覆盖率呈现持续稳步增长

2000—2020 年，中国森林面积增加 42.98 万平方千米，森林覆盖率由 18.78%增长至 23.34%，年均增长率 1.09%；越南森林面积增加2.86万平方千米，森林覆盖率由37.88%增长至47.23%，年均增长率1.09%。这在一定程度上验证了中国和越南重视林业生态建设（见表4-2）。

表4-2　　　　2000—2020年中国、东盟森林覆盖情况

单位：万平方千米、%

年份	中国 (1)	中国 (2)	印度尼西亚 (1)	印度尼西亚 (2)	马来西亚 (1)	马来西亚 (2)	菲律宾 (1)	菲律宾 (2)	泰国 (1)	泰国 (2)	越南 (1)	越南 (2)
2000	177.00	18.78	101.28	55.91	19.69	59.93	7.31	24.51	19.00	37.19	11.78	37.88
2001	179.36	19.03	101.12	55.82	19.62	59.71	7.26	24.36	19.11	37.40	11.94	38.40
2002	181.72	19.28	100.96	55.73	19.54	59.48	7.22	24.20	19.21	37.61	12.10	38.98
2003	184.08	19.53	100.79	55.64	19.47	59.26	7.17	24.04	19.32	37.82	12.27	39.56
2004	186.44	19.78	100.63	55.55	19.39	59.03	7.12	23.88	19.43	38.03	12.43	40.07
2005	188.81	20.03	100.47	55.46	19.32	58.80	7.07	23.73	19.54	38.24	12.59	40.59
2006	191.17	20.28	100.31	55.37	19.25	58.58	7.03	23.57	19.64	38.45	12.75	41.11
2007	193.53	20.53	100.15	55.28	19.17	58.35	6.98	23.41	19.75	38.66	12.91	41.63
2008	195.89	20.78	99.98	55.19	19.10	58.12	6.93	23.25	19.86	38.87	13.07	42.14
2009	198.25	21.04	99.82	55.10	19.02	57.90	6.89	23.10	19.97	39.08	13.23	42.66
2010	200.61	21.29	99.66	55.01	18.95	57.67	6.84	22.94	20.07	39.29	13.39	43.18
2011	202.55	21.49	98.73	54.50	19.05	57.98	6.87	23.06	20.07	39.29	13.52	43.61
2012	204.48	21.70	97.81	53.99	19.15	58.30	6.91	23.17	20.07	39.29	13.66	44.05
2013	206.42	21.90	96.88	53.48	19.26	58.61	6.94	23.29	20.07	39.28	13.79	44.48
2014	208.36	22.11	95.95	52.97	19.36	58.93	6.98	23.41	20.06	39.27	13.93	44.92
2015	210.29	22.31	95.03	52.46	19.46	58.25	7.01	23.52	20.06	39.27	14.06	45.35
2016	212.46	22.54	95.27	50.74	19.31	58.79	7.05	23.64	20.02	39.18	14.38	46.37
2017	214.34	22.74	93.95	50.04	19.26	58.63	3.76	23.88	19.98	39.11	14.42	46.49
2018	216.22	22.94	93.34	49.72	19.21	58.46	7.12	23.88	19.95	39.04	14.49	46.74
2019	218.10	23.14	92.74	49.39	19.16	58.33	7.15	23.99	19.91	38.97	14.57	46.98
2020	219.98	23.34	92.13	49.07	19.11	58.18	7.19	24.11	19.87	38.90	14.64	47.23

注：（1）表示森林面积；（2）表示森林覆盖率。
资料来源：世界银行WDI数据库。

第四章 中国—东盟自由贸易区林产品贸易现状和特征

（二）印度尼西亚森林覆盖率呈现持续下降

近二十年，印度尼西亚森林面积由101.28万平方千米下降至92.13万平方千米，2010年以来，森林覆盖率呈现显著下降态势，由55.01%降至49.07%，这在一定程度上表明印度尼西亚对于森林资源重视不足，开垦新地、毁林烧荒等乱砍滥伐行为未得到有效治理。

（三）马来西亚、泰国、菲律宾森林覆盖率相对稳定

2000—2020年，马来西亚森林面积基本保持在19万平方千米以上，森林覆盖率维持在57.67%—59.93%，年均为58.68%，高于其他5国，这表明马来西亚的国家森林种植计划是成功的，保障森林资源可持续供应；泰国森林面积维持在19.00万—20.07万平方千米，森林覆盖率呈现倒"U"形，由37.19%上升至2010年的39.29%，后缓慢下降至38.90%，表明泰国政府控制森林的商业采伐，积极发展人工林的作用显著；菲律宾森林面积由7.31万平方千米下降至2010年的6.84%，转而增长至2020年的7.19万平方千米，森林覆盖率呈现"U"形，在一定程度上表明菲律宾逐渐重视森林资源，高要求实施"绿化地球"。从总体来看，马来西亚、泰国和菲律宾重视森林资源，积极实施相关政策保护森林资源，保障林业经济健康、持续发展。

二　中国和东盟对外贸易现状

（一）对外贸易额呈波动增长态势，所占比重呈波动上升

从对外贸易额来看，2004—2020年，CAFTA成员国林产品对外贸易额呈波动增长态势。其中，中国林产品对外贸易额最大，超过其余5国林产品对外贸易总额，由218.34亿美元增长至849.84亿美元，年均增长8.86%；越南林产品对外贸易额增长显著，2020年贸易额为158.81亿美元，2004年为19.31亿美元，增长了722.57%，年均增长14.08%；菲律宾、泰国、印度尼西亚和马来西亚4国林产品对外贸易额分别增长了2.53倍、2.15倍、0.97倍和0.17倍，年均增长分别为8.21%、7.42%、4.33%和0.98%（见表4-3）。

表 4-3　　　　2000—2020 年成员国林产品对外贸易情况

单位：亿美元、%

年份	中国 (1)	中国 (2)	印度尼西亚 (1)	印度尼西亚 (2)	马来西亚 (1)	马来西亚 (2)	菲律宾 (1)	菲律宾 (2)	泰国 (1)	泰国 (2)	越南 (1)	越南 (2)
2000	131.64	3.10	69.40	1.63	52.80	1.24	15.26	0.36	25.71	0.61	9.47	0.22
2001	129.85	3.21	60.33	1.49	43.92	1.09	13.11	0.32	23.54	0.58	9.51	0.24
2002	148.69	3.50	61.71	1.45	47.37	1.12	13.35	0.31	25.51	0.60	11.49	0.27
2003	176.08	3.64	60.97	1.26	47.19	0.97	14.63	0.30	29.03	0.60	13.97	0.29
2004	218.34	3.88	64.21	1.14	58.27	1.03	14.64	0.26	33.71	0.60	19.31	0.34
2005	251.21	4.21	67.12	1.13	61.70	1.03	16.07	0.27	37.29	0.63	23.37	0.39
2006	298.49	4.61	75.61	1.17	71.31	1.10	22.44	0.35	40.57	0.63	26.48	0.41
2007	364.46	4.92	79.59	1.08	74.75	1.01	23.94	0.32	48.26	0.65	34.68	0.47
2008	400.47	5.15	90.98	1.17	72.13	0.93	26.99	0.35	55.42	0.71	42.89	0.55
2009	364.24	5.76	72.57	1.15	63.46	1.00	23.17	0.37	49.66	0.79	40.16	0.64
2010	481.14	6.58	97.38	1.33	75.82	1.04	27.44	0.38	64.44	0.88	52.11	0.71
2011	624.45	7.60	110.71	1.35	80.29	0.98	41.24	0.50	87.99	1.07	66.70	0.81
2012	626.64	8.01	109.03	1.39	79.25	1.01	46.61	0.60	73.26	0.94	69.83	0.89
2013	690.21	8.36	112.96	1.37	78.74	0.95	60.19	0.73	74.58	0.90	84.20	1.02
2014	770.24	9.00	118.95	1.39	79.51	0.93	64.29	0.75	77.99	0.91	99.07	1.16
2015	751.33	9.56	111.19	1.42	71.84	0.91	53.32	0.68	77.24	0.98	114.54	1.46
2016	744.13	9.44	109.22	1.39	70.08	0.89	60.05	0.76	82.52	1.05	130.87	1.66
2017	833.51	9.74	131.66	1.54	73.42	0.86	55.44	0.65	96.48	1.13	171.14	2.00
2018	925.61	9.96	143.15	1.54	79.08	0.85	53.69	0.58	98.78	1.06	171.69	1.85
2019	865.69	10.05	138.37	1.61	75.75	0.88	59.67	0.69	99.83	1.16	170.92	1.98
2020	849.84	11.04	126.53	1.64	68.09	0.88	51.73	0.67	106.01	1.38	158.81	2.06

注：（1）表示贸易额；（2）表示占世界贸易的比重。
资料来源：笔者根据世界银行 WITS 数据库数据计算整理。

从所占比重来看，考察期间，除马来西亚外，其余各国林产品对外贸易额所占世界林产品贸易的比重呈波动上升。其中，中国、越南、泰国、菲律宾、印度尼西亚 5 国所占比重均呈现波动上升，5 国所占比重年均上升速度分别为 6.76%、11.87%、5.35%、6.11%、2.31%；马来西亚所占比重呈现波动下降，由 1.03% 下降至 0.88%，年均下降速度为 0.97%。

（二）中国林产品进、出口规模大，且增长较快

从进口来看，中国林产品进口贸易发展较快，进口规模较大，远超东盟5国林产品进口总额。中国是林产品进口大国，林产品进口规模由2000年的101.42亿美元上升至2020年的550.63亿美元（见表4-4），增长442.94%，年均增速约为8.83%；占世界林产品进口的比重呈现稳步上升，2000年仅占世界林产品进口的3.98%，2014年达到10.14%，2020年为12.59%。2000—2020年，东盟5国林产品进口总额呈现波动上升态势，由2000年的56.96亿美元增长至2020年的204.93亿美元，年均增速为6.61%。越南是东盟5国中重要的林产品进口国，2000年进口规模仅为4.54亿美元，2020年达到69.16亿美元，年均增速超过中国，达到14.59%，2015年以来林产品进口额超过东盟5国进口的1/3；菲律宾是东盟5国中林产品进口规模最小的国家，占世界林产品进口的比重未超过0.60%，但进口规模增长显著，年均增速达到6.03%；印度尼西亚、马来西亚和泰国3成员国林产品进口额呈现波动增长，考察期间，3成员国的年均增速分别为4.64%、4.39%和4.91%。

表4-4　　　　2000—2020年中国—东盟林产品贸易情况

单位：亿美元、%

类型	年份	中国		印度尼西亚		马来西亚		菲律宾		泰国		越南	
		(1)	(2)	(1)	(2)	(1)	(2)	(1)	(2)	(1)	(2)	(1)	(2)
出口	2000	30.22	1.78	53.49	3.15	37.87	2.23	7.48	0.44	11.91	0.70	4.93	0.29
	2002	40.32	2.38	49.29	2.91	32.04	1.89	6.50	0.38	11.96	0.71	4.97	0.29
	2004	70.24	3.09	48.57	2.14	40.93	1.80	7.16	0.32	15.16	0.67	7.41	0.33
	2006	120.49	4.54	57.65	2.17	50.17	1.89	13.83	0.52	19.39	0.73	9.89	0.37
	2008	148.84	4.69	60.04	1.89	47.75	1.50	17.74	0.56	26.92	0.85	17.52	0.55
	2010	164.97	5.46	62.74	2.07	48.46	1.60	17.40	0.58	34.12	1.13	23.22	0.77
	2012	223.16	6.76	68.45	2.07	49.88	1.51	33.14	1.00	38.46	1.17	36.39	1.10
	2014	269.18	7.44	77.20	2.13	49.64	1.37	48.37	1.34	43.78	1.21	48.79	1.35
	2016	269.95	8.05	72.64	2.17	40.66	1.21	39.23	1.17	47.79	1.42	69.62	2.07
	2018	291.09	7.37	94.36	2.39	42.48	1.08	26.92	0.68	61.20	1.55	93.39	2.37
	2020	299.21	9.00	87.12	2.62	32.85	0.99	26.65	0.80	69.98	2.10	89.64	2.70

续表

类型	年份	中国 (1)	中国 (2)	印度尼西亚 (1)	印度尼西亚 (2)	马来西亚 (1)	马来西亚 (2)	菲律宾 (1)	菲律宾 (2)	泰国 (1)	泰国 (2)	越南 (1)	越南 (2)
进口	2000	101.42	3.98	15.91	0.62	14.93	0.59	7.78	0.31	13.80	0.54	4.54	0.18
	2002	108.36	4.25	12.42	0.49	15.33	0.60	6.85	0.27	13.55	0.53	6.51	0.26
	2004	148.10	4.40	15.64	0.47	17.34	0.52	7.48	0.22	18.54	0.55	11.90	0.35
	2006	178.00	4.67	17.96	0.47	21.14	0.55	8.61	0.23	21.18	0.56	16.59	0.43
	2008	251.63	5.47	30.94	0.67	24.56	0.53	9.24	0.20	28.51	0.62	25.37	0.55
	2010	316.18	7.38	34.64	0.81	27.36	0.64	10.04	0.23	30.32	0.71	28.88	0.67
	2012	403.48	8.93	40.58	0.90	29.37	0.65	13.46	0.30	34.80	0.77	33.44	0.74
	2014	501.05	10.14	41.75	0.85	29.87	0.60	15.92	0.32	34.31	0.69	50.28	1.02
	2016	474.18	10.47	36.57	0.81	29.42	0.65	20.82	0.46	34.73	0.77	61.25	1.35
	2018	634.52	11.86	48.79	0.91	36.60	0.68	26.77	0.50	37.59	0.70	78.30	1.46
	2020	550.63	12.59	39.41	0.90	35.24	0.81	25.08	0.57	36.04	0.82	69.16	1.58

注：（1）表示贸易额；（2）表示占世界贸易的比重。
资料来源：笔者根据世界银行 WITS 数据库数据计算整理。

从出口来看，中国林产品出口贸易发展较快，出口规模接近东盟5国林产品出口总额。2000年中国林产品出口额为30.22亿美元，约占世界林产品出口贸易的1.78%，2000—2014年出口呈现快速增长态势，年均增速约为16.91%，2015—2020年增速放缓，年均增速约为1.42%。2020年中国林产品出口额为299.21亿美元，占世界林产品出口贸易的9.00%。这在一定程度上说明，中国重视林产品出口贸易，中国林产品在国际市场上具有一定竞争优势（见表4-4）。东盟5国林产品出口贸易呈现较强的增长态势。2000—2020年东盟5国林产品出口总额由115.68亿美元增长至306.24亿美元，年均增速约为4.99%，而占世界林产品出口贸易的比重呈"U"形变化，2000年占比约为6.81%，波动下降至2006年的5.32%，转而提高至2020年的9.21%。其间，马来西亚林产品出口额呈倒"U"形，出口额由2000年的37.87亿美元增长至2007年的51.18亿美元，转而波动下降至2020年的32.85亿美元；占世界林产品出口贸易的比重呈下降态势，由2.23%降至0.99%。除马来西亚之外，印度尼西亚、菲律宾、泰国和越南林产品出口额均呈现波动上升。其中，越南是东盟国家中林产品出口增速最快的国家，出口额由

2000年4.93亿美元增长至2020年的89.64亿美元，年均增速为15.60%，占全球林产品总出口额的比重上升至2.70%，逐渐成为东盟重要的林产品出口国；印度尼西亚是东盟主要的林产品出口国，其间，林产品出口额在45亿美元以上，2017年以来出口额超过80亿美元；泰国林产品出口额呈现强劲增长势头，2000—2020年年均增速为9.26%，林产品出口额接近70亿美元，也是东盟主要的林产品出口国；菲律宾林产品出口额变动呈倒"U"形变化，由2000年的7.48亿美元增长至2014年的48.37亿美元，骤降至2015年的37.29亿美元，波动下降至2020年的26.65亿美元。从长期来看，中国和东盟林产品出口贸易保持强劲势头，但近年来出口规模相对稳定。

（三）对外贸易的产品较为集中

从出口来看，各国出口的主要林产品种类较集中。根据表4-5可以看出，中国出口的林产品主要是劳动密集型的人造板、木制品、林果和纸及纸制品，总额占中国林产品出口的80%以上。其中，纸及纸制品出口规模呈现稳步上升，于2019年超过100亿美元，所占中国林产品出口的36.83%；其间，林果出口规模、所占林产品出口比重均呈现波动上升，出口规模年均增速约为18.03%，2020年所占比重已接近20%；人造板出口规模呈倒"U"形变化，由2000年的3.73亿美元扩大至2014年的85.18亿美元，转而缩小至2020年的59.84亿美元；木制品出口规模不断扩大，但所占林产品出口的比重不断下降，2020年木制品出口规模为72.02亿美元，所占比重为24.07%。

印度尼西亚主要出口人造板、木浆和纸及纸制品，2020年3类林产品出口总额为68.37亿美元，相较于2000年增加了63.83%，占印度尼西亚林产品出口的78.47%；其间，人造板出口规模相对稳定，绝大多数年份出口规模维持在21亿—26亿美元，所占比重呈波动下降态势，2020年所占比重下降至29.48%，较2000年下降了38.05%；木浆出口规模呈现波动上升态势，2020年出口规模为25.34亿美元，2000—2020年年均增速约为6.56%；2010年以来，纸及纸制品出口规模相对稳定，维持在14亿—18亿美元。

表4-5　2000—2020年中国—东盟主要林产品出口情况

单位：亿美元，%

	年份	原木(1)	原木(2)	其他原材(1)	其他原材(2)	锯材(1)	锯材(2)	人造板(1)	人造板(2)	木制品(1)	木制品(2)	木浆(1)	木浆(2)	林果(1)	林果(2)	纸及纸制品(1)	纸及纸制品(2)
中国	2000	0.08	0.26	1.70	5.63	1.79	5.93	3.73	12.34	13.72	45.39	0.10	0.34	2.16	7.16	6.93	22.95
中国	2005	0.02	0.02	1.24	1.37	2.81	3.11	29.98	33.14	30.03	33.19	0.36	0.39	6.86	7.59	19.16	21.18
中国	2010	0.11	0.06	0.46	0.28	3.42	2.07	54.28	32.91	38.25	23.19	1.40	0.85	20.69	12.54	46.36	28.10
中国	2015	0.04	0.01	1.40	0.50	2.07	0.74	78.74	28.23	59.75	21.42	1.13	0.40	42.68	15.30	93.07	33.37
中国	2020	0.06	0.02	2.01	0.67	1.50	0.50	59.84	20.00	72.02	24.07	1.15	0.38	59.54	19.90	103.10	34.46
印度尼西亚	2000	0.45	0.85	0.44	0.82	0.69	1.29	25.46	47.59	9.33	17.45	7.11	13.28	0.85	1.59	9.16	17.13
印度尼西亚	2005	0.00	0.01	0.60	1.18	0.03	0.07	20.60	40.19	9.88	19.27	9.33	18.20	1.54	3.00	9.27	18.08
印度尼西亚	2010	0.00	0.00	1.41	2.24	0.31	0.49	21.94	34.97	5.70	9.09	14.66	23.37	1.79	2.85	16.93	26.98
印度尼西亚	2015	0.00	0.00	3.42	4.47	0.46	0.60	31.00	40.51	5.18	6.77	17.27	22.56	4.45	5.81	14.75	19.28
印度尼西亚	2020	0.00	0.00	3.58	4.11	0.62	0.71	25.68	29.48	8.01	9.19	25.34	29.08	6.55	7.51	17.35	19.91
马来西亚	2000	6.64	17.54	0.29	0.77	8.70	22.97	16.96	44.77	2.76	7.29	0.00	0.00	0.76	2.00	1.76	4.66
马来西亚	2005	6.53	14.97	0.44	1.00	8.47	19.42	21.20	48.59	3.84	8.81	0.08	0.19	0.55	1.25	2.52	5.77
马来西亚	2010	6.66	13.74	0.66	1.37	7.86	16.22	23.93	49.39	4.07	8.39	0.11	0.23	0.61	1.26	4.55	9.40
马来西亚	2015	5.19	11.86	1.12	2.56	8.23	18.79	18.97	43.31	4.13	9.43	0.39	0.89	0.87	1.98	4.90	11.18
马来西亚	2020	1.22	3.70	1.74	5.29	5.76	17.54	11.03	33.57	3.59	10.92	3.82	11.62	0.89	2.70	4.81	14.66

续表

	年份	原木 (1)	原木 (2)	其他原材 (1)	其他原材 (2)	锯材 (1)	锯材 (2)	人造板 (1)	人造板 (2)	木制品 (1)	木制品 (2)	木浆 (1)	木浆 (2)	林果 (1)	林果 (2)	纸及纸制品 (1)	纸及纸制品 (2)
菲律宾	2000	0.00	0.00	0.08	1.07	0.20	2.73	0.21	2.84	2.13	28.49	0.36	4.84	4.09	54.68	0.40	5.34
	2005	0.00	0.00	0.09	1.14	0.08	1.05	0.24	3.02	1.38	17.07	0.53	6.48	5.30	65.41	0.47	5.83
	2010	0.00	0.01	0.12	0.68	0.11	0.61	0.17	0.99	10.29	59.12	0.73	4.20	5.19	29.85	0.79	4.54
	2015	0.00	0.01	0.69	1.84	0.36	0.96	0.12	0.32	27.91	74.84	0.84	2.26	6.89	18.49	0.47	1.27
	2020	0.00	0.00	0.48	1.82	1.75	6.55	1.35	5.05	1.71	6.42	1.33	5.01	19.40	72.80	0.63	2.35
泰国	2000	0.00	0.00	0.30	2.54	0.55	4.62	1.97	16.58	2.89	24.25	1.70	14.29	2.00	16.78	2.50	20.96
	2005	0.01	0.08	0.39	2.37	2.04	12.23	3.74	22.45	2.97	17.82	0.88	5.29	2.63	15.79	3.99	23.98
	2010	0.01	0.02	2.09	6.12	5.39	15.81	6.84	20.04	2.18	6.38	0.86	2.51	4.99	14.64	11.77	34.49
	2015	0.00	0.01	3.02	7.13	8.59	20.28	8.19	19.34	1.85	4.37	1.57	3.71	12.35	29.14	6.80	16.04
	2020	0.07	0.10	1.88	2.69	9.33	13.33	10.20	14.57	1.35	1.92	1.77	2.52	38.29	54.71	7.10	10.15
越南	2000	0.05	0.95	0.28	5.72	0.04	0.73	0.09	1.80	0.90	18.26	0.00	0.00	3.34	67.69	0.24	4.85
	2005	0.04	0.42	1.18	12.77	0.32	3.53	0.25	2.70	0.86	9.31	0.00	0.00	6.06	65.80	0.50	5.47
	2010	0.17	0.75	4.97	21.41	0.95	4.11	1.27	5.48	1.30	5.58	0.09	0.39	12.92	55.64	1.54	6.65
	2015	0.54	0.92	13.63	23.11	3.71	6.28	3.47	5.89	3.42	5.80	0.03	0.06	31.85	53.98	2.34	3.97
	2020	0.00	0.00	19.49	21.74	0.47	0.52	8.90	9.93	6.19	6.90	0.17	0.19	48.24	53.81	6.20	6.91

注：(1) 表示贸易额；(2) 表示占一国林产品出口贸易的比重。

资料来源：笔者根据世界银行 WITS 数据计算整理。

马来西亚出口的主要林产品分别是人造板、锯材、原木和纸及纸制品。其中，人造板是马来西亚第一大出口林产品，2000—2020年出口规模呈现倒"U"形变化，由2000年的16.96亿美元扩大至2007年的26.77亿美元，转而降至2020年的11.03亿美元；原木出口规模呈现波动下降，由2000年的6.64亿美元将至2020年的1.22亿美元，年均降幅为8.14%；锯材出口规模维持在5.5亿—9.6亿美元；纸及纸制品出口规模呈现波动上升，2000年出口规模仅为1.76亿美元，仅占马来西亚林产品出口的4.66%，2019年出口规模达到5.77亿美元，占比扩大至14.86%。

菲律宾出口的主要林产品是林果和木制品，2000—2020年两类林产品出口总额由6.22亿美元扩大至21.11亿美元，占菲律宾林产品出口的80%以上。其中，林果出口规模呈现波动上升态势，2000年出口规模为4.09亿美元，2020年出口规模达到19.40亿美元，年均增速为8.09%；木制品出口规模变动具有明显的阶段性，2000—2005年出口规模相对稳定，年均出口规模为1.41亿美元，2006—2020年出口规模呈现倒"U"形变化，由2006年的6.52亿美元扩大至2013年的30.85亿美元，转而降至2020年的1.71亿美元。

泰国出口的主要林产品是林果、人造板、纸及纸制品、锯材和木制品，这5类林产品出口额占泰国林产品出口的90%。其中，林果出口规模以年均15.91%的速度扩大，逐渐成为泰国重要的出口林产品，2020年林果出口额为38.29亿美元，相较2000年扩大了18.15倍，所占林产品出口的比重由2000年的16.78%提升至2020年的54.71%；木制品、纸及纸制品和锯材的出口规模均呈倒"U"形变化，木制品的出口规模在2004年达到峰值，为3.06亿美元，纸及纸制品的出口规模在2011年达到峰值，为23.81亿美元，锯材的出口规模在2017年达到峰值，为15.03亿美元；人造板出口规模呈现波动上升态势，由2000年的1.97亿美元上升至2020年的10.20亿美元，年均增速为8.55%，但所占林产品出口的比重呈倒

第四章
中国—东盟自由贸易区林产品贸易现状和特征

"U"形变化。

越南出口的主要林产品是林果和其他原材，出口额占越南林产品出口的70%以上。其中，林果出口规模呈现显著波动上升，由2000年的3.34亿美元上升至2019年的54.63亿美元，年均增速为15.85%，所占林产品出口的比重超过50%；其他原材出口规模也不断扩大，2020年出口规模为19.49亿美元，为2000年的69.61倍，所占林产品比重由2000年的5.72%扩大至2020年的21.74%。

从进口来看，各国进口的主要林产品种类集中度高。中国进口的主要林产品是木浆、纸及纸制品、原木和锯材，4类林产品进口额呈波动扩大态势，但所占中国林产品进口的比重呈倒"U"形变化，由2000年的86.04%上升至2007年的93.16%，2008年转势下降，2020年降至75.22%。纸及纸制品进口规模的变化具有显著阶段性，2000—2011年为第一阶段，进口规模快速扩大，2012—2020年为第二阶段，进口额呈现波动态势；2007年以来，木浆、原木和锯材的进口规模均呈现波动扩大，其中，木浆进口规模扩大最为显著，2007年进口额为55.48亿美元，2020年达到156.98亿美元，扩大了1.83倍（见表4-6）。

印度尼西亚进口的主要林产品是纸及纸制品、木浆和林果，2000—2020年3类林产品进口额所占印度尼西亚林产品进口的87%以上。其中，林果进口规模呈现波动扩大，由2000年的1.34亿美元扩大至2020年的11.66亿美元，年均扩大11.44%，所占比重由8.40%提高至29.58%；纸及纸制品、木浆进口规模的变化也具有显著阶段性，2000—2011年为第一阶段，进口规模呈现波动扩大，2012—2020年为第二阶段，进口额呈现波动态势。

马来西亚进口的主要林产品是纸及纸制品、林果和人造板，考察期间，3类林产品进口总额呈现波动上升，占林产品进口的80%以上。其中，纸及纸制品是马来西亚进口的最主要林产品，进口额所占马来西亚林产品进口的48%以上；林果和人造板的进口规模呈现不断扩大态势，年均扩大速度分别为10.05%、9.52%。

菲律宾进口的主要林产品是纸及纸制品、林果和人造板，3类林产品进口总额占菲律宾林产品进口的70%以上。其中，纸及纸制品出口额呈现波动上升态势，由2000年的4.73亿美元上升至2019年的15.11亿美元，年均增长6.30%，但2010年以来所占林产品进口的比重呈现波动下降态势，由68.63%下降至51.18%；人造板、林果进口额均呈现波动上升态势，2020年人造板进口为3.10亿美元，相较2000年增长360.26%，林果进口额由0.39亿美元上升至6.30亿美元，年均增长14.86%。

泰国进口的主要林产品是纸及纸制品、木浆、林果和锯材，4类林产品进口总额占泰国林产品进口的87%以上。其中，纸及纸制品、木浆进口额的变化可分为两个阶段，2000—2011年为第一阶段，进口额呈现波动上升态势，纸及纸制品的进口额由2000年的6.55亿美元上升至2011年的17.53亿美元，年均增速为9.37%，木浆的进口额由2000年的2.71亿美元上升至2011年的5.47亿美元，年均增速为6.59%，2012—2020年为第二阶段，进口额呈现波动态势；林果的进口额均呈现波动上升态势，2020年林果进口为9.37亿美元，相较2000年增长17.02倍；锯材进口额呈倒"U"形变化，由2000年的2.33亿美元上升至2005年的4.81亿美元，转而波动下降至2020年的1.68亿美元。

越南进口的主要林产品是纸及纸制品、林果和锯材，3类林产品进口总额占越南林产品进口比重呈波动上升态势，2020年达到79.82%。其中，纸及纸制品进口额呈现稳步上升态势，由2.08亿美元上升至26.55亿美元，年均增速为13.57%；林果、锯材的进口额呈现倒"U"形变化，林果进口额于2018年达到最大值，为36.50亿美元，占越南林产品进口的43.78%，锯材进口额于2014年达到最大值，为12.19亿美元，占越南林产品进口的24.25%。

第四章 中国—东盟自由贸易区林产品贸易现状和特征

表4-6　2000—2020年中国—东盟主要林产品进口情况

单位：亿美元，%

	年份	原木(1)	原木(2)	其他原材(1)	其他原材(2)	锯材(1)	锯材(2)	人造板(1)	人造板(2)	木制品(1)	木制品(2)	木浆(1)	木浆(2)	林果(1)	林果(2)	纸及纸制品(1)	纸及纸制品(2)
中国	2000	16.56	16.32	0.25	0.25	9.82	9.68	10.07	9.93	0.43	0.42	21.21	20.91	3.41	3.36	39.68	39.12
中国	2005	32.44	20.18	1.36	0.84	15.17	9.43	7.68	4.78	0.38	0.24	37.25	23.18	5.16	3.21	61.31	38.14
中国	2010	60.73	19.21	7.00	2.21	38.78	12.27	4.64	1.47	1.05	0.33	88.25	27.91	16.41	5.19	99.31	31.41
中国	2015	80.64	17.07	17.54	3.71	75.10	15.90	5.74	1.21	7.31	1.55	127.54	27.00	50.30	10.65	108.29	22.92
中国	2020	84.05	15.26	23.34	4.24	76.45	13.88	9.13	1.66	8.89	1.61	156.98	28.51	95.10	17.27	96.68	17.56
印度尼西亚	2000	0.47	2.93	0.01	0.06	0.48	3.03	0.26	1.63	0.03	0.21	6.64	41.76	1.34	8.40	6.68	41.98
印度尼西亚	2005	0.36	2.29	0.01	0.08	0.78	4.92	0.64	4.01	0.08	0.51	4.92	31.02	2.08	13.13	6.99	44.04
印度尼西亚	2010	0.17	0.50	0.13	0.37	0.95	2.75	1.63	4.71	0.40	1.17	10.50	30.31	6.27	18.11	14.57	42.08
印度尼西亚	2015	0.43	1.24	0.12	0.33	1.13	3.26	1.65	4.77	0.26	0.74	9.61	27.72	6.21	17.90	15.27	44.04
印度尼西亚	2020	0.33	0.84	0.09	0.22	1.19	3.02	1.54	3.90	0.36	0.91	8.12	20.60	11.66	29.58	16.13	40.94
马来西亚	2000	0.63	4.25	0.01	0.06	0.96	6.42	0.86	5.73	0.27	1.78	0.42	2.83	0.95	6.34	10.84	72.59
马来西亚	2005	0.26	1.45	0.01	0.07	1.71	9.45	1.26	6.95	0.39	2.16	1.03	5.68	1.01	5.58	12.40	68.66
马来西亚	2010	0.17	0.63	0.04	0.13	1.27	4.65	2.98	10.90	0.54	1.96	1.33	4.85	2.39	8.75	18.64	68.12
马来西亚	2015	0.08	0.29	0.07	0.24	1.15	4.09	3.77	13.45	0.71	2.53	1.18	4.21	5.15	18.36	15.93	56.83
马来西亚	2020	0.35	1.00	0.12	0.35	1.34	3.80	5.27	14.96	1.03	2.94	3.48	9.86	6.42	18.22	17.22	48.87

◆ 中国—东盟自由贸易区的林产品贸易效应研究

续表

	年份	原木(1)	原木(2)	其他原材(1)	其他原材(2)	锯材(1)	锯材(2)	人造板(1)	人造板(2)	木制品(1)	木制品(2)	木浆(1)	木浆(2)	林果(1)	林果(2)	纸及纸制品(1)	纸及纸制品(2)
菲律宾	2000	0.54	6.98	0.03	0.32	0.80	10.25	0.67	8.65	0.18	2.37	0.43	5.59	0.39	5.07	4.73	60.77
	2005	0.24	3.00	0.00	0.05	1.18	14.80	0.97	12.20	0.13	1.63	0.36	4.51	0.32	3.99	4.76	59.83
	2010	0.11	1.09	0.04	0.40	0.55	5.50	0.84	8.39	0.18	1.82	0.40	3.94	1.03	10.22	6.89	68.63
	2015	0.18	1.11	0.05	0.31	0.81	5.05	2.15	13.38	0.85	5.32	0.43	2.67	2.08	12.97	9.49	59.19
	2020	0.03	0.13	0.02	0.07	1.75	6.96	3.10	12.34	0.57	2.28	0.48	1.90	6.30	25.13	12.84	51.18
泰国	2000	1.26	9.11	0.02	0.13	2.33	16.89	0.32	2.33	0.09	0.68	2.71	19.63	0.52	3.78	6.55	47.45
	2005	1.17	5.65	0.02	0.11	4.81	23.32	1.03	4.99	0.23	1.10	2.40	11.62	1.11	5.37	9.88	47.84
	2010	0.63	2.07	0.15	0.49	3.23	10.67	1.50	4.95	0.33	1.10	5.15	16.99	3.05	10.07	16.27	53.65
	2015	0.13	0.37	0.18	0.52	2.50	7.17	2.01	5.77	0.55	1.57	4.90	14.07	7.13	20.44	17.46	50.09
	2020	0.05	0.13	0.13	0.35	1.68	4.65	2.45	6.81	0.69	1.92	3.48	9.67	9.37	26.00	18.19	50.48
越南	2000	0.88	19.29	0.00	0.10	0.35	7.69	0.29	6.41	0.06	1.32	0.44	9.68	0.44	9.61	2.08	45.91
	2005	2.01	14.23	0.01	0.04	2.95	20.87	1.36	9.58	0.07	0.50	0.71	5.02	1.63	11.50	5.42	38.26
	2010	2.65	9.19	0.02	0.06	5.19	17.97	3.09	10.70	0.16	0.54	0.98	3.40	4.35	15.07	12.44	43.07
	2015	5.13	9.24	0.11	0.21	11.45	20.62	4.05	7.28	0.18	0.32	1.16	2.09	14.64	26.37	18.81	33.88
	2020	3.97	5.73	0.06	0.09	7.97	11.52	7.21	10.43	0.72	1.04	1.99	2.88	20.69	29.91	26.55	38.39

注：(1) 表示贸易额；(2) 表示占一国林产品出口贸易的比重。

资料来源：笔者根据世界银行WITS数据计算整理。

第四章
中国—东盟自由贸易区林产品贸易现状和特征

（四）对外贸易的市场较为集中

东盟、美国是中国重要的林产品贸易市场。2020年中国与东盟的林产品贸易达201.67亿美元，远超美国的96.24亿美元。其中，中国对东盟的出口额为78.28亿美元，占中国林产品出口的26.16%，自东盟的进口额为123.39亿美元，占中国林产品进口的22.41%。东盟中的泰国是中国主要的林产品贸易伙伴，2020年中国对其出口达13.76亿美元，是中国的第四大出口市场；自其进口52.53亿美元，是中国的第一大进口市场。美国是中国的第一大林产品出口市场、第二大林产品进口市场。中国向美国主要出口人造板、木制品和纸及纸制品，从美国主要进口纸及纸制品、木浆和锯材（见表4-7）。

中国、美国、日本和东盟是东盟各国主要的林产品贸易市场。中国是东盟各国最重要的林产品贸易市场。2020年数据显示，除中国分别是马来西亚、菲律宾的第二大林产品出口市场外，中国均是东盟各国林产品进口、出口的第一大市场，所占各国林产品出口、进口的比重均超过15%，其中，泰国对中国出口占其出口比重达到57.27%，印度尼西亚自中国进口占其进口的比重为31.30%。中国和东盟对美国、日本出口的主要林产品存在差异，东盟对美国、日本出口的主要林产品也存在差异。其中，中国对美国、日本出口的主要林产品是一致的，分别是木制品、纸及纸制品和人造板，对美国、日本的木制品出口额分别占中国木制品出口的32.57%、9.34%。东盟对美国出口的主要林产品是林果、人造板和木制品，贸易额分别为11.63亿美元、9.60亿美元和5.20亿美元，均超过各类林产品出口的10.00%；对日本主要出口人造板、其他原材和林果，贸易额分别为11.59亿美元、7.85亿美元和7.82亿美元，分别占东盟各类林产品出口的20.27%、28.90%和6.89%。中国和东盟自美国、日本进口的最重要林产品为纸及纸制品。中国自美国、日本进口的规模分别为18.96亿美元、13.98亿美元，分别占中国纸及纸制品进口的19.61%、14.46%。东盟自美国、日本进口的规模分别为6.01亿美元、9.51亿美元，分别占东盟纸及纸制品进口的6.61%、10.46%。

◆ 中国—东盟自由贸易区的林产品贸易效应研究

表4-7 2019—2020年中国和东盟林产品进出口地区分布

单位：亿美元，%

年份		出口			进口			年份		出口			进口		
		国家/地区	贸易额	占比	国家/地区	贸易额	占比			国家/地区	贸易额	占比	国家/地区	贸易额	占比
中国	2019	东盟	64.27	21.85	东盟	109.97	19.24	菲律宾	2019	日本	13.09	41.66	中国	9.84	34.82
		美国	48.27	16.41	美国	53.00	9.27			中国	7.39	23.52	东盟	4.38	15.49
		日本	18.78	6.39	俄罗斯	52.99	9.27			韩国	2.84	9.05	美国	2.12	7.49
		中国香港	12.20	4.15	加拿大	44.04	7.71			美国	1.17	3.72	日本	2.11	7.46
		英国	11.34	3.85	巴西	42.55	7.45			荷兰	0.79	2.50	加拿大	1.50	5.31
印度尼西亚	2019	中国	27.96	31.42	中国	12.71	25.73	泰国	2019	中国	31.89	47.77	中国	8.10	24.48
		日本	10.02	11.26	美国	7.10	14.38			东盟	14.12	21.15	东盟	5.74	17.36
		东盟	8.05	9.05	东盟	6.78	13.73			中国香港	3.07	4.60	美国	2.95	8.93
		韩国	6.45	7.25	加拿大	3.50	7.08			韩国	2.80	4.20	日本	2.66	8.03
		美国	5.84	6.57	澳大利亚	1.82	3.68			美国	2.05	3.07	新加坡	1.48	4.47
马来西亚	2019	日本	7.03	18.07	东盟	10.86	29.48	越南	2019	中国	37.18	39.32	东盟	13.16	17.24
		东盟	4.84	12.44	中国	8.45	22.94			东盟	15.81	16.71	中国	11.65	15.25
		中国	4.11	10.55	美国	2.45	6.66			日本	8.89	9.40	美国	7.28	9.53
		新加坡	3.35	8.60	日本	1.52	4.13			韩国	6.42	6.78	科特迪瓦	6.44	8.43
		印度	2.63	6.77	韩国	1.51	4.09			东盟	4.16	4.40	柬埔寨	3.79	4.96

第四章 中国—东盟自由贸易区林产品贸易现状和特征

续表

	年份	出口			进口		
		国家/地区	贸易额	占比	国家/地区	贸易额	占比
中国	2020	东盟	78.28	26.16	东盟	123.39	22.41
		美国	46.92	15.68	美国	49.33	8.96
		日本	16.83	5.62	俄罗斯	48.15	8.74
		中国香港	11.81	3.95	巴西	40.78	7.41
		英国	10.72	3.58	智利	37.64	6.84
印度尼西亚	2020	中国	29.95	34.38	中国	12.33	31.30
		日本	8.40	9.64	美国	4.85	12.30
		东盟	7.83	8.99	东盟	4.12	10.45
		美国	7.36	8.45	加拿大	2.20	5.57
		韩国	6.16	7.07	新加坡	1.50	3.82
马来西亚	2020	日本	5.52	16.81	东盟	11.12	31.57
		中国	5.44	16.56	中国	8.31	23.57
		东盟	3.42	10.40	美国	2.21	6.26
		新加坡	2.92	8.90	日本	1.44	4.10
		美国	2.37	7.22	韩国	1.30	3.70

	年份	出口			进口		
		国家/地区	贸易额	占比	国家/地区	贸易额	占比
菲律宾	2020	日本	11.81	44.33	中国	10.69	42.61
		中国	5.62	21.11	东盟	3.70	14.74
		韩国	2.24	8.42	日本	1.47	5.85
		美国	1.24	4.67	美国	1.47	5.84
		荷兰	0.72	2.71	加拿大	0.81	3.22
泰国	2020	中国	40.08	57.27	中国	10.71	29.71
		东盟	10.29	14.70	东盟	6.27	17.40
		中国香港	3.76	5.37	美国	2.86	7.93
		韩国	2.36	3.37	日本	2.57	7.13
		美国	2.07	2.96	韩国	1.97	5.47
越南	2020	中国	31.64	35.30	中国	14.31	20.68
		美国	16.91	18.86	东盟	8.55	12.36
		日本	8.40	9.37	美国	6.94	10.04
		韩国	6.52	7.28	科特迪瓦	5.88	8.50
		荷兰	4.24	4.73	日本	3.85	5.57

注：东盟数据是各国与印度尼西亚、马来西亚、菲律宾、泰国和越南 5 国的林产品贸易总额。

资料来源：笔者根据世界银行 WITS 数据计算整理。

三 CAFTA成员国林产品的双边贸易现状

（一）成员国间林产品双边贸易额呈波动扩大趋势

从双边林产品贸易额来看，自2004年实施"早期收获计划"以来，成员国间双边林产品贸易额呈现上升趋势，所占成员国林产品贸易的比重不断提高。其中，中国与CAFTA成员国的双边林产品贸易额由2004年的31.58亿美元上升到2020年的201.67亿美元，增长约5.39倍，年均增长率为12.29%，所占比重由14.46%提高至23.73%。2004—2020年，印度尼西亚、马来西亚、菲律宾、泰国和越南与CAFTA成员国的双边林产品贸易额分别增长了3.60、1.24、7.85、5.09倍和9.47倍，所占各国林产品贸易比重分别提高至42.87%、41.54%、39.36%、63.52%和36.87%。这在一定程度上印证了CAFTA建设有助于推动成员国间林产品贸易（见表4-8）。

表4-8　2000—2020年成员国间双边林产品贸易情况

单位：亿美元、%

年份	中国 (1)	中国 (2)	印度尼西亚 (1)	印度尼西亚 (2)	马来西亚 (1)	马来西亚 (2)	菲律宾 (1)	菲律宾 (2)	泰国 (1)	泰国 (2)	越南 (1)	越南 (2)
2000	28.27	21.48	10.32	14.86	10.19	19.30	2.39	15.69	5.27	20.50	3.11	32.84
2001	23.42	18.04	8.61	14.27	8.62	19.62	2.36	18.04	5.12	21.75	2.98	31.33
2002	25.10	16.88	11.10	17.99	8.63	18.21	2.25	16.84	5.85	22.94	2.95	25.70
2003	28.35	16.10	11.76	19.29	9.70	20.56	2.46	16.81	8.22	28.32	3.86	27.60
2004	31.58	14.46	11.78	18.35	12.62	21.65	2.30	15.74	11.06	32.81	5.59	28.95
2005	31.78	12.65	12.72	18.95	14.84	24.05	3.09	19.21	12.80	34.32	7.22	30.89
2006	33.04	11.07	16.16	21.37	16.03	22.48	3.32	14.78	14.33	35.31	8.65	32.66
2007	37.94	10.41	17.30	21.74	17.05	22.81	3.16	13.18	16.94	35.11	11.59	33.41
2008	42.53	10.62	21.08	23.17	15.79	21.89	3.45	12.80	18.50	33.39	13.25	30.89
2009	43.28	11.88	18.43	25.39	14.63	23.05	3.13	13.51	18.43	37.10	14.65	36.48
2010	58.77	12.21	24.14	24.79	18.66	24.61	4.30	15.66	23.73	36.82	18.53	35.56
2011	82.59	13.23	31.03	28.02	20.11	25.04	6.93	16.81	35.62	40.48	22.92	34.37
2012	92.08	14.69	32.68	29.97	20.17	25.45	7.81	16.76	36.22	49.44	25.90	37.09

第四章
中国—东盟自由贸易区林产品贸易现状和特征

续表

年份	中国 (1)	中国 (2)	印度尼西亚 (1)	印度尼西亚 (2)	马来西亚 (1)	马来西亚 (2)	菲律宾 (1)	菲律宾 (2)	泰国 (1)	泰国 (2)	越南 (1)	越南 (2)
2013	107.63	15.59	34.94	30.93	20.77	26.38	9.40	15.61	36.09	48.39	30.04	35.67
2014	118.20	15.35	37.71	31.71	21.28	26.76	11.45	17.80	37.18	47.67	31.30	31.59
2015	124.12	16.52	36.53	32.85	20.55	28.61	9.48	17.78	37.73	48.85	37.01	32.31
2016	122.46	16.46	35.74	32.72	21.21	30.27	12.24	20.38	44.44	53.86	48.69	37.21
2017	139.43	16.73	49.89	37.89	23.40	31.87	14.46	26.07	56.28	58.33	65.36	38.19
2018	158.45	17.12	54.07	37.77	25.99	32.87	19.36	36.06	55.67	56.36	66.07	38.48
2019	174.24	20.13	55.50	40.11	28.26	37.30	22.03	36.91	59.85	59.95	66.14	38.70
2020	201.67	23.73	54.24	42.87	28.29	41.54	20.36	39.36	67.34	63.52	58.55	36.87

注：(1) 表示贸易额；(2) 表示报告国与 CAFTA 成员国双边林产品贸易额占报告国林产品贸易的比重。

资料来源：笔者根据世界银行 WITS 数据库数据计算整理。

（二）近年来中国对东盟林产品贸易逆差呈增长趋势

中国与东盟 5 国林产品贸易中，中国一直处于净进口的地位，但净进口额呈现不标准的"U"形变化，见图 4-1。2000—2009 年为缓慢下降阶段，中国对东盟林产品净进口额由 25.01 亿美元下降至 13.56 亿美元，年均降幅 6.58%；2010—2020 年为波动上升阶段，中国对东盟林产品净进口额由 21.23 亿美元上升至 45.11 亿美元，年均增幅 7.82%。考察期间，中国是印度尼西亚林产品净进口国，净进口额的变动趋势与中国对东盟林产品净进口额变动相似，呈现先波动下降后波动上升；中国对泰国林产品净进口显著增强，由 3.04 亿美元提高至 38.78 亿美元，年均增幅为 13.57%，2019 年成为中国净进口最多的国家；马来西亚、菲律宾在与中国的林产品贸易中逐渐由净出口国转变成净进口国，净进口额波动扩大；中国对越南林产品净进口额变动可分为三个阶段，2000—2008 年为波动阶段，2009—2014 年为波动上升阶段，2015—2020 年为波动下降阶段。

◇ 中国—东盟自由贸易区的林产品贸易效应研究

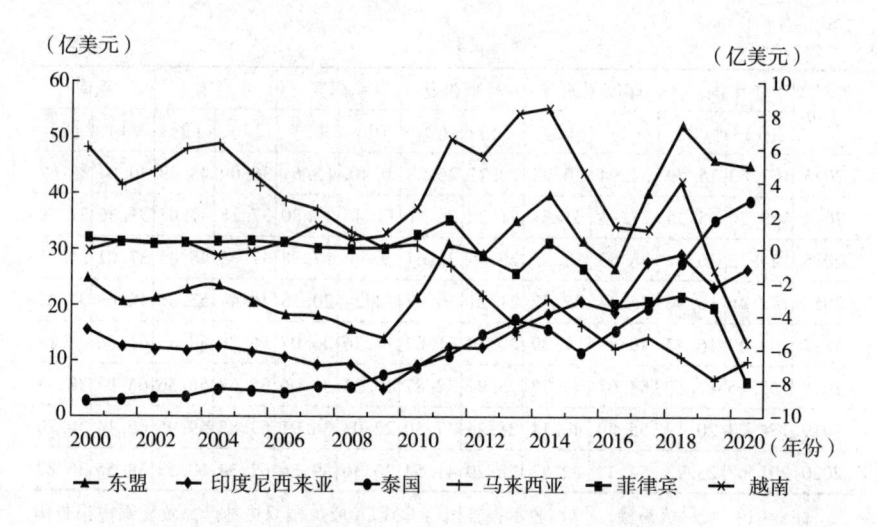

图 4-1 中国与东盟各国林产品进出口贸易差额

资料来源：笔者根据世界银行 WITS 数据库数据计算整理。

从林产品贸易总额来看，中国在与东盟的林产品贸易中处于贸易逆差的地位，但从各种林产品贸易额来看，中国在部分林产品贸易中处于贸易顺差的地位。考察期间，中国是东盟原木、其他原材、锯材和木浆的净进口国，其中，木浆的净进口额呈现波动上升态势，由 5.99 亿美元上升至 24.17 亿美元；原木的净进口额呈现波动下降态势，特别是 2014 年以来下降态势显著；锯材的净进口额变化具有显著的阶段性，2000—2008 年为小幅波动下降阶段，2009—2017 年为显著波动上升阶段，2018—2020 年为波动下降阶段；其他原材的净进口额的变动可分为两个阶段，2000—2012 年为波动上升阶段，2013—2020 年为波动阶段。在人造板、纸及纸制品的贸易中，中国由净进口国逐渐转变为净出口国。其中，人造板的净出口额呈现稳步增加，纸及纸制品的净出口额呈现波动增加。近年来，中国对东盟木制品、林果的进口额变化具有显著波动特征（见图 4-2）。

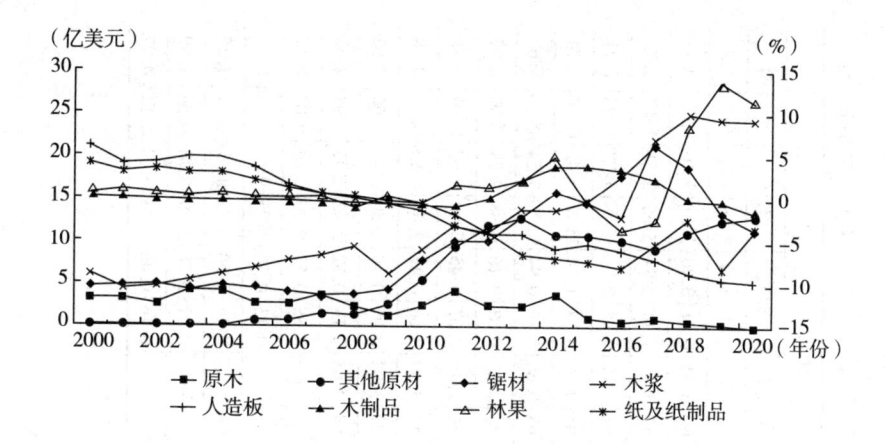

第四章
中国—东盟自由贸易区林产品贸易现状和特征

图 4-2　中国与东盟分类林产品进出口贸易差额

资料来源：笔者根据世界银行 WITS 数据库数据计算整理。

（三）中国是 CAFTA 成员国重要的林产品贸易伙伴，贸易额呈增长态势

从出口来看，东盟逐渐成为中国主要的林产品出口市场。考察期间，中国对东盟林产品出口总额及其所占中国林产品出口的比重均呈现波动上升态势。其中，中国对东盟林产品出口总额由 1.63 亿美元增长至 78.29 亿美元，年均增长 21.35%，所占中国林产品出口比重由 5.39% 上升至 26.17%。其间，中国对越南林产品出口额年均增速最快，约为 28.48%，依次为泰国、菲律宾、印度尼西亚和马来西亚，年均增速分别为 24.95%、19.37%、17.88% 和 16.05%。2020 年，除印度尼西亚以外，中国对其他 4 成员国的林产品出口额均超过 10 亿美元（见表 4-9）。

CAFTA 是成员国林产品出口的重要市场，其中，对中国林产品出口所占比重较大。考察期间，印度尼西亚对 CAFTA 成员国林产品出口总额的变化呈现阶段性，2000—2008 年为缓慢增长阶段，出口总额由 9.05 亿美元增长至 13.65 亿美元，年均增速为 5.27%，2009—2020 年为快速增长阶段，出口额由 10.40 亿美元增长至 37.78 亿美元，年均增速达到 12.44%；对中国林产品出口的比重不

表 4-9　2000—2020 年中国与东盟林产品贸易情况

单位：亿美元，%

<table>
<tr><th rowspan="2"></th><th rowspan="2"></th><th rowspan="2">年份</th><th colspan="2">中国</th><th colspan="2">印度尼西亚</th><th colspan="2">马来西亚</th><th colspan="2">菲律宾</th><th colspan="2">泰国</th><th colspan="2">越南</th></tr>
<tr><th>(1)</th><th>(2)</th><th>(1)</th><th>(2)</th><th>(1)</th><th>(2)</th><th>(1)</th><th>(2)</th><th>(1)</th><th>(2)</th><th>(1)</th><th>(2)</th></tr>
<tr><td rowspan="15">出口</td><td rowspan="5">中国</td><td>2000</td><td>7.35</td><td>13.73</td><td>0.36</td><td>1.19</td><td>0.52</td><td>1.72</td><td>0.38</td><td>1.25</td><td>0.16</td><td>0.54</td><td>0.21</td><td>0.69</td></tr>
<tr><td>2005</td><td>7.32</td><td>14.28</td><td>1.17</td><td>1.30</td><td>1.24</td><td>1.37</td><td>0.73</td><td>0.80</td><td>1.00</td><td>1.11</td><td>1.30</td><td>1.44</td></tr>
<tr><td>2010</td><td>10.12</td><td>16.13</td><td>4.56</td><td>2.77</td><td>3.70</td><td>2.24</td><td>2.04</td><td>1.23</td><td>3.92</td><td>2.38</td><td>4.55</td><td>2.76</td></tr>
<tr><td>2015</td><td>20.67</td><td>27.01</td><td>5.20</td><td>1.86</td><td>7.56</td><td>2.71</td><td>6.79</td><td>2.44</td><td>13.73</td><td>4.92</td><td>12.97</td><td>4.65</td></tr>
<tr><td>2020</td><td>29.95</td><td>34.38</td><td>9.67</td><td>3.23</td><td>10.20</td><td>3.41</td><td>13.12</td><td>4.39</td><td>13.76</td><td>4.60</td><td>31.54</td><td>10.54</td></tr>
<tr><td rowspan="5">印度尼西亚</td><td>2000</td><td>4.45</td><td>0.71</td><td></td><td></td><td>1.01</td><td>1.88</td><td>0.18</td><td>0.33</td><td>0.26</td><td>0.48</td><td>0.25</td><td>0.47</td></tr>
<tr><td>2005</td><td>9.97</td><td>1.58</td><td></td><td></td><td>1.22</td><td>2.38</td><td>0.29</td><td>0.57</td><td>0.37</td><td>0.71</td><td>0.67</td><td>1.31</td></tr>
<tr><td>2010</td><td>15.62</td><td>5.41</td><td></td><td></td><td>1.89</td><td>3.02</td><td>0.42</td><td>0.67</td><td>0.59</td><td>0.94</td><td>1.89</td><td>3.02</td></tr>
<tr><td>2015</td><td>15.61</td><td>5.41</td><td></td><td></td><td>2.33</td><td>3.04</td><td>0.62</td><td>0.82</td><td>0.97</td><td>1.27</td><td>2.12</td><td>2.78</td></tr>
<tr><td>2020</td><td>31.30</td><td>12.33</td><td></td><td></td><td>2.74</td><td>3.14</td><td>1.08</td><td>1.24</td><td>1.54</td><td>1.77</td><td>2.47</td><td>2.84</td></tr>
<tr><td rowspan="5">马来西亚</td><td>2000</td><td>4.35</td><td>0.65</td><td>0.23</td><td>0.61</td><td></td><td></td><td>0.76</td><td>2.00</td><td>1.22</td><td>3.22</td><td>0.23</td><td>0.60</td></tr>
<tr><td>2005</td><td>8.72</td><td>1.57</td><td>0.46</td><td>1.04</td><td></td><td></td><td>0.84</td><td>1.93</td><td>2.23</td><td>5.12</td><td>0.91</td><td>2.09</td></tr>
<tr><td>2010</td><td>14.26</td><td>3.90</td><td>0.88</td><td>1.82</td><td></td><td></td><td>0.93</td><td>1.92</td><td>2.42</td><td>4.99</td><td>0.95</td><td>1.97</td></tr>
<tr><td>2015</td><td>19.80</td><td>5.55</td><td>0.91</td><td>2.07</td><td></td><td></td><td>1.39</td><td>3.17</td><td>2.14</td><td>4.89</td><td>1.05</td><td>2.40</td></tr>
<tr><td>2020</td><td>23.57</td><td>8.31</td><td>0.68</td><td>2.08</td><td></td><td></td><td>0.92</td><td>2.80</td><td>1.24</td><td>3.77</td><td>0.57</td><td>1.75</td></tr>
<tr><td rowspan="15">进口</td><td rowspan="5">中国</td><td>2000</td><td></td><td></td><td>15.75</td><td>15.53</td><td>6.60</td><td>6.51</td><td>0.91</td><td>0.90</td><td>3.21</td><td>3.16</td><td>0.17</td><td>0.17</td></tr>
<tr><td>2005</td><td></td><td></td><td>12.80</td><td>7.96</td><td>5.57</td><td>3.47</td><td>1.14</td><td>0.71</td><td>5.65</td><td>3.51</td><td>1.17</td><td>0.73</td></tr>
<tr><td>2010</td><td></td><td></td><td>13.53</td><td>4.28</td><td>3.99</td><td>1.26</td><td>2.88</td><td>0.91</td><td>12.62</td><td>3.99</td><td>6.97</td><td>2.21</td></tr>
<tr><td>2015</td><td></td><td></td><td>25.71</td><td>5.44</td><td>3.08</td><td>0.65</td><td>5.84</td><td>1.24</td><td>25.60</td><td>5.42</td><td>17.65</td><td>3.74</td></tr>
<tr><td>2020</td><td></td><td></td><td>36.24</td><td>6.58</td><td>3.63</td><td>0.66</td><td>5.16</td><td>0.94</td><td>52.53</td><td>9.54</td><td>25.84</td><td>4.69</td></tr>
<tr><td rowspan="5">印度尼西亚</td><td>2000</td><td>0.16</td><td>1.02</td><td></td><td></td><td>0.36</td><td>2.25</td><td>0.03</td><td>0.07</td><td>0.38</td><td>2.39</td><td>0.00</td><td>0.02</td></tr>
<tr><td>2005</td><td>0.45</td><td>1.17</td><td></td><td></td><td>1.17</td><td>3.39</td><td>0.06</td><td>0.17</td><td>0.80</td><td>5.03</td><td>0.04</td><td>0.26</td></tr>
<tr><td>2010</td><td>2.41</td><td>1.37</td><td></td><td></td><td>1.37</td><td>3.94</td><td>0.07</td><td>0.19</td><td>2.30</td><td>6.96</td><td>0.17</td><td>0.48</td></tr>
<tr><td>2015</td><td>2.30</td><td>1.04</td><td></td><td></td><td>2.65</td><td>2.65</td><td>0.13</td><td>0.32</td><td>2.02</td><td>6.65</td><td>0.66</td><td>1.92</td></tr>
<tr><td>2020</td><td>2.02</td><td></td><td></td><td></td><td></td><td></td><td>0.08</td><td>0.52</td><td>5.12</td><td>6.01</td><td>0.93</td><td>2.36</td></tr>
<tr><td rowspan="5">马来西亚</td><td>2000</td><td>2.57</td><td>17.23</td><td></td><td></td><td></td><td></td><td>0.13</td><td>0.70</td><td>1.75</td><td>9.67</td><td>0.03</td><td>0.17</td></tr>
<tr><td>2005</td><td>3.12</td><td>17.29</td><td></td><td></td><td></td><td></td><td>0.16</td><td>0.58</td><td>2.92</td><td>10.67</td><td>0.10</td><td>0.56</td></tr>
<tr><td>2010</td><td>3.63</td><td>13.28</td><td></td><td></td><td></td><td></td><td>0.22</td><td>0.78</td><td>2.39</td><td>8.51</td><td>0.37</td><td>1.35</td></tr>
<tr><td>2015</td><td>3.99</td><td>14.24</td><td></td><td></td><td></td><td></td><td>0.16</td><td>0.46</td><td>2.88</td><td>8.17</td><td>0.84</td><td>2.99</td></tr>
<tr><td>2020</td><td>6.58</td><td>18.66</td><td></td><td></td><td></td><td></td><td></td><td></td><td></td><td></td><td>1.51</td><td>4.27</td></tr>
</table>

第四章
中国—东盟自由贸易区林产品贸易现状和特征

续表

<table>
<tr><th rowspan="2"></th><th rowspan="2"></th><th colspan="14">出口</th><th colspan="14">进口</th></tr>
<tr><th colspan="2">中国</th><th colspan="2">印度尼西亚</th><th colspan="2">马来西亚</th><th colspan="2">菲律宾</th><th colspan="2">泰国</th><th colspan="2">越南</th><th colspan="2">中国</th><th colspan="2">印度尼西亚</th><th colspan="2">马来西亚</th><th colspan="2">菲律宾</th><th colspan="2">泰国</th><th colspan="2">越南</th></tr>
<tr><th></th><th></th><th>(1)</th><th>(2)</th><th>(1)</th><th>(2)</th><th>(1)</th><th>(2)</th><th>(1)</th><th>(2)</th><th>(1)</th><th>(2)</th><th>(1)</th><th>(2)</th><th>(1)</th><th>(2)</th><th>(1)</th><th>(2)</th><th>(1)</th><th>(2)</th><th>(1)</th><th>(2)</th><th>(1)</th><th>(2)</th><th>(1)</th><th>(2)</th></tr>
<tr><td rowspan="5">菲律宾</td><td>2000</td><td>0.54</td><td>7.24</td><td>0.00</td><td>0.06</td><td>0.03</td><td>0.35</td><td></td><td></td><td>0.02</td><td>0.25</td><td>0.00</td><td>0.02</td><td>0.37</td><td>4.69</td><td>0.39</td><td>5.03</td><td>0.82</td><td>10.58</td><td></td><td></td><td>0.22</td><td>2.80</td><td>0.00</td><td>0.05</td></tr>
<tr><td>2005</td><td>0.45</td><td>5.60</td><td>0.01</td><td>0.15</td><td>0.04</td><td>0.46</td><td></td><td></td><td>0.04</td><td>0.55</td><td>0.03</td><td>0.36</td><td>0.50</td><td>6.29</td><td>0.44</td><td>5.57</td><td>1.19</td><td>14.97</td><td></td><td></td><td>0.35</td><td>4.46</td><td>0.02</td><td>0.23</td></tr>
<tr><td>2010</td><td>0.59</td><td>3.38</td><td>0.02</td><td>0.13</td><td>0.06</td><td>0.34</td><td></td><td></td><td>0.08</td><td>0.49</td><td>0.10</td><td>0.56</td><td>1.54</td><td>15.30</td><td>0.58</td><td>5.79</td><td>0.91</td><td>9.04</td><td></td><td></td><td>0.34</td><td>3.41</td><td>0.08</td><td>0.78</td></tr>
<tr><td>2015</td><td>1.62</td><td>4.35</td><td>0.03</td><td>0.08</td><td>0.07</td><td>0.18</td><td></td><td></td><td>0.04</td><td>0.09</td><td>0.08</td><td>0.20</td><td>4.91</td><td>30.63</td><td>1.05</td><td>6.57</td><td>0.99</td><td>6.16</td><td></td><td></td><td>0.49</td><td>3.03</td><td>0.21</td><td>1.31</td></tr>
<tr><td>2020</td><td>5.62</td><td>21.11</td><td>0.08</td><td>0.29</td><td>0.11</td><td>0.43</td><td></td><td></td><td>0.11</td><td>0.40</td><td>0.05</td><td>0.19</td><td>10.69</td><td>42.61</td><td>1.70</td><td>6.78</td><td>0.97</td><td>3.87</td><td></td><td></td><td>0.59</td><td>2.36</td><td>0.43</td><td>1.73</td></tr>
<tr><td rowspan="5">泰国</td><td>2000</td><td>1.22</td><td>10.28</td><td>0.32</td><td>2.65</td><td>0.55</td><td>4.63</td><td>0.14</td><td>1.18</td><td></td><td></td><td>0.51</td><td>4.25</td><td>0.37</td><td>2.71</td><td>0.56</td><td>4.06</td><td>1.54</td><td>11.16</td><td>0.05</td><td>0.33</td><td></td><td></td><td>0.01</td><td>0.10</td></tr>
<tr><td>2005</td><td>3.94</td><td>23.69</td><td>0.52</td><td>3.12</td><td>1.01</td><td>6.06</td><td>0.21</td><td>1.25</td><td></td><td></td><td>0.58</td><td>3.51</td><td>1.61</td><td>7.79</td><td>0.75</td><td>3.62</td><td>3.91</td><td>18.94</td><td>0.14</td><td>0.66</td><td></td><td></td><td>0.13</td><td>0.63</td></tr>
<tr><td>2010</td><td>9.05</td><td>26.51</td><td>1.33</td><td>3.91</td><td>2.01</td><td>5.90</td><td>0.36</td><td>1.06</td><td></td><td></td><td>1.60</td><td>4.69</td><td>4.65</td><td>15.34</td><td>1.11</td><td>3.67</td><td>3.09</td><td>10.19</td><td>0.16</td><td>0.53</td><td></td><td></td><td>0.36</td><td>1.17</td></tr>
<tr><td>2015</td><td>16.00</td><td>37.76</td><td>1.45</td><td>3.43</td><td>1.42</td><td>3.36</td><td>0.41</td><td>0.97</td><td></td><td></td><td>4.80</td><td>11.33</td><td>8.41</td><td>24.12</td><td>1.74</td><td>5.00</td><td>2.29</td><td>6.56</td><td>0.07</td><td>0.19</td><td></td><td></td><td>1.14</td><td>3.27</td></tr>
<tr><td>2020</td><td>40.08</td><td>57.27</td><td>1.32</td><td>1.88</td><td>2.14</td><td>3.06</td><td>0.34</td><td>0.48</td><td></td><td></td><td>6.49</td><td>9.28</td><td>10.71</td><td>29.71</td><td>2.05</td><td>5.68</td><td>1.54</td><td>4.28</td><td>0.11</td><td>0.32</td><td></td><td></td><td>2.56</td><td>7.12</td></tr>
<tr><td rowspan="5">越南</td><td>2000</td><td>1.78</td><td>36.10</td><td>0.00</td><td>0.00</td><td>0.01</td><td>0.23</td><td>0.01</td><td>0.16</td><td>0.01</td><td>0.15</td><td></td><td></td><td>0.20</td><td>4.43</td><td>0.48</td><td>10.54</td><td>0.30</td><td>6.58</td><td>0.03</td><td>0.63</td><td>0.30</td><td>6.53</td><td></td><td></td></tr>
<tr><td>2005</td><td>2.29</td><td>24.87</td><td>0.02</td><td>0.25</td><td>0.07</td><td>0.79</td><td>0.01</td><td>0.13</td><td>0.09</td><td>1.03</td><td></td><td></td><td>1.40</td><td>9.89</td><td>1.00</td><td>7.08</td><td>1.40</td><td>9.87</td><td>0.06</td><td>0.43</td><td>0.86</td><td>6.10</td><td></td><td></td></tr>
<tr><td>2010</td><td>6.88</td><td>29.64</td><td>0.12</td><td>0.53</td><td>0.30</td><td>1.29</td><td>0.05</td><td>0.23</td><td>0.36</td><td>1.55</td><td></td><td></td><td>3.73</td><td>12.91</td><td>3.08</td><td>10.68</td><td>1.35</td><td>4.69</td><td>0.19</td><td>0.67</td><td>2.45</td><td>8.49</td><td></td><td></td></tr>
<tr><td>2015</td><td>18.48</td><td>31.33</td><td>0.30</td><td>0.52</td><td>0.59</td><td>1.00</td><td>0.20</td><td>0.33</td><td>1.07</td><td>1.81</td><td></td><td></td><td>6.68</td><td>12.02</td><td>3.34</td><td>6.01</td><td>1.42</td><td>2.56</td><td>0.11</td><td>0.20</td><td>4.82</td><td>8.69</td><td></td><td></td></tr>
<tr><td>2020</td><td>31.64</td><td>35.30</td><td>0.43</td><td>0.48</td><td>1.10</td><td>1.23</td><td>0.29</td><td>0.33</td><td>2.23</td><td>2.49</td><td></td><td></td><td>14.31</td><td>20.68</td><td>3.54</td><td>5.12</td><td>0.86</td><td>1.25</td><td>0.09</td><td>0.12</td><td>4.06</td><td>5.86</td><td></td><td></td></tr>
</table>

注：(1) 表示贸易额；(2) 表示占出口国（进口国）林产品出口（进口）的比重。
资料来源：笔者根据世界银行WITS数据库数据计算整理。

断上升，2020年达到34.38%。马来西亚对CAFTA成员国林产品出口总额变动具有显著阶段性，2000—2005年为波动上升阶段，由5.97亿美元上升至8.16亿美元，2006—2020年为波动阶段，出口额围绕7.95亿美元波动；对中国林产品出口的变化呈现先缓慢波动下降后快速稳步上升。2004—2020年，菲律宾对CAFTA成员国林产品出口总额呈现波动增长，所占比重上升至22.42%；2018年以来，对中国林产品出口所占比重在20%以上。泰国对CAFTA成员国林产品出口额由2.74亿美元增长至50.37亿美元，所占比重由22.99%提高至71.97%；对中国林产品出口所占比重由10.28%上升至57.27%。2004—2020年，越南对CAFTA成员国林产品出口总额所占越南林产品出口的比重由21.29%上升至39.83%；对中国林产品出口总额所占越南林产品出口的比重由18.83%上升至35.30%。

　　从进口来看，近年来东盟作为中国林产品进口主要来源国的地位在增强。2000—2020年，中国从东盟国家进口的林产品总额呈现波动增长，特别是2009年以来，进口额由28.41亿美元增长至123.40亿美元，年均增幅14.28%；从东盟国家进口的林产品总额所占中国林产品进口的比重呈"U"形变动，由2000年的26.27%下降至2008年的11.64%，转而提高至2020年的22.41%。印度尼西亚、泰国是东盟国家中中国林产品进口主要来源国。其中，中国从泰国进口的林产品总额呈现波动增长，进口额由3.21亿美元增长至52.53亿美元，年均增长15.00%，所占中国林产品进口的比重提高至9.54%；从印度尼西亚进口的林产品额、所占中国林产品进口比重的变动均呈现"V"形变化，2000—2009年为波动下降阶段，2009—2020年为波动上升阶段。

　　中国是东盟各国林产品进口的重要来源国。考察期间，各国从中国、东盟进口的林产品金额均呈增长态势。其中，印度尼西亚从中国、东盟进口额的年均增速分别为15.34%、10.40%，2020年从中国进口林产品12.33亿美元是从东盟进口的2.99倍；马来西亚从中国、东盟进口额的年均增速分别为13.59%、5.84%,2020年从中国进口林产品8.31亿美元,从东盟进口林产品11.13亿美元;菲律宾从中国、东盟进口额的年均增速分别为18.31%、4.85%,2020年从中国进口林产品所占比重为42.61%,远超东盟的14.74%;泰国从中国、东盟进口额的年均增速分别为18.33%、5.46%,2020年从中国进口林产品10.71亿美元,是从东盟进口的1.71倍;越南从中国、东盟进口额的年均增速分别为23.80%、10.75%,2020年从中国进口林产品所占比重为20.68%,首次超过东盟。

(四)CAFTA成员国间林产品贸易的产品集中度较高

由表4-10可以看出,林果、纸及纸制品、人造板是中国出口东盟的主要林产品,越南是中国林产品出口的重要国家。东盟是中国林果最主要的出口市场,其中,越南是中国林果出口的重要国家。2020年中国出口至东盟的林果为42.70亿美元,占中国林果出口的71.72%,出口至越南的林果为18.54亿美元,占中国林果出口的31.14%。纸及纸制品是中国出口东盟的第二大林产品,2020年对东盟的出口额为17.71亿美元,其中,越南占36.35%。人造板是中国出口东盟的第三大林产品,2020年对东盟的出口额为12.97亿美元,其中,对越南出口4.83亿美元。

从进口来看,东盟是中国林果、其他原材、人造板和木制品进口的重要市场。资料显示,2020年中国进口林果的56.70%、其他原材的56.05%、人造板的36.75%和木制品的28.88%均来自东盟。其中,泰国是东盟国家中中国进口林果最多的国家,进口额为38.07亿美元,占中国林果进口的40.03%;中国自越南进口的其他原材为11.45亿美元,占中国其他原材进口的49.04%;中国自东盟进口的人造板主要来源于印度尼西亚,进口额为1.50亿美元;印度尼西亚是东盟国家中中国进口木制品最多的国家,进口额为2.35亿美元,占中国人造板进口的26.45%。木浆是中国自东盟进口的第二大林产品,进口额为24.29亿美元,其中87.59%来自印度尼西亚。

表 4-10　中国与东盟林产品贸易分布（2019—2020 年）

单位：亿美元

	年份	原木	其他原材	锯材	人造板	木制品	木浆	林果	纸及纸制品
出口									
全球	2020	0.065	2.013	1.497	59.836	72.020	1.145	59.540	103.097
	2019	0.153	1.818	1.658	63.067	67.408	1.339	50.394	108.336
东盟	2020		0.115	0.251	12.973	4.345	0.123	42.702	17.710
	2019		0.048	0.159	11.834	3.628	0.142	32.564	15.765
印度尼西亚	2020		0.007	0.013	0.676	0.521	0.018	6.709	1.725
	2019		0.006	0.017	0.614	0.576	0.014	6.448	1.941
马来西亚	2020		0.055	0.017	2.068	1.182	0.000	2.851	4.029
	2019		0.020	0.014	1.646	1.030	0.000	2.953	4.441
菲律宾	2020		0.007	0.001	3.812	0.422	0.004	6.016	2.859
	2019		0.007	0.001	3.946	0.335	0.007	3.341	2.616
泰国	2020		0.004	0.006	1.590	0.815	0.091	8.589	2.661
	2019		0.005	0.011	1.413	0.788	0.090	6.507	1.974
越南	2020	0.065	0.042	0.214	4.826	1.404	0.011	18.538	6.437
	2019	0.133	0.011	0.116	4.216	0.899	0.032	13.316	4.793

续表

	年份	原木	其他原材	锯材	人造板	木制品	木浆	林果	纸及纸制品
全球	2020	84.052	23.345	76.453	9.130	8.890	156.983	95.097	96.678
	2019	94.345	24.978	85.913	8.128	6.400	171.219	87.460	93.072
东盟	2020	0.224	13.086	11.682	3.355	2.567	24.291	53.917	14.268
	2019	0.411	12.500	13.447	2.553	3.230	24.253	46.190	7.382
印度尼西亚	2020	0.030	0.161	0.999	1.502	2.351	21.276	1.655	8.262
	2019	0.146	0.208	1.301	0.904	3.002	22.645	0.970	3.554
马来西亚	2020	0.014	0.414	0.491	0.359	0.019	1.197	0.097	1.039
	2019	0.065	0.162	0.760	0.469	0.055	0.209	0.129	0.600
菲律宾	2020	0.002	0.157	0.284		0.001	0.129	4.582	0.003
	2019	0.002	0.182	0.463	0.002	0.002	0.053	6.041	0.017
泰国	2020	0.069	0.907	9.506	0.634	0.079	1.347	38.066	1.926
	2019	0.027	1.389	10.376	0.495	0.074	1.022	31.068	1.418
越南	2020	0.111	11.448	0.403	0.859	0.117	0.343	9.517	3.038
	2019	0.172	10.559	0.548	0.683	0.098	0.324	7.982	1.794

进口

资料来源：笔者根据世界银行WITS数据库数据计算整理。

第三节 中国—东盟林产品贸易发展特征

一 林产品贸易的比较优势

本节采用显性比较优势指数（RCA）来测算 CAFTA 成员国林产品行业的贸易比较优势。RCA 指数是计算一国出口中某类产品的份额与全球总出口中该类产品的份额之比，公式为：

$$RCA_{it}^k = \frac{EX_{it}^k / \sum_k EX_{it}^k}{EX_{wt}^k / \sum_k EX_{wt}^k} \tag{4-1}$$

式（4-1）中，EX_{it}^k、EX_{wt}^k 分别表示 t 年 i 国、全球的 k 产品出口额。若 RCA>1，说明产品 k 在 i 国中的出口份额大于其在全球平均的出口份额，表明 i 国的该产品具有显性比较优势；若 RCA<1，意味着 i 国的该产品具有显性比较劣势。

本节根据下文研究的需要，选取 2000—2020 年中国、印度尼西亚、马来西亚、菲律宾、泰国和越南 6 国 8 类林产品出口贸易额的面板数据为研究对象。将数据代入式（4-1），得到各国林产品的显性贸易比较优势，见表 4-11。

表 4-11 列出了 2000—2020 年中国和东盟国家不同林产品的平均贸易比较优势，数据显示：各国同种林产品的贸易比较优势存在较大的差异性。其中，中国在人造板和木制品贸易中具有较高的显性比较优势水平，分别达到 2.071、3.044，这 2 类林产品均属于劳动密集型产品，说明中国的劳动力优势对于贸易比较优势具有一定的作用。除了纸及纸制品外，东盟国家在其他 7 类林产品贸易中具有显性比较优势。在原木贸易中，马来西亚具有显性比较优势，显性比较优势水平为 2.984；在其他原材贸易中，印度尼西亚、泰国和越南具有显性比较优势，其中越南显性比较优势水平最高，为 7.521；在锯材贸易中，马来西亚、泰国具有显性比较优势，两国

显性比较优势水平相近,分别为1.548、1.245;在人造板贸易中,印度尼西亚、马来西亚、泰国具有显性比较优势,马来西亚显性比较优势水平最高,为3.512;在木制品贸易中,印度尼西亚、菲律宾、泰国的显性比较优势水平超过1,分别为1.291、4.392、1.143,马来西亚、越南的显性比较优势水平接近1,分别为0.949、0.978;在木浆品贸易中,仅有印度尼西亚具有显性比较优势,为1.985;在林果的贸易中,菲律宾、泰国和越南的显性比较优势水平超过1,分别为3.052、1.414、3.763。

表4-11 CAFTA成员国林产品分类的显性贸易比较优势
(2000—2020年)

国家	年份	原木	其他原材	锯材	人造板	木制品	木浆	林果	纸及纸制品
中国	2000	0.060	4.082	0.403	0.996	5.055	0.026	0.610	0.686
	2005	0.006	0.887	0.223	2.153	3.456	0.043	0.567	0.642
	2010	0.017	0.125	0.189	2.657	2.804	0.073	0.754	0.824
	2015	0.004	0.180	0.065	2.211	2.227	0.037	0.809	1.108
	2020	0.006	0.212	0.044	1.618	2.422	0.037	0.965	1.207
	平均	0.015	0.874	0.186	2.071	3.044	0.047	0.710	0.889
印度尼西亚	2000	0.193	0.596	0.088	3.838	1.942	1.028	0.135	0.512
	2005	0.002	0.761	0.005	2.611	2.006	1.991	0.224	0.548
	2010	0.000	1.013	0.045	2.824	1.099	2.007	0.172	0.791
	2015	0.000	1.606	0.053	3.172	0.703	2.082	0.307	0.640
	2020	0.001	1.294	0.062	2.385	0.925	2.825	0.364	0.698
	平均	0.046	1.129	0.070	2.930	1.291	1.985	0.224	0.647
马来西亚	2000	3.992	0.561	1.560	3.611	0.812	0.000	0.170	0.139
	2005	3.736	0.646	1.393	3.157	0.917	0.021	0.094	0.175
	2010	3.634	0.620	1.478	3.988	1.014	0.019	0.076	0.276
	2015	3.315	0.921	1.651	3.391	0.980	0.082	0.105	0.371
	2020	1.018	1.663	1.534	2.716	1.099	1.129	0.131	0.514
	平均	2.984	0.876	1.548	3.512	0.949	0.100	0.114	0.290

续表

国家	年份	原木	其他原材	锯材	人造板	木制品	木浆	林果	纸及纸制品
菲律宾	2000	0.000	0.775	0.186	0.229	3.173	0.375	4.657	0.159
	2005	0.000	0.737	0.075	0.196	1.778	0.709	4.891	0.177
	2010	0.003	0.307	0.055	0.080	7.148	0.361	1.795	0.133
	2015	0.002	0.662	0.084	0.025	7.778	0.209	0.978	0.042
	2020	0.000	0.572	0.573	0.409	0.646	0.486	3.531	0.082
	平均	0.003	0.485	0.165	0.146	4.392	0.353	3.052	0.114
泰国	2000	0.000	1.839	0.313	1.337	2.700	1.106	1.429	0.626
	2005	0.019	1.530	0.877	1.459	1.855	0.578	1.180	0.727
	2010	0.004	2.767	1.440	1.619	0.771	0.215	0.880	1.012
	2015	0.001	2.560	1.782	1.514	0.454	0.342	1.541	0.532
	2020	0.027	0.846	1.166	1.179	0.194	0.245	2.654	0.356
	平均	0.007	2.081	1.245	1.419	1.143	0.443	1.414	0.682
越南	2000	0.216	4.144	0.050	0.145	2.034	0.000	5.765	0.145
	2005	0.105	8.255	0.253	0.176	0.969	0.001	4.920	0.166
	2010	0.197	9.684	0.374	0.443	0.674	0.033	3.346	0.195
	2015	0.258	8.298	0.552	0.461	0.603	0.005	2.854	0.132
	2020	0.001	6.837	0.045	0.803	0.695	0.018	2.610	0.242
	平均	0.260	7.521	0.238	0.415	0.978	0.012	3.763	0.180

表 4-11 列出了 2000—2020 年中国和东盟国家不同林产品的显性比较优势的演变趋势，数据显示：各国在不同林产品的贸易比较优势存在较大的差异性。中国在人造板和木制品贸易中具有贸易比较优势，但两者的显性比较优势变动趋势不同，其中人造板的显性比较优势呈现波动下降，而木制品的显性比较优势变动呈倒"U"形变化；中国在纸及纸制品的贸易中逐渐具有显性比较优势，由 0.686 上升至 1.207。

马来西亚在原木贸易中具有贸易比较优势，但优势逐渐减弱，其显性比较优势由 2000 年的 3.992 下降至 2020 年的 1.018。印度尼西亚在木浆贸易中具有贸易比较优势，其显性比较优势呈现波动上升态势，由 1.028 上升至 2.825；泰国在木浆贸易中逐渐失去贸易比较优势，其显性比较优势呈现波动下降态势，由 1.106 下降至 0.245。

印度尼西亚、马来西亚、泰国和越南在其他原材贸易中具有贸易比较优势，但显性比较优势变动趋势存在不同，其中，马来西亚在其他原材贸易中的显性比较优势变动呈波动上升，印度尼西亚和越南在其他原材贸易中的显性比较优势变动呈倒"U"形变化，泰国在其他原材贸易中的显性比较优势变动呈现波动，个别年份显性比较优势水平小于 1。

马来西亚、泰国在锯材贸易中具有贸易比较优势，马来西亚在锯材贸易中的显性比较优势平均水平高于泰国，但两国的显性比较优势变动趋势不同。其中，泰国在锯材贸易中的显性比较优势呈波动上升，2019 年为 1.910，马来西亚在锯材贸易中的显性比较优势水平围绕 1.548 波动。

印度尼西亚、马来西亚、泰国在人造板贸易中具有贸易比较优势，且比较优势呈现波动减弱趋势。其中，马来西亚的人造板显性比较优势在 2019 年降至低点，为 2.345，马来西亚于 2020 年降至 2.716，泰国的人造板显性比较优势于 2020 年降至第二低点，为 1.179。

印度尼西亚在木制品贸易中的贸易比较优势波动下降，个别年份失去了贸易比较优势；马来西亚在木制品贸易中逐渐取得贸易比较优势，且逐渐增强，其显性比较优势水平由 0.812 上升至 1.099；泰国、越南在木制品贸易中均逐渐失去贸易比较优势，泰国的显性比较优势由 2.700 下降至 0.194，越南的显性比较优势由 2.034 下降至 0.695。

菲律宾、泰国、越南在林果贸易中的比较优势显著。越南在林果贸易中的显性比较优势变化呈波动下降态势，2020 年降至 2.610；菲律宾、泰国在林果贸易中的显性比较优势均呈现先下降后上升态势，其中，菲律宾的显性比较优势由 2000 年的 4.657 下降至 2015 年的 0.978，转而上升至 2020 年的 3.531；泰国的显性比较优势由 2000 年的 1.429 下降至 2010 年的 0.880，转而上升至 2020 年的 2.654。

二　林产品贸易的竞争性

本节根据已有研究，采用修正的专业化系数（CS）和一致性系数（CC）两个指标取代以往研究中的贸易竞争优势指数（TC），由于 CS 和 CC 相关性较高，故将两者的算术平均值（CI）作为两国的贸易竞争性指数（龚新蜀等，2016）。

$$CS_{ijt} = 1 - \frac{\sum_{k}|EXp_{it}^{k} - EXp_{jt}^{k}|}{2} \tag{4-2}$$

$$CC_{ijt} = \frac{\sum_{k}(EXp_{it}^{k} \cdot EXp_{jt}^{k})}{\sqrt{\sum_{k}(EXp_{it}^{k})^{2}\sum_{k}(EXp_{jt}^{k})^{2}}} \tag{4-3}$$

$$CI_{ijt} = \frac{CS_{ijt} + CC_{ijt}}{2} \tag{4-4}$$

式（4-2）—式（4-4）中，CS_{ijt} 表示 t 年国 i 与国 j 出口结构的相似指数；EXp_{it}^{k} 表示 t 年国 i 出口总额中产品 k 所占的比重；EXp_{jt}^{k} 表示 t 年国 j 出口总额中产品 k 所占的比重。CI_{ijt} 的取值范围是[0，1]，指数接近1，说明两国的出口结构的一致性越高，两国产品的竞争程度越大；反之则竞争程度越低。

表 4-12 显示中国与东盟国家林产品 2000—2020 年的贸易竞争性趋势，数据显示：中国与东盟国家林产品贸易竞争性变动趋势存在较大差异。就整体来看，中国与东盟林产品贸易竞争性呈先逐渐增强后减弱。考察期间，中国与东盟林产品贸易竞争性指数呈现倒"U"形变化，由 0.7098 上升至 0.7453，转而下降至 0.7177。2010 年以前，中国与东盟出口的林产品均以低端产品为主，竞争领域较多，特别是随着贸易自由化，中国与东盟在林产品贸易上的竞争不断增强；但随着双方特别是中国对于生态环境的重视，产业结构不断调整，中国与东盟的出口结构差异性逐渐增

大，竞争领域不断减少。

表 4-12 2000—2020 年中国与东盟各国的林产品贸易竞争性指数

年份	东盟	印度尼西亚	马来西亚	菲律宾	泰国	越南
2000	0.7098	0.5613	0.3653	0.5204	0.7896	0.3910
2001	0.7098	0.5665	0.4013	0.3905	0.8150	0.4614
2002	0.7159	0.6126	0.4388	0.3733	0.8605	0.4308
2003	0.7157	0.5987	0.4317	0.3999	0.8346	0.4114
2004	0.7276	0.7319	0.5419	0.3813	0.8273	0.3455
2005	0.7384	0.8198	0.6290	0.3623	0.8197	0.2948
2006	0.7420	0.8294	0.6630	0.4955	0.8100	0.3134
2007	0.7449	0.8613	0.6990	0.4593	0.8046	0.3259
2008	0.7448	0.8126	0.6904	0.4548	0.8129	0.3361
2009	0.7453	0.8268	0.6421	0.5188	0.8105	0.3862
2010	0.7437	0.7887	0.6538	0.4981	0.7770	0.3619
2011	0.7443	0.7899	0.6673	0.4543	0.7210	0.3361
2012	0.7398	0.7710	0.6654	0.4327	0.6515	0.3618
2013	0.7370	0.7185	0.6361	0.4246	0.6470	0.3757
2014	0.7353	0.7323	0.6396	0.4392	0.6334	0.3678
2015	0.7346	0.6969	0.6171	0.4462	0.6452	0.3687
2016	0.7327	0.6975	0.6225	0.4682	0.6148	0.3949
2017	0.7221	0.7102	0.6112	0.5174	0.5558	0.3798
2018	0.7196	0.6897	0.6134	0.4129	0.5579	0.3926
2019	0.7144	0.6361	0.5882	0.3854	0.5209	0.4271
2020	0.7177	0.6351	0.5867	0.4162	0.5385	0.5044

中国与印度尼西亚、马来西亚的林产品贸易竞争性呈先快速提高后缓慢下降。中国与印度尼西亚林产品贸易竞争性指数，由 2000 年的 0.5613 提高至 2007 年的 0.8613，年均提高 6.31%；由 2008 年的 0.8126 下降至 2020 年的 0.6351，年均下降 2.03%。人造板、纸及纸制品是中国与印度尼西亚出口的主要林产品，两国在两类产品的贸易竞争性较大。中国与马来西亚林产品贸易竞争性指数由

0.3653 提高至 0.6690，年均提高 9.71%，转而波动下降至 0.5867，年均下降 1.34%。人造板是印度尼西亚出口的重要林产品，其出口额的变化与两国林产品的贸易竞争性变化较一致。

中国与菲律宾的林产品贸易竞争性具有较强波动性。中国与菲律宾林产品贸易竞争性指数在 0.36—0.52 范围内波动，2000—2020 年两国林产品贸易竞争性指数平均为 0.4405。考察期间，中国与菲律宾的木制品、林果的出口额均较大，但变化趋势不尽相同，可能是两国林产品贸易竞争性波动的原因。

中国与泰国的林产品贸易竞争性呈现波动下降趋势。2000—2020 年，中国与泰国林产品贸易竞争性指数由 0.7896 下降至 0.5385，年均降幅为 1.90%。对比两国林产品出口结构发现，林果是泰国出口的最重要林产品，是中国出口的主要林产品，而 2009 年以来林果所占两国林产品出口比重的差距越来越大，2020 年达到 37.93%。

中国与越南的林产品贸易竞争性呈现先减弱后增强态势。2000—2020 年，中国与越南林产品贸易竞争性指数由 2001 年的 0.4614 下降至 2005 年的 0.2948，转而波动提高至 2020 年的 0.5044。结合两国林产品出口结构变动来看，发现：林果、其他原材是越南出口的最主要的林产品；林果是中国出口的主要林产品，而其他原材不是中国出口的主要林产品。林果所占中国林产品出口比重呈波动上升，所占越南林产品出口比重呈波动下降，而两国林产品出口比重的差距波动缩小；其他原材所占中国林产品出口比重呈先快速稳步下降后缓慢波动上升，所占越南林产品出口比重呈波动上升，所占两国林产品出口比重的差距波动扩大。

三 林产品贸易的互补性

本节采用修正的专业化系数（CS'）和一致性系数（CC'）两个指标对贸易伙伴间的贸易结构进行比较。若一国的产品进口结构与贸易伙伴的产品出口结构相一致，则意味着两国的贸易互补性越强，存在较大的贸易潜力。由于 CS' 和 CC' 相关性较高，故将两者的算术平均值（CI'），作为两国的贸易互补性指数（龚新蜀，2016）。

$$CS'_{ijt} = 1 - \frac{\sum_k |EXp_{it}^k - IMp_{jt}^k|}{2} \qquad (4-5)$$

$$CC'_{ijt} = \frac{\sum_k (EXp_{it}^k \cdot IMp_{jt}^k)}{\sqrt{\sum_k (EXp_{it}^k)^2 \sum_k (IMp_{jt}^k)^2}} \qquad (4-6)$$

$$CI'_{ijt} = \frac{CS'_{ijt} + CC'_{ijt}}{2} \qquad (4-7)$$

式（4-5）—式（4-7）中，CI'_{ijt} 表示 t 年国家 i 与国家 j 贸易互补性指数；EXp_{it}^k 表示 t 年国家 i 出口总额中产品 k 所占的比重；IMp_{jt}^k 表示 t 年国家 j 进口总额中产品 k 所占的比重。CI'_{ijt} 的取值范围是 [0, 1]，指数接近 1，说明两国间的贸易互补性越高；反之则越低。

表 4-13 列示出中国与东盟各国的林产品贸易互补性变动趋势。从中国出口与东盟进口的视角来看，中国与东盟整体的互补性呈现波动增强，互补性指数由 2000 年的 0.4372 提高至 2020 年的 0.7547，年均提高 2.77%，说明中国林产品的出口结构与东盟林产品的进口结构契合度在不断提高。原因在于，中国出口占比最高的林产品为纸及纸制品（2020 年占比为 34.46%）正好是东盟主要进口商品（占比为 44.37%）。

中国与印度尼西亚、马来西亚、菲律宾、泰国和越南各国的林产品贸易互补性走势较为相近，均呈现波动增强。2020 年数据显示，中国与马来西亚林产品贸易互补性强于其他国家，贸易互补性指数为 0.7912；与印度尼西亚林产品贸易互补性弱于其他国家，贸易互补性指数为 0.6816。考察期间，中国与印度尼西亚林产品贸易互补性增强最快，贸易互补性指数年均增速为 3.43%，主要原因可能是纸及纸制品所占两国林产品贸易的比重差距的快速缩小，由 2000 年的 49.64% 下降至 2020 年的 14.41%。与菲律宾林产品贸易互补性增强最慢，贸易互补性指数年均增速为 2.43%，增速慢的原

表4-13　中国与东盟各国的林产品贸易互补性指数

年份	中国出口，东盟进口							中国进口，东盟出口				
	东盟	印度尼西亚	马来西亚	菲律宾	泰国	越南	东盟	印度尼西亚	马来西亚	菲律宾	泰国	越南
2000	0.4372	0.3475	0.4589	0.4830	0.4005	0.4562	0.5178	0.4915	0.4310	0.1902	0.6007	0.1288
2001	0.4407	0.3678	0.4600	0.4643	0.4096	0.4417	0.4696	0.4492	0.3875	0.1842	0.5806	0.1526
2002	0.4487	0.3796	0.4816	0.4466	0.3908	0.4508	0.4695	0.4640	0.4042	0.1588	0.5341	0.1567
2003	0.4556	0.4028	0.4632	0.4726	0.4235	0.4537	0.4832	0.4700	0.3994	0.1638	0.5851	0.1690
2004	0.4226	0.3659	0.4286	0.4212	0.3941	0.4348	0.4397	0.4330	0.3556	0.1815	0.5267	0.1644
2005	0.4523	0.3922	0.4476	0.4866	0.4128	0.4690	0.4636	0.4810	0.3577	0.1927	0.5462	0.1535
2006	0.4629	0.4074	0.4593	0.4869	0.4363	0.4885	0.4450	0.4972	0.3169	0.1338	0.5344	0.1971
2007	0.5051	0.4521	0.5001	0.5199	0.4740	0.5351	0.4581	0.5294	0.3067	0.1296	0.5806	0.2003
2008	0.5470	0.4981	0.5295	0.5533	0.5129	0.5806	0.5075	0.6059	0.3278	0.1320	0.6165	0.1742
2009	0.6137	0.5661	0.6046	0.5887	0.5781	0.6368	0.5068	0.5947	0.3379	0.1563	0.6031	0.2019
2010	0.6004	0.5387	0.6086	0.5944	0.5512	0.6225	0.5284	0.6107	0.3599	0.1522	0.6066	0.2134
2011	0.6341	0.5749	0.6518	0.6614	0.5997	0.6394	0.5333	0.5765	0.3646	0.1461	0.6038	0.2289
2012	0.6476	0.5955	0.6614	0.6846	0.6168	0.6532	0.4766	0.5711	0.3621	0.1372	0.4898	0.2647

续表

年份	中国出口，东盟进口							中国进口，东盟出口					
	东盟	印度尼西亚	马来西亚	菲律宾	泰国	越南		东盟	印度尼西亚	马来西亚	菲律宾	泰国	越南
2013	0.6691	0.5995	0.6974	0.7139	0.6542	0.6472		0.4771	0.5600	0.3943	0.1320	0.5294	0.2900
2014	0.6605	0.5825	0.7088	0.7188	0.6450	0.6136		0.4655	0.5117	0.4211	0.1654	0.5266	0.2788
2015	0.6897	0.6161	0.7467	0.7508	0.6674	0.6399		0.5013	0.5402	0.4322	0.1571	0.5602	0.3103
2016	0.6987	0.6168	0.7456	0.7679	0.6755	0.6501		0.4846	0.5324	0.4381	0.1568	0.5584	0.2779
2017	0.6972	0.6180	0.7561	0.8105	0.6702	0.6039		0.4842	0.6131	0.4381	0.2284	0.5073	0.2365
2018	0.6905	0.6012	0.7536	0.7587	0.6709	0.6401		0.5010	0.6097	0.3880	0.2900	0.5029	0.2622
2019	0.7476	0.6691	0.7904	0.7974	0.7310	0.7029		0.5641	0.6317	0.4726	0.3760	0.5074	0.3421
2020	0.7547	0.6816	0.7912	0.7811	0.7365	0.7481		0.5969	0.6482	0.5403	0.4257	0.5242	0.3913

因可能是作为两国的主要贸易产品的纸及纸制品所占两国林产品贸易的比重差距的缩小较慢，同时作为中国主要出口产品的木制品，其出口规模不断扩大，而菲律宾对木制品进口规模相对较小。

从中国进口与东盟出口的视角来看，中国与东盟整体的互补性呈现缓慢波动增强。2000—2020年中国与东盟的林产品互补性指数由0.5178提高至0.5969，年均提高0.71%。两者互补性增强的原因可能是，东盟木制品出口所占其林产品出口的比重显著下降，而中国木制品进口所占其林产品进口的比重上升；同时，中国林产品进口中纸及纸制品所占比重显著下降，东盟林产品出口中纸及纸制品所占比重呈倒"U"形变动，这两比重之间的差距变动缩小。

中国与印度尼西亚、越南的林产品贸易互补性均呈现波动增强，但整体贸易互补性较弱。其中，与越南贸易互补性相对较弱，贸易互补性指数不足0.4。虽然中国林产品进口林果所占比重不断上升，但未超过20%，而越南林产品出口中林果所占比重超过一半，比重差距太大；2007年以来，与印度尼西亚的贸易互补性指数超过0.5。考察期间，木浆、纸及纸制品是中国进口、印度尼西亚出口的主要林产品，两类产品所占中国林产品进口比重与所占印度尼西亚出口比重的差距均呈缩小态势。

中国与马来西亚、菲律宾的林产品贸易互补性均呈现先波动减弱后波动增强，但中国与两国的林产品贸易互补性指数均较小。虽然大部分林产品所占中国林产品进口比重与所占东盟林产品出口比重的差距在缩小，但差距依然较大。

中国与泰国的林产品贸易互补性呈整体下滑态势，贸易互补性指数由0.6007下降至0.5242，年均下降0.68%。考察期间，木浆是中国进口的主要林产品，林果是泰国出口的最重要林产品，两类林产品所占中国林产品进口与所占泰国林产品出口比重的差距呈现扩大趋势。

四 林产品贸易的结合度

双边贸易结合度是衡量两国在贸易方面的相互依存度的指标，

第四章
中国—东盟自由贸易区林产品贸易现状和特征

一般用一国对贸易伙伴的出口规模占该国出口总规模的份额，与该贸易伙伴的进口规模占全球的进口规模的份额之比来表示，公式为：

$$TII_{ijt} = \frac{EX_{ijt}/EX_{it}}{IM_{jt}/IM_{wt}} \tag{4-8}$$

式（4-8）中，TII_{ijt} 表示 t 年国家 i 与国家 j 的林产品贸易结合度，EX_{ijt}、EX_{it} 分别表示 t 年国家 i 对国家 j、全球的出口额，IM_{jt}、IM_{wt} 分别表示 t 年国家 j、全球的进口额。一般认为，当 $TII_{ijt}>1$ 时，表明 t 年国家 i 与国家 j 的林产品贸易联系紧密；当 $TII_{ijt}<1$ 时，表明 t 年国家 i 与国家 j 的林产品贸易联系松散；TII_{ijt} 值越大，意味着 t 年国家 i 与国家 j 贸易联系越紧密；反之亦然。若国家 i 与国家 j 的林产品贸易结合度和国家 i 与国家 j 的林产品贸易结合度存在显著差异，则意味着两国产业内贸易水平不高（张亚斌、马莉莉，2015）。

表 4-14 中分别列示了中国对东盟出口和中国自东盟进口的贸易结合度指数，从中可得到如下结论：

从中国对东盟出口的视角来看，中国与东盟的林产品贸易联系紧密。2000—2020 年中国与东盟的林产品贸易结合度指数较高，且呈现波动上升趋势，由 2.4106 上升至 5.5840，年均上升 4.29%，这说明东盟更依赖从中国进口林产品。2020 年数据显示，中国与菲律宾的林产品贸易结合最紧密，贸易结合度指数达 7.6464，与印度尼西亚的林产品贸易结合最弱，贸易结合度指数为 3.5860。中国与印度尼西亚的林产品贸易结合度指数虽偏低，但也在 1.89—3.88 波动。中国对马来西亚、菲律宾、泰国、越南出口林产品的贸易结合度指数呈波动增长态势，这意味着 4 个成员国更依赖于从中国进口林产品。

从中国自东盟进口的视角来看，中国与东盟整体的林产品贸易联系紧密，但与各国的林产品贸易联系紧密程度存在较大差异。考察期间，中国与东盟整体的林产品贸易联系紧密度较高，整体呈"U"形变化。两者的贸易结合度指数由 2000 年的 3.1295 下降至

表4-14　中国与东盟的双边林产品贸易结合度指数

年份	中国出口，东盟进口							中国进口，东盟出口				
	东盟	印度尼西亚	马来西亚	菲律宾	泰国	越南	东盟	印度尼西亚	马来西亚	菲律宾	泰国	越南
2000	2.4106	1.8970	2.9274	4.1028	1.0036	3.8881	3.1295	3.4465	2.3413	1.8168	2.5793	9.0613
2001	2.1052	1.9881	2.6854	3.3274	1.1203	1.6158	2.8812	2.9852	1.7624	1.9504	3.3627	9.8307
2002	2.3899	2.3786	2.4244	3.5168	1.3058	3.4001	2.9390	3.6074	1.6518	1.5688	3.5854	4.8440
2003	2.9836	3.0215	3.3238	4.2759	1.6266	3.7547	3.2258	3.7625	1.8241	1.6069	5.0406	4.9317
2004	2.6907	3.0872	2.3048	3.6621	1.7619	3.5689	2.8320	3.1620	1.6869	1.1363	4.9624	4.2744
2005	2.7800	2.9001	2.6814	3.5739	1.8983	3.6108	3.0342	3.1498	1.8800	1.2359	5.2236	5.4847
2006	2.7364	2.9297	2.7242	3.4676	2.3310	2.6807	2.8706	3.3135	1.6915	0.5852	5.0166	5.2569
2007	2.9998	3.2706	3.0039	4.4407	2.4958	2.7025	2.4857	2.7350	1.2258	0.4678	4.3633	5.1806
2008	3.4460	2.9095	3.7417	5.5335	2.7239	3.8649	2.3883	2.9962	0.9721	0.3568	3.6322	4.2964
2009	4.1052	3.8773	3.6921	6.7104	3.3816	4.5212	2.2407	2.3364	0.7555	0.3357	3.8868	4.7307
2010	3.7130	3.4197	3.5115	5.2689	3.3591	4.0864	2.1227	2.1856	0.6980	0.4579	3.5917	4.0150
2011	4.0134	3.7501	3.9504	5.3600	4.2537	3.6476	2.1892	2.1817	0.5638	0.5193	3.6168	3.8692
2012	4.2251	3.3077	4.0896	6.9818	4.2504	4.3216	2.2778	2.4175	0.5255	0.5213	4.1553	4.0320

第四章 中国—东盟自由贸易区林产品贸易现状和特征

续表

年份	中国出口，东盟进口							中国进口，东盟出口					
	东盟	印度尼西亚	马来西亚	菲律宾	泰国	越南	东盟	印度尼西亚	马来西亚	菲律宾	泰国	越南
2013	4.4884	2.8368	5.4806	8.1474	4.8908	3.8018	2.3381	2.7012	0.5652	0.5369	4.3537	3.8365
2014	4.1869	2.8662	4.3271	7.6902	4.9826	3.5482	2.1249	2.6382	0.5348	0.7261	3.6466	2.9551
2015	4.4642	2.4491	4.4005	6.9185	6.4294	3.8122	2.1904	2.6033	0.4577	0.4196	3.6397	3.0194
2016	4.3994	2.1111	4.8778	6.6204	5.9526	3.9007	2.4736	2.5227	0.4494	0.4533	3.9466	3.7322
2017	4.0308	2.4002	4.3434	6.1907	5.3583	3.5919	2.6873	2.7485	0.4877	0.9476	3.5754	3.6826
2018	4.2218	2.7526	4.4818	6.4642	4.8700	3.9381	2.5844	2.5127	0.4636	1.8387	3.3803	3.3150
2019	4.8058	3.2590	4.5928	6.0736	5.4602	5.1566	2.9170	2.7079	0.9094	2.0270	4.1169	3.3882
2020	5.5840	3.5860	4.2322	7.6464	5.5802	6.6652	2.9243	2.7312	1.3155	1.6766	4.5492	2.8038

2010年的2.1227,转而波动上升至2020年的2.9243,原因可能是自由贸易区的建立和关税减让政策的实施,有助于中国自东盟进口林产品。中国与越南的林产品贸易联系紧密度呈现波动减弱,贸易结合度指数由9.0613下降至2.8038;与印度尼西亚的林产品贸易联系紧密度呈现先波动减弱后波动增强;与泰国的林产品贸易联系紧密度较高,呈波动态势,贸易结合度指数在2.57—5.23波动,平均为4.0107;与马来西亚、菲律宾的林产品贸易联系紧密度较低,考察期间贸易结合度指数平均为1.0839、1.0088。

综上分析可知,中国与东盟之间的林产品贸易联系紧密,彼此贸易结合度指数在2.10以上,表明两者之间的林产品贸易依赖程度高。中国与印度尼西亚、泰国、越南的贸易结合度指数在1以上,说明中国与这些国家林产品内贸易水平较高。中国与马来西亚、菲律宾的林产品内贸易水平不高。

五 林产品贸易的产业内贸易

G-L指数是目前国际上最常用的衡量产业内贸易水平的指标,本节采用该指数对中国与东盟国家的林产品产业内贸易水平进行测算,其公式为:

$$GL_{ijt}^k = 1 - \frac{|EX_{ijt}^k - IM_{ijt}^k|}{EX_{ijt}^k + IM_{ijt}^k} \tag{4-9}$$

式(4-9)中,GL_{ijt}^k表示t年国家i与国家j在林产品k上的G-L指数,EX_{ijt}^k、IM_{ijt}^k分别表示t年国家i在林产品k上对国家j出口额和进口额。GL_{ijt}^k的取值范围[0,1],指数越接近0,产业内贸易水平越低;相反,指数越接近1,产业内贸易水平越高。$GL_{ijt}^k > 0.5$表示产业内贸易为主;$GL_{ijt}^k < 0.5$表示产业间贸易为主。

加权G-L指数,其公式为:

$$GL_{ijt} = \sum_k \frac{(EX_{ijt}^k + IM_{ijt}^k) \times GL_{ijt}^k}{\sum_k (EX_{ijt}^k + IM_{ijt}^k)} \tag{4-10}$$

式(4-10)中,$\dfrac{EX_{ijt}^k + IM_{ijt}^k}{\sum_k (EX_{ijt}^k + IM_{ijt}^k)}$表示$t$年国家$i$与国家$j$在林

产品进出口额占两国林产品贸易总额的比重，GL_{ijt} 表示 t 年国家 i 与国家 j 的林产品产业内贸易加权指数。

运用加权 G-L 指数，基于《商品名称及编码协调制度的国际公约》（HS1992）中林产品各"目"或者"子目"对 2000—2020 年中国与东盟 5 国产业内贸易指数进行测试，结果见表 4-15。结果显示，中国与东盟林产品贸易以产业间贸易为主。考察期间，中国与东盟的林产品产业内贸易加权指数因报告国家的不同而存在差异，但大部分年份产业内贸易加权指数小于 0.50。中国与印度尼西亚、马来西亚的林产品产业内贸易加权指数偏小，小于 0.29；2010—2019 年，中国与菲律宾的林产品产业内贸易加权指数不足 0.50；除个别年份外，中国与泰国的林产品产业内贸易加权指数不足 0.50；中国与越南的林产品产业内贸易加权指数因报告国家的不同而存在显著差异，且越南报告数据显示两国林产品产业内贸易加权指数偏小，2010 年以来指数小于 0.20。

为分析中国与东盟 5 国不同林产品的产业内贸易情况，将东盟 5 国视为统一整体，基于 HS1992 中林产品各"目"或者"子目"对 2000—2020 年中国与东盟产业内贸易指数进行测试，结果见表 4-16。考察期间，中国与东盟的原木、其他原材、锯材和木浆贸易以产业间贸易为主，产业内贸易加权指数均不足 0.50；中国与东盟的人造板贸易经历了由产业间贸易走向产业内贸易，又走向产业间贸易；2010 年以来，中国与东盟的木制品贸易以产业间贸易为主，产业内贸易加权指数偏小，不足 0.42；中国报告数据显示，中国—东盟自由贸易区建成以来，中国与东盟的林果贸易为产业内贸易，但东盟国家报告数据显示，两大经济体的林果贸易以产业间贸易为主；中国与东盟的纸及纸制品产业内贸易加权指数因报告国家的不同而存在显著差异，但绝大多数年份产业内贸易加权指数小于 0.50，意味着两大经济体在该产品上以产业间贸易为主。

为了从动态的角度分析一定时间跨度的产业内贸易水平，本书采用 Brulhart 边际产业内贸易指数，计算公式为：

◆ 中国—东盟自由贸易区的林产品贸易效应研究

表 4-15　中国与东盟各国林产品 G-L 指数

年份	中国报告数据							东盟各国报告数据				
	东盟	印度尼西亚	马来西亚	菲律宾	泰国	越南	东盟	印度尼西亚	马来西亚	菲律宾	泰国	越南
2000	0.1153	0.0197	0.0634	0.5386	0.0888	0.7311	0.2749	0.0491	0.0749	0.6465	0.4496	0.1354
2001	0.1181	0.0128	0.0787	0.5190	0.1065	0.2513	0.3299	0.0513	0.1653	0.5682	0.4371	0.1262
2002	0.1606	0.0195	0.0799	0.6168	0.1319	0.5418	0.3779	0.0577	0.1612	0.4984	0.4408	0.2709
2003	0.2022	0.0363	0.0783	0.5551	0.1822	0.7198	0.4007	0.0795	0.1488	0.4323	0.4644	0.3467
2004	0.2418	0.0424	0.0913	0.5383	0.2066	0.4763	0.4517	0.1228	0.1688	0.3956	0.5132	0.4191
2005	0.3258	0.0621	0.1427	0.6089	0.2899	0.4219	0.4579	0.1391	0.1739	0.5852	0.4869	0.3793
2006	0.4289	0.1075	0.2165	0.5437	0.4084	0.4929	0.4578	0.1469	0.2584	0.5645	0.5046	0.3789
2007	0.4999	0.1568	0.2153	0.6426	0.4210	0.2847	0.4769	0.2104	0.2442	0.4789	0.5041	0.3146
2008	0.5626	0.1401	0.2370	0.6593	0.4728	0.5423	0.4775	0.1963	0.2274	0.3598	0.5362	0.2813
2009	0.6391	0.1709	0.2533	0.7042	0.4087	0.6139	0.4798	0.1960	0.2449	0.3353	0.4863	0.2848
2010	0.5237	0.1463	0.2139	0.4815	0.3849	0.4731	0.4335	0.2024	0.2323	0.4371	0.4145	0.1918
2011	0.4757	0.1560	0.2553	0.3614	0.3753	0.3700	0.5249	0.2283	0.2674	0.4946	0.4790	0.1240
2012	0.5145	0.1678	0.2558	0.4928	0.3813	0.4624	0.4684	0.1669	0.2831	0.4767	0.3874	0.1073

续表

年份	中国报告数据							东盟各国报告数据						
	东盟	印度尼西亚	马来西亚	菲律宾	泰国	越南		东盟	印度尼西亚	马来西亚	菲律宾	泰国	越南
2013	0.4742	0.1259	0.1911	0.4951	0.3818	0.4481		0.3829	0.1055	0.2163	0.4692	0.3530	0.0894
2014	0.4459	0.1615	0.2346	0.2692	0.4192	0.4641		0.3796	0.1341	0.2270	0.3092	0.3320	0.0957
2015	0.5366	0.1859	0.2297	0.3220	0.5920	0.5847		0.3832	0.1516	0.2059	0.3886	0.3794	0.0782
2016	0.4892	0.1941	0.2311	0.4074	0.5072	0.4919		0.3837	0.1518	0.1777	0.3649	0.3746	0.0702
2017	0.4952	0.1556	0.2241	0.3757	0.4436	0.5013		0.3210	0.1741	0.1871	0.4209	0.2951	0.0773
2018	0.5278	0.1562	0.2125	0.3462	0.3634	0.5572		0.3647	0.1954	0.1762	0.3482	0.3077	0.1033
2019	0.5304	0.1954	0.2050	0.3968	0.3036	0.4750		0.3228	0.1733	0.1161	0.3947	0.2057	0.0949
2020	0.6288	0.2011	0.2295	0.5033	0.3418	0.4832		0.4007	0.2384	0.1146	0.6181	0.2551	0.1451

表 4-16 中国与东盟各类林产品 G-L 指数

年份	中国报告数据									东盟各国报告数据								
	原木	其他原材	锯材	人造板	木制品	木浆	林果	纸及纸制品		原木	其他原材	锯材	人造板	木制品	木浆	林果	纸及纸制品
2000	0.0007	0.2782	0.0192	0.0255	0.4931	0.0113	0.3961	0.1143		0.0093	0.0078	0.2876	0.0519	0.0974	0.0307	0.3060	0.2773
2001	0.0012	0.0581	0.0168	0.0377	0.6338	0.0082	0.2769	0.1454		0.0098	0.0147	0.1689	0.0968	0.1537	0.0230	0.2664	0.4326
2002	0.0007	0.0501	0.0163	0.0647	0.5613	0.0179	0.3971	0.1537		0.0105	0.0751	0.0824	0.1277	0.1690	0.0153	0.3278	0.4184
2003	0.0007	0.1654	0.0199	0.0739	0.4142	0.0185	0.4958	0.2349		0.0157	0.1080	0.1123	0.1152	0.1403	0.0157	0.4574	0.4908
2004	0.0004	0.0420	0.0240	0.1412	0.4176	0.0065	0.3531	0.2666		0.0124	0.0178	0.1481	0.2233	0.2069	0.0154	0.4789	0.5152
2005	0.0024	0.0051	0.0385	0.2233	0.2195	0.0197	0.4253	0.4057		0.0071	0.0103	0.1516	0.3034	0.1965	0.0332	0.4913	0.4908
2006	0.0004	0.0031	0.0714	0.5089	0.2646	0.0105	0.5087	0.4338		0.0146	0.0353	0.1406	0.5004	0.2246	0.0140	0.5213	0.4265
2007	0.0003	0.0034	0.1287	0.6167	0.2208	0.0138	0.4722	0.4657		0.0087	0.0101	0.2417	0.5882	0.3635	0.0116	0.4771	0.3771
2008	0.0007	0.0061	0.1067	0.5938	0.3178	0.0166	0.5745	0.4990		0.0067	0.0290	0.2151	0.5384	0.3359	0.0209	0.4625	0.3927
2009	0.0336	0.0044	0.0757	0.7041	0.2437	0.0646	0.5723	0.4907		0.0048	0.0133	0.0960	0.6190	0.3239	0.0443	0.4596	0.3254
2010	0.0580	0.0028	0.0583	0.6322	0.1735	0.0472	0.5461	0.4182		0.0082	0.0063	0.0765	0.5272	0.3842	0.0986	0.4530	0.2892
2011	0.0278	0.0018	0.0375	0.5171	0.1936	0.0744	0.5150	0.4627		0.0103	0.0044	0.0448	0.4978	0.3186	0.1091	0.4264	0.5316

第四章 中国—东盟自由贸易区林产品贸易现状和特征

续表

年份	中国报告数据									东盟各国报告数据								
	原木	其他原材	锯材	人造板	木制品	木浆	林果	纸及纸制品		原木	其他原材	锯材	人造板	木制品	木浆	林果	纸及纸制品
2012	0.0107	0.0016	0.0353	0.4840	0.2542	0.0410	0.5971	0.4488		0.0060	0.0050	0.0394	0.4365	0.3680	0.0475	0.4703	0.1954
2013	0.0489	0.0073	0.0245	0.4738	0.2007	0.0260	0.6089	0.3554		0.0373	0.0035	0.0258	0.3592	0.3417	0.0232	0.5043	0.1224
2014	0.0358	0.0196	0.0162	0.4253	0.1771	0.0305	0.6235	0.3785		0.0308	0.0145	0.0236	0.2793	0.4182	0.0328	0.4601	0.1252
2015	0.0823	0.0129	0.0138	0.4678	0.1486	0.0236	0.8055	0.3665		0.0097	0.0198	0.0253	0.2324	0.3407	0.0296	0.4841	0.1374
2016	0.4291	0.0050	0.0122	0.4353	0.1604	0.0259	0.7613	0.3442		0.0031	0.0403	0.0203	0.2459	0.3546	0.0362	0.3810	0.1186
2017	0.3721	0.0046	0.0060	0.3755	0.1927	0.0124	0.7135	0.4321		0.0166	0.0132	0.0353	0.3419	0.1426	0.0148	0.2857	0.2559
2018	0.3906	0.0051	0.0083	0.3535	0.2169	0.0112	0.5978	0.5038		0.0223	0.0194	0.0515	0.3231	0.2409	0.0152	0.2447	0.3652
2019	0.4893	0.0077	0.0234	0.3146	0.2344	0.0117	0.4807	0.4985		0.0753	0.0177	0.0616	0.3247	0.2288	0.0123	0.2129	0.2697
2020	0.4487	0.0175	0.0421	0.3097	0.2133	0.0101	0.5059	0.4835		0.0713	0.0121	0.0819	0.3399	0.2148	0.0114	0.3135	0.3937

$$B_{it}^k = 1 - \frac{|\Delta EX_{it}^k - \Delta IM_{it}^k|}{|\Delta EX_{it}^k| + |\Delta IM_{it}^k|} \tag{4-11}$$

式（4-11）中，B_{it}^k 表示 t 年国家 i 在林产品 k 上的边际产业内贸易指数；ΔEX_{it}^k、ΔIM_{it}^k 分别表示 t 年国家 i 林产品 k 的出口额、进口额增量。B_{it}^k 取值范围为 [0, 1]，指数大于 0.5，意味着 t 年国家 i 林产品 k 贸易增量源于产业内贸易；反之，则源于产业间贸易。

加权 Brulhart 边际产业内贸易指数，其公式为：

$$B_{it} = \sum_k \frac{(|\Delta EX_{it}^k| + |\Delta IM_{it}^k|) \times B_{it}^k}{\sum_k (|\Delta EX_{it}^k| + |\Delta IM_{it}^k|)} \tag{4-12}$$

式（4-12）中，$\frac{|\Delta EX_{it}^k| + |\Delta IM_{it}^k|}{\sum_k (|\Delta EX_{it}^k| + |\Delta IM_{it}^k|)}$ 表示 t 年国家 i 林产品 k 进、出口增量占该国林产品进、出口增量的比重。

由表 4-17 可知，中国与东盟的林产品贸易以产业间贸易为主。除极个别年份外，中国与东盟两大经济体的林产品边际产业内贸易指数不足 0.50，在 0.007—0.463 波动，这说明产业间贸易是中国与东盟林产品贸易增长的主要原因。中国与东盟各国的林产品边际产业内贸易指数均较小。其中，中国与印度尼西亚、马来西亚的林产品边际产业内贸易指数均小于 0.32；除个别年份外，中国与菲律宾、越南的林产品边际产业内贸易指数均不足 0.50；中国与泰国的林产品边际产业内贸易指数因报告国的不同而存在差异，但整体显示两国林产品贸易以产业间贸易为主。

通过分析表 4-18 可知，中国与东盟的各类林产品贸易以产业间贸易为主。考察期间，中国与东盟两大经济体间的锯材、木浆贸易是产业间贸易。锯材、木浆边际产业内贸易指数分别不足 0.41、0.49，且中国与东盟各国报告数据的计算结果存在明显差异；中国与东盟之间的林果贸易经历由产业间贸易转变为产业内贸易，又转变为产业间贸易；中国与东盟两大经济体间的原材、其他原材、人造板、木制品和纸及纸制品贸易是产业间贸易为主。除个别年份外，原材、其他原材、人造板、木制品和纸及纸制品等林产品的边际产业内贸易指数小于 0.50。

第四章
中国—东盟自由贸易区林产品贸易现状和特征

表4-17 中国与东盟各国林产品边际产业内贸易指数（以上一年为基期）

年份	中国报告数据							东盟各国报告数据					
	东盟	印度尼西亚	马来西亚	菲律宾	泰国	越南	东盟	印度尼西亚	马来西亚	菲律宾	泰国	越南
2000	—	—	—	—	—	—	—	—	—	—	—	—
2001	0.0273	0.0179	0.0130	0.6165	0.0490	0.0186	0.0382	0.0268	0.0269	0.6280	0.2015	0.2183
2002	0.2567	0.0260	0.0015	0.1600	0.0461	0.7371	0.1438	0.0853	0.0734	0.3343	0.1536	0.0193
2003	0.1627	0.0322	0.0559	0.3378	0.3529	0.1520	0.2694	0.0126	0.1481	0.1336	0.4687	0.7355
2004	0.4546	0.0851	0.2097	0.5176	0.1839	0.0424	0.2713	0.0970	0.2931	0.4657	0.3018	0.5517
2005	0.1126	0.0721	0.0534	0.5075	0.4039	0.3233	0.2698	0.0626	0.0559	0.6518	0.3498	0.3163
2006	0.1676	0.0423	0.0009	0.4999	0.0876	0.1081	0.0646	0.0388	0.1216	0.0198	0.0788	0.1924
2007	0.2863	0.0612	0.0425	0.1535	0.2210	0.0124	0.1854	0.0129	0.0136	0.2768	0.3409	0.1338
2008	0.4629	0.1040	0.1115	0.6138	0.4662	0.6075	0.3540	0.0226	0.1999	0.0325	0.2861	0.1611
2009	0.3959	0.0573	0.1773	0.7304	0.2630	0.6506	0.3039	0.0609	0.1392	0.0556	0.3890	0.3539
2010	0.1967	0.1094	0.1289	0.0558	0.0148	0.0628	0.2997	0.2118	0.1824	0.2711	0.0976	0.0715
2011	0.3056	0.1048	0.1217	0.1539	0.3713	0.1720	0.4616	0.3141	0.2288	0.4318	0.2855	0.0190
2012	0.4604	0.2031	0.0211	0.0126	0.3784	0.4375	0.2948	0.0440	0.2989	0.4044	0.0779	0.0302

— 87 —

续表

年份	中国报告数据							东盟各国报告数据					
	东盟	印度尼西亚	马来西亚	菲律宾	泰国	越南	东盟	印度尼西亚	马来西亚	菲律宾	泰国	越南
2013	0.2869	0.1879	0.0991	0.0181	0.3228	0.1874	0.0076	0.0266	0.1832	0.0356	0.0748	0.1004
2014	0.1037	0.2935	0.0645	0.0031	0.0517	0.3351	0.2441	0.1267	0.0877	0.0240	0.3645	0.0447
2015	0.2528	0.0000	0.1664	0.0056	0.1369	0.4291	0.3167	0.0190	0.0935	0.0011	0.5365	0.0472
2016	0.1302	0.1137	0.1588	0.0118	0.1394	0.0874	0.2640	0.0909	0.0663	0.2789	0.2116	0.0450
2017	0.0498	0.0682	0.1845	0.0085	0.0402	0.3418	0.1690	0.0737	0.2932	0.1106	0.0611	0.0743
2018	0.0655	0.0555	0.0463	0.2239	0.0230	0.0886	0.4273	0.2425	0.1151	0.1602	0.0303	0.0575
2019	0.4222	0.0519	0.1380	0.0080	0.0315	0.0841	0.0674	0.0223	0.0716	0.5645	0.0173	0.0708
2020	0.6488	0.0838	0.0408	0.0005	0.4439	0.4988	0.0749	0.0695	0.0032	0.0008	0.3864	0.1426

第四章
中国—东盟自由贸易区林产品贸易现状和特征

表 4-18 中国与东盟各类林产品边际产业内贸易指数（以上一年为基期）

年份	中国报告数据									东盟各国报告数据								
	原木	其他原材	锯材	人造板	木制品	木浆	林果	纸及纸制品		原木	其他原材	锯材	人造板	木制品	木浆	林果	纸及纸制品
2000	—	—	—	—	—	—	—	—		—	—	—	—	—	—	—	—
2001	0.0015	0.0382	0.0165	0.0134	0.2748	0.0263	0.1047	0.0196		0.0084	0.0178	0.0229	0.0122	0.0548	0.0572	0.4867	0.0734
2002	0.0013	0.0267	0.0120	0.2830	0.0851	0.0673	0.4959	0.1591		0.0141	0.1551	0.0158	0.2140	0.2448	0.0009	0.0432	0.5827
2003	0.0008	0.0251	0.0022	0.1604	0.0356	0.0214	0.5910	0.1077		0.0448	0.5568	0.1379	0.1083	0.3986	0.0118	0.7883	0.0882
2004	0.0064	0.0151	0.0470	0.7159	0.4080	0.0241	0.4057	0.1038		0.0379	0.0013	0.1995	0.7452	0.1667	0.0163	0.5102	0.0269
2005	0.0011	0.0001	0.0752	0.0762	0.0394	0.1480	0.5817	0.1107		0.0085	0.0035	0.4026	0.1345	0.0158	0.0771	0.6097	0.0673
2006	0.0083	0.0048	0.0588	0.0083	0.3023	0.0167	0.5692	0.0478		0.0035	0.1324	0.0640	0.0149	0.1707	0.0053	0.0181	0.3197
2007	0.0003	0.0040	0.0324	0.0114	0.1083	0.0597	0.5608	0.1404		0.0007	0.0045	0.0895	0.0046	0.0481	0.0105	0.5105	0.0184
2008	0.0002	0.0011	0.0855	0.3819	0.0000	0.0324	0.7498	0.4199		0.0050	0.0346	0.1768	0.1284	0.0520	0.0307	0.6428	0.2090
2009	0.0007	0.0027	0.0673	0.2693	0.3517	0.0012	0.6797	0.5570		0.0183	0.0053	0.0449	0.3552	0.0945	0.0036	0.5858	0.6387
2010	0.0928	0.0019	0.0004	0.4123	0.0895	0.0043	0.3556	0.3990		0.0378	0.0023	0.0442	0.6659	0.4775	0.1503	0.4445	0.1860
2011	0.0001	0.0015	0.0036	0.0444	0.1642	0.1510	0.5811	0.3394		0.0016	0.0015	0.0063	0.6850	0.1504	0.1717	0.3678	0.6569

— 89 —

◇ 中国—东盟自由贸易区的林产品贸易效应研究

续表

年份	中国报告数据									东盟各国报告数据								
	原木	其他原材	锯材	人造板	木制品	木浆	林果	纸及纸制品	原木	其他原材	锯材	人造板	木制品	木浆	林果	纸及纸制品
2012	0.0522	0.0023	0.0133	0.1382	0.0695	0.4802	0.6962	0.0072	0.0122	0.0108	0.1223	0.2481	0.5435	0.0653	0.4376	0.0447
2013	0.0000	0.0359	0.0041	0.2415	0.2298	0.0123	0.6165	0.0229	0.1130	0.0006	0.0035	0.0727	0.4120	0.0004	0.2059	0.0102
2014	0.0134	0.0039	0.0028	0.3079	0.1478	0.0493	0.1789	0.4024	0.0165	0.0106	0.0255	0.4229	0.0791	0.2031	0.1098	0.1306
2015	0.0220	0.0562	0.0545	0.0719	0.3544	0.0092	0.3606	0.2898	0.0540	0.0933	0.0000	0.2012	0.3090	0.1793	0.2509	0.1559
2016	0.4952	0.0732	0.0145	0.1879	0.1114	0.0217	0.1462	0.1395	0.0018	0.0295	0.0125	0.5185	0.3369	0.0207	0.2628	0.0222
2017	0.0000	0.0066	0.0000	0.0930	0.0380	0.0003	0.2628	0.2514	0.0513	0.1714	0.0465	0.0151	0.0590	0.0005	0.1044	0.7891
2018	0.3070	0.0049	0.0000	0.2490	0.0015	0.0059	0.0306	0.2123	0.0404	0.0387	0.0063	0.3401	0.0147	0.0205	0.3403	0.6928
2019	0.2738	0.0243	0.0033	0.2619	0.2582	0.0163	0.3763	0.0467	0.0438	0.0096	0.0172	0.1221	0.0102	0.0053	0.1383	0.0225
2020	0.5883	0.1112	0.0048	0.5397	0.0537	0.0007	0.5981	0.3903	0.0966	0.0196	0.0083	0.5129	0.0076	0.0060	0.1577	0.1798

第四节 本章小结

本章分析了中国与东盟国家林产品贸易发展的基本情况和特征，并计算了 CAFTA 成员国贸易竞争性和互补性。在此基础上，总结了 CAFTA 成员国林产品的贸易发展特点。本章的结论归纳起来主要有以下几方面：

（1）CAFTA 成员国林产品对外贸易额呈波动增长态势；除马来西亚外，其余各国林产品对外贸易额所占世界林产品贸易的比重均呈波动上升。中国林产品对外贸易额远超超过其余 5 国，其中，中国林产品进口额远超其余 5 国林产品进口总额，中国林产品出口额接近其余 5 国林产品出口总额。CAFTA 成员国林产品对外贸易的产品、市场较为集中。

（2）中国在与东盟林产品贸易中，一直处于净进口的地位，净进口额呈现先波动缓慢缩小，后波动快速扩大。其中，净进口额最大的林产品为木浆，且净进口扩大趋势显著。原因在于，2006 年 11 月中国对于部分出口林产品征收出口关税，限制以国产木材或以珍贵木材为原料的产品出口。最为重要的是，2007 年 4 月 26 日起中国禁止以国产木材作原料生产的木浆、纸制品等林产品的出口。

（3）从贸易竞争性来看，中国与东盟林产品贸易竞争性变动趋势呈现倒"U"形变化，总体略有减弱。其中，中国与印度尼西亚、马来西亚林产品贸易竞争性呈现先快速提高后缓慢下降的变动趋势，总体略有上升；中国与菲律宾的林产品贸易竞争性具有较强波动性，与泰国的林产品贸易竞争性呈现波动下降趋势，越南的林产品贸易竞争性呈现先减弱后增强态势。

（4）从贸易互补性来看，中国林产品出口同东盟林产品进口的贸易互补性较强，且呈增长态势。其中，中国与马来西亚林产品贸易互补性强于其他国家，而与印度尼西亚林产品贸易互补性弱于其他国家。中国林产品进口同东盟林产品出口的贸易互补性呈现缓慢波动增强。其中，中国与印度尼西亚、越南的林产品贸易互补性均呈现波动增强，但整体贸易互补性较弱；与马来西亚、菲律宾的林产品贸易互补性均呈现先波动减弱后波动增强，但贸易互补性指数均较小；与泰国的林产品贸易互补性呈整体下滑态势。

（5）从产业内贸易来看，中国与东盟各国林产品贸易以产业间贸易为主，且产业间贸易程度较高。从国家视角来看，中国与东盟各国的林产品边际产业内贸易指数均较小。其中，中国与印度尼西亚、马来西亚的林产品边际产业内贸易指数均不足0.32；从产品视角来看，中国与东盟两大经济体间的原木、其他原材、锯材、人造板、木制品、木浆和纸及纸制品等林产品贸易以产业内为主，中国与东盟的林果贸易经历由产业间贸易转变为产业内贸易，又转变为产业间贸易。

第五章

中国—东盟自由贸易区林产品贸易的静态效应

基于第三章构建的理论分析框架,本章将运用统计数据对自由贸易区的静态贸易效应进行检验。鉴于自由贸易区对于成员国进出口贸易的非对称影响,同时考虑到林产品本身具有异质性,检验将分别从出口贸易与进口贸易的角度,从林产品整体和分类两个层面进行。

第一节 模型构建

自由贸易区的贸易效应研究是福利分析的内容之一,但相关数据的可获得性较弱,学者无法直接通过实证分析出自由贸易区的社会效应,转而研究其对贸易流量的影响。贸易引力模型是研究自贸区贸易效应的事后研究中最为有效的分析工具之一,最早由Tinbergen(1962)将该模型应用于国际贸易研究,分析两国间的贸易流量规模与它们各自GDP、两国间距离的关系,在后续的研究中,学者为了更好地解释被解释变量而将其他变量引入模型。

一 混合OLS估计模型

本书以Anderson和Wincoop(2003)研究的扩展引力模型为基

础，模型为：

$$y_{ij}=\frac{x_i x_j}{x^W}\left(\frac{T_{ij}}{p_i p_j}\right)^{1-\tau} \tag{5-1}$$

对式（5-1）取对数得到扩展引力模型的对数表达式：

$$\ln y_{ij}=\ln x^W+\ln x_i+\ln x_j+(\tau-1)(\ln p_i+\ln p_j-\ln T_{ij}) \tag{5-2}$$

其中，x_i、x_j分别表示国家i、j的名义收入水平，x^W表示世界的名义收入，y_{ij}表示国家i对国家j的出口额，T_{ij}（≥ 1）表示"冰山"运输成本。p_i和p_j分别表示国家i、j的不变替代弹性效用的消费价格指数，为限制多边贸易的内生因素。借鉴已有研究，利用Baier和Bergstrand（2009）通过对式（5-1）进行一阶对数线性泰勒转换（任力、黄崇杰，2015），分别得到不可观测p_i和p_j的近似方程为：

$$\ln p_i=\sum_{j=1}^{N}\theta_j\ln T_{ij}-\frac{1}{2}\sum_{k=1}^{N}\sum_{m=1}^{N}\theta_k\theta_m\ln T_{km} \tag{5-3}$$

$$\ln p_j=\sum_{i=1}^{N}\theta_i\ln T_{ij}-\frac{1}{2}\sum_{k=1}^{N}\sum_{m=1}^{N}\theta_k\theta_m\ln T_{km} \tag{5-4}$$

其中，$\theta_w(w=i,j,\Lambda)$是表示国家w所占世界总收入的比重。将式（5-3）、式（5-4）代入式（5-2），得到：

$$\ln y_{ij}=\alpha_0+\ln x_i+\ln x_j+(\tau-1)\left(\sum_{j=1}^{N}\theta_j\ln T_{ij}+\sum_{i=1}^{N}\theta_i\ln T_{ij}-\ln T_{ij}\right) \tag{5-5}$$

其中，$\alpha_0=-\ln x_i+(1-\tau)\sum_{k=1}^{N}\sum_{m=1}^{N}\theta_k\theta_m\ln T_{km}$。

本书根据式（5-5），设定林产品贸易引力模型如下：

$$\ln y_{ijt}=\alpha_0+\alpha_1\ln for_{it}+\alpha_2\ln gdp_{jt}+\alpha_3\ln T_{ijt} \tag{5-6}$$

其中，for_{it}表示t年国家i的森林面积，gdp_{jt}表示t年国家j的国内生产总值，$\ln T_{ijt}$表示t年国家j从国家i进口林产品不可观测的多边贸易成本。

龙多·卡梅伦在《世界经济简史》中提出自然因素和人为因素是阻碍贸易的主要因素，因此本书将贸易成本分为两部分：自然成本和人为成本。其中，运输成本是一种重要的自然成本，选择地理距离变量表示；贸易壁垒是一种重要的人为成本，选择自由贸易区因素表示。同时，企业之间为实现交易所引发的搜寻、签约等成本也是人为成本，根据林德假说可知，两国收入水平相差越大，需求结构相差也就越大，从而企业之间为实现交易所引发的搜寻成本增加，故选择贸易伙伴间经济水平差距表示。因此，本书将不可观测的贸易成本 T_{ijt} 用地理距离、自由贸易区和两国经济距离等可观测的因素表示，具体如下：

$$\ln T_{ijt} = \lambda_1 \ln dist_{ij} + \lambda_2 \ln |\Delta ppp_{ijt}| + \lambda_3 cafta_{ij} + \lambda_4 T_1 + \lambda_5 cafta_{ij} \times T_1 + \lambda_6 T_2 + \lambda_7 cafta_{ij} \times T_2 + \lambda_8 T_3 + \lambda_9 cafta_{ij} \times T_3 \tag{5-7}$$

其中，$dist_{ij}$ 表示国家 i、j 之间的地理距离，反映两国贸易的运输成本；$|\Delta ppp_{ijt}|$ 表示 t 年国家 i、j 的人均 GDP 差的绝对值；$cafta_{ij}$ 为二值虚拟变量，如国家 i、j 均为 CAFTA 成员国则取值为 1，否则为 0；T_1 和 T_2 为虚拟变量，2004 年以前 $T_1=0$、$T_2=0$ 和 $T_3=0$，2004—2010 年 $T_1=1$、$T_2=0$ 和 $T_3=0$，2011—2015 年 $T_1=0$、$T_2=1$ 和 $T_3=0$，2016—2020 年 $T_1=0$、$T_2=0$ 和 $T_3=1$；$cafta_{ij} \times T_1$、$cafta_{ij} \times T_2$、$cafta_{ij} \times T_3$ 为与 T_1、T_2、T_3 交互项。将式（5-7）代入式（5-6），得到本书的混合 OLS 估计模型：

$$\ln y_{ijt} = \alpha_0 + \alpha_1 \ln for_{it} + \alpha_2 \ln gdp_{jt} + \alpha_3 \ln dist_{ij} + \alpha_4 \ln |\Delta ppp_{ijt}| + \alpha_5 cafta_{ij} + \alpha_6 T_1 + \alpha_7 cafta_{ij} \times T_1 + \alpha_8 T_2 + \alpha_9 cafta_{ij} \times T_2 + \alpha_{10} T_3 + \alpha_{11} cafta_{ij} \times T_3 + \vartheta_{ijt} \tag{5-8}$$

式（5-8）中，系数 α_1—α_5 测得在"自然"状态下 CAFTA 成员国与贸易伙伴间的出口贸易流，其中 α_5 测得在"自然"状态下 CAFTA 成员国内部林产品出口优势。系数 α_6—α_{11} 测得早期收获计划期间、CAFTA 全面建成阶段、CAFTA 巩固完善阶段对于成员国出口贸易的影响，其中 α_6、α_8 和 α_{10} 分别表示早期收获计划期间、CAFTA 全面建成、CAFTA 巩固完善对于成员国对区外出口的影响，$\alpha_6+\alpha_7$、$\alpha_8+\alpha_9$ 和 $\alpha_{10}+\alpha_{11}$ 分别表示早期收获计划期间、CAFTA 全面建成、CAFTA 巩固完善对于成员国对区内出口的影响。

二 Heckman 两阶段估计模型

在世界贸易中"零"贸易现象普遍存在（Baldwin、Taglioni，2006；Helpman、Rubinstein，2008），但计量分析时，忽略"零"贸易可能带来样本选择问题，导致估计结果出现偏误（曹亮等，2013）。已有研究指出，选择模型处理"零"贸易问题更加合适（Linders，De Groot，2006）。本书选择 Heckman 两阶段估计方法消除样本选择所导致的偏误。

根据 Heckman 两阶段估计方法的基本思路，第一步，选择变量出口国生产水平、进口国收入水平、地理距离、自由贸易区、两国经济距离以及影响贸易条件的两国价格指数等，构建选择方程；第二步，将预测概率作为解释变量与出口国的生产水平、进口国收入水平、地理距离、自由贸易区、两国经济距离等变量构建结果方程。具体模型设定如下：

选择方程：

$$X_{ijt} = \beta_0 + \beta_1 \ln for_{it} + \beta_2 \ln gdp_{jt} + \beta_3 \ln dist_{ij} + \beta_4 \ln|\Delta ppp_{ijt}| + \beta_5 cafta_{ij} + \beta_6 T_1 + \beta_7 cafta_{ij} \times T_1 + \beta_8 T_2 + \beta_9 cafta_{ij} \times T_2 + \beta_{10} T_3 + \beta_{11} cafta_{ij} \times T_3 + \beta_{12} \ln gdpd_{it} + \beta_{13} \ln gdpd_{jt} + \beta_{14} conting_{ij} + \beta_{15} lang_{ij} + \varepsilon_{ijt} \quad (5-9)$$

$$\begin{cases} X_{ijt} = 1, & \text{当 } y_{ijt} > 0 \\ X_{ijt} = 0, & \text{当 } y_{ijt} < 0 \end{cases}$$

结果方程：

$$\ln y_{ijt} = \alpha_0 + \alpha_1 \ln for_{it} + \alpha_2 \ln gdp_{jt} + \alpha_3 \ln dist_{ij} + \alpha_4 \ln|\Delta ppp_{ijt}| + \alpha_5 cafta_{ij} + \alpha_6 T_1 + \alpha_7 cafta_{ij} \times T_1 + \alpha_8 T_2 + \alpha_9 cafta_{ij} \times T_2 + \alpha_{10} T_3 + \alpha_{11} cafta_{ij} \times T_3 + \mu(\hat{X}_{ijt}) + \xi_{ijt} \quad (5-10)$$

式（5-9）中，$gdpd_{it}$、$gdpd_{jt}$ 分别表示 t 年国家 i、j 的 GDP 平减指数，$conting_{ij}$ 表示国家 i、j 是否接壤，$lang_{ij}$ 表示国家 i、j 是否具有共同的官方语言。

三 加入固定效应

模型中虚拟变量不仅区分 CAFTA 成员国和其他国家，同时控制了影响 CAFTA 成员国内部林产品贸易且不随时间变化的不可观测因素，但是忽略了影响其他国家与中国—东盟林产品贸易而不随时间变化的不可观测因素。为避免样本异质性对估计结果的影响，本书根据研究需要将表示国家异质性的虚拟变量分别加入混合 OLS 估计模型、Heckman 两阶段估计模型，以便判别模型的适用性和具体形式。

在估计之前，对模型中各参数的符号进行如下预测：①森林面积（$\ln for_{it}$）的系数 α_1 的符号为正，因为更高的森林面积往往意味着更大的林产品供给能力，而这将促进国家林产品出口贸易的发展。②国内生产总值（$\ln gdp_{jt}$）的系数 α_2 的符号为正，因为更大的经济规模往往意味着更大的市场规模，有助于国家林产品进口贸易的发展。③地理距离（$\ln dist_{ij}$）的系数 α_3 的符号为负，因为地理距离越远则运输成本越大，而这将阻碍贸易的发生、限制贸易的规模。④人均 GDP 绝对差（$\ln|\Delta ppp_{ijt}|$）表示两国的经济发展水平差距、代表性需求水平差距和要素禀赋比例差距，由于该变量涉及较多的因素，已有研究的结果也存在差异，但一般设定其系数 α_4 的符号为负（王瑞、温怀德，2016）。⑤中国—东盟（$cafta_{ij}$）的系数 α_5 的符号为正，由于中国西南地区与东盟各国文化传统相近，民族关系密切，中国—东盟可能是"天然贸易伙伴"，相对其他国家，贸易更加便利。⑥虚拟变量 T_1、T_2 和 T_3 的系数 α_6、α_8 和 α_{10} 符号不确定，一方面自贸区的建立可能导致成员国规模化生产而提升国际竞争优势，对非成员国出口增加；另一方面自贸区的建立带来的自贸区内部贸易成本的降低，对贸易的影响可分解为两种效应：收入效应和替代效应，因此，自贸区建设既可能刺激也可能抑制中国—东盟与其他国家贸易。⑦虚拟变量 $cafta_{ij} \times T_1$、$cafta_{ij} \times T_2$、$cafta_{ij} \times T_3$ 衡量 CAFTA 的贸易措施与中国—东盟的"天然贸易"条件对贸易的交互影响，系数 α_7、α_9 和 α_{11} 的符号不确定。

第二节 林产品出口贸易效应

一 变量说明及数据分析

本节数据来源于世界发展指数（WDI）数据库、世界银行 WITS 数据库和 CEPII 数据库，样本区间为 1994—2020 年。本节选取中国、马来西亚、印度尼西亚、泰国、菲律宾、越南 6 个国家与其 185 个贸易伙伴（包括上述 6 个国家）之间的林产品出口贸易为研究对象。

各项指标的具体数据来源为：①GDP、森林面积、人均 GDP 的数据均来源于世界银行的世界发展指数（WDI）数据库，单位为美元，是以 2010 年为基期的实际值；②GDP 平减指数数据均来源于世界银行的世界发展指数（WDI）数据库，由于不同国家采用不同基期而不具备可比性，故将数据调整为以 2010 年基期指数；③贸易数据来源于世界银行 WITS 数据库，单位为美元，为名义值。为确保数据的可比性，贸易数据采用 GDP 平减指数进行调整，调整为以 2010 年为基期的实际值；④距离变量的数据采用国家首都间的距离来表示。主要变量的统计性描述列于表 5-1。

表 5-1　　　　　变量的统计性描述（出口）　　　　单位：千米

变量名	变量解释	分类	平均值	标准差	最小值	最大值
ln*y*	出口额的对数	总额	1.938	3.489	-12.675	12.043
		类别	0.996	3.317	-12.445	11.878
ln*for*	出口国森林面积	总额	12.668	1.158	11.133	14.604
		类别	12.806	1.175	11.133	14.604
ln*gdp*	进口国 GDP 的对数	总额	24.087	2.387	16.969	30.541
		类别	24.763	2.362	16.969	30.541

续表

变量名	变量解释	分类	平均值	标准差	最小值	最大值
ln|Δppp|	贸易伙伴间人均GDP绝对差的对数	总额	8.393	1.586	-1.782	11.627
		类别	8.593	1.608	-1.782	11.627
ln$dist$	距离的对数	总额	9.022	0.618	5.754	9.892
		类别	8.916	0.681	5.754	9.892

资料来源：笔者根据 CEPII 数据库数据整理。

二 基于整体的实证结果及分析

（一）基于林产品整体的出口贸易效应

表5-2列示了在多种设定下的估计结果。模型8是笔者讨论的重点，它考虑了样本选择、贸易双方异质性问题。模型1对应式（5-8）的设定，模型3、模型5和模型7是在模型1的基础上添加虚拟变量后得到的。模型2对应式（5-10）的设定，模型4、模型6和模型8是在模型2的基础上添加虚拟变量后得到的。

整体而言，在所有设定方式下，lnfor、lngdp、ln\|Δppp\|的系数均在1%水平下显著为正，ln$dist$的系数均在1%水平下显著为负。这表明中国—东盟的林产品出口与其森林面积、进口国经济规模以及贸易伙伴间人均GDP绝对差之间存在显著正相关关系，与贸易伙伴间地理距离存在显著负相关关系。T_1、T_2的系数均在1%水平下显著为正，说明早期收获计划、CAFTA建设对于CAFTA成员国与非成员国林产品贸易起到了显著的促进作用；$cafta \times T_1$、$cafta \times T_2$的系数均在1%水平下显著为负，且系数绝对值与对应T_1、T_2的系数的大小关系并不一致，只能说明早期收获计划、CAFTA建设对于CAFTA成员国与非成员国林产品贸易起到了显著的促进作用强于其对CAFTA成员国内部林产品贸易的促进作用。$cafta \times T_3$的系数符号为负，但显著性水平并不一致。在8个模型中，$cafta$和T_3的系数符号和显著性并不一致，说明模型设定对其影响显著。表5-2中除模

表 5-2　CAFTA 的林产品出口贸易效应（总体）

出口国控制	模型 1	模型 2	模型 3	模型 4	模型 5	模型 6	模型 7	模型 8
$\ln for$	1.154***	1.358***	11.992***	12.403***	1.205***	1.210***	12.026***	12.071***
	(93.25)	(70.88)	(41.78)	(42.15)	(118.16)	(87.89)	(52.31)	(52.52)
$\ln gdp$	0.968***	1.083***	0.969***	1.070***	1.314***	1.316***	1.305***	1.312***
	(144.20)	(102.39)	(148.71)	(108.74)	(57.25)	(56.82)	(59.94)	(59.88)
$\ln\|\Delta ppp\|$	0.164***	0.185***	0.138***	0.147***	0.214***	0.215***	0.144***	0.145***
	(16.45)	(17.62)	(14.18)	(14.72)	(16.13)	(16.09)	(11.20)	(11.35)
$\ln dist$	-1.473***	-1.565***	-1.499***	-1.576***	-1.655***	-1.659***	-1.745***	-1.759***
	(-51.87)	(-51.27)	(-54.37)	(-54.19)	(-29.78)	(-29.70)	(-31.62)	(-31.76)
$cafta$	0.764***	0.931***	0.663***	0.816***	-0.450*	-0.442*	-0.768***	-0.752***
	(7.09)	(8.19)	(6.38)	(7.55)	(-1.74)	(-1.71)	(-3.09)	(-3.04)
T_1	0.483***	0.851***	0.348***	0.655***	0.461***	0.470***	0.343***	0.371***
	(12.01)	(17.34)	(8.93)	(14.34)	(13.73)	(12.66)	(10.72)	(10.78)
$cafta \times T_1$	-0.462***	-0.541***	-0.394***	-0.473***	-0.590***	-0.592***	-0.522***	-0.528***
	(-3.04)	(-3.35)	(-2.69)	(-3.09)	(-4.77)	(-4.80)	(-4.46)	(-4.53)
T_2	0.576***	0.952***	0.242***	0.564***	0.515***	0.524***	0.204***	0.234***
	(14.42)	(19.33)	(6.09)	(12.05)	(14.85)	(13.72)	(6.06)	(6.45)
$cafta \times T_2$	-0.527***	-0.615***	-0.457***	-0.557***	-0.735***	-0.737***	-0.661***	-0.668***
	(-3.48)	(-3.81)	(-3.13)	(-3.64)	(-5.96)	(-6.00)	(-5.66)	(-5.74)

第五章 中国—东盟自由贸易区林产品贸易的静态效应

续表

出口国控制	模型 1	模型 2	模型 3	模型 4	模型 5	模型 6	模型 7	模型 8
T_3	0.349***	0.660***	-0.097**	0.179***	0.235***	0.242***	-0.182***	-0.156***
	(8.17)	(13.28)	(-2.26)	(3.70)	(6.19)	(6.05)	(-4.88)	(-4.01)
$cafta \times T_3$	-0.383**	-0.463***	-0.358**	-0.461***	-0.643***	-0.644***	-0.608***	-0.614***
	(-2.39)	(-2.71)	(-2.32)	(-2.85)	(-4.92)	(-4.95)	(-4.91)	(-4.98)
常数	-25.051***	-30.502***	-145.577***	-159.935***	-32.087***	-32.196***	-151.154***	-158.509***
	(-72.87)	(-58.74)	(-45.35)	(-45.67)	(-46.70)	(-45.19)	(-57.36)	(-57.02)
$\mu(\hat{X})$		1.660***		1.402***		0.041		0.135**
		(14.96)		(14.48)		(0.55)		(2.17)
出口国控制	NO	NO	YES	YES	NO	NO	YES	YES
进口国控制	NO	NO	NO	NO	YES	YES	YES	YES
N	22033	27631	22033	27631	22033	27631	22033	27631

注:括号内为 t 值。* $p<0.1$,** $p<0.05$,*** $p<0.01$;下同。

型6外，其余三个模型中 $\mu(\hat{X})$ 均显著，说明存在样本选择问题。因此，本节随后的分析都将基于模型8展开。

从表5-2模型8列示的结果来看，cafta 的系数均在1%水平下显著为负，表明：考察期间，相对于对非成员国林产品贸易，CAFTA成员国之间的林产品出口贸易并不具有优势，CAFTA成员国之间不是"天然"贸易伙伴。T_1、T_2 的系数为正，$cafta \times T_1$、$cafta \times T_2$ 的系数为负，且在1%水平下显著，但为负的绝对值大于为正的值，说明早期收获计划、CAFTA建设有助于成员国间的林产品出口转向非成员国；T_3、$cafta \times T_3$ 的系数均在1%水平下显著为负，说明CAFTA巩固完善阶段，CAFTA显著抑制成员国间的林产品出口贸易。

（二）基于国别的出口贸易效应

若在经验研究时将不同国家的数据进行回归，很可能无法发现显著的个体效应，为此，本节按式（5-10）分国别进行估计，结果见表5-3。

表5-3　　　　CAFTA的林产品出口贸易效应（国别）

变量	中国	印度尼西亚	马来西亚	菲律宾	泰国	越南
lnfor	9.207***	9.028***	-2.404	0.548	6.487	12.479***
	(15.19)	(10.16)	(-1.03)	(0.16)	(1.56)	(6.65)
lngdp	1.320***	1.466***	1.299***	1.516***	1.387***	1.330***
	(35.30)	(39.44)	(32.47)	(20.89)	(20.52)	(20.96)
ln$\|\Delta ppp\|$	0.097***	0.041	0.186***	0.266***	0.026	-0.024
	(5.56)	(1.04)	(3.59)	(4.73)	(0.53)	(-0.43)
ln$dist$	-2.337***	-1.218***	-1.118***	-2.656***	-2.433***	-2.406***
	(-8.56)	(-7.05)	(-8.67)	(-4.38)	(-11.16)	(-8.52)
$cafta$	-0.506	-1.281**	0.032	-1.897	-1.742**	-3.823***
	(-1.01)	(-2.35)	(0.06)	(-1.21)	(-2.09)	(-3.21)
T_1	1.315***	-0.134**	0.060	0.158	0.384***	-0.347**
	(19.23)	(-2.34)	(0.65)	(0.97)	(2.83)	(-2.41)

续表

变量	中国	印度尼西亚	马来西亚	菲律宾	泰国	越南
$cafta \times T_1$	-1.737***	-0.873***	-0.488**	0.423	-0.164	0.140
	(-10.68)	(-4.49)	(-2.19)	(1.44)	(-0.66)	(0.46)
T_2	1.366***	-0.331***	-0.135	0.078	0.319	-0.469*
	(13.36)	(-4.50)	(-1.44)	(0.40)	(1.54)	(-1.87)
$cafta \times T_2$	-1.556***	-1.107***	-0.690***	0.033	-0.260	-0.146
	(-9.54)	(-5.69)	(-3.11)	(0.11)	(-1.03)	(-0.48)
T_3	0.824***	-0.383***	-0.726***	-0.107	0.092	-1.014***
	(6.28)	(-3.66)	(-7.45)	(-0.85)	(0.49)	(-2.89)
$cafta \times T_3$	-1.188***	-1.140***	-0.622***	-0.400	-0.162	0.153
	(-6.85)	(-5.48)	(-2.65)	(-1.29)	(-0.61)	(0.48)
常数	-141.215***	-144.825***	8.579	-21.825	-89.574*	-154.878***
	(-15.53)	(-11.54)	(0.30)	(-0.57)	(-1.77)	(-6.97)
$\mu(\hat{X})$	-0.043	-0.206	0.701***	0.753***	-0.168	0.996***
	(-0.42)	(-1.58)	(3.99)	(3.79)	(-0.98)	(5.63)
进口国控制	YES	YES	YES	YES	YES	YES
N	4910	4876	4728	3924	4905	4288

从表 5-3 中可以看出，在各国与贸易伙伴的林产品出口贸易中，进口国经济规模、地理距离对于 6 国的出口贸易均具有显著影响，影响方向与预期一致；出口国森林面积、贸易伙伴间人均 GDP 差的绝对值对于各国的出口贸易的影响存在较大差异。cafta 在中国、马来西亚和菲律宾的系数不显著；在印度尼西亚、泰国和越南的系数显著为负，原因可能是成员国资源禀赋相似，林产品产业结构相近，产业内竞争较强。这意味着 CAFTA 内部不是各成员国林产品出口的"天然"市场。

对比各国的估计结果可以发现，早期收获计划、CAFTA 建设阶段、CAFTA 巩固完善阶段，CAFTA 对各国林产品出口贸易的影响不一致。其中，早期收获计划、CAFTA 建设阶段、CAFTA 巩固完善阶段，CAFTA 对菲律宾林产品出口贸易并未产生显著影响。早期收获计划对泰国林产品出口贸易有显著促进作用，而 CAFTA 建设阶段、CAFTA 巩固完善阶段 CAFTA 的影响不显著。早期收获计划、CAFTA 建设阶段、CAFTA 巩固完善阶段，CAFTA 对越南林产品出口贸易有显著抑制作用。早期收获计划、CAFTA 建设阶段，CAFTA 对马来西亚向成员国林产品出口产生显著抑制；CAFTA 巩固完善阶段，CAFTA 对越南林产品出口贸易产生显著负面影响。早期收获计划、CAFTA 建设阶段、CAFTA 巩固完善阶段，CAFTA 不利于印度尼西亚林产品出口贸易，且对印度尼西亚向成员国出口的抑制作用更强。早期收获计划、CAFTA 建设阶段、CAFTA 巩固完善阶段，CAFTA 有助于中国对非成员国的林产品出口，但不利于中国对 CAFTA 成员国的林产品出口。

三 基于分类的实证结果及分析

若采用林产品整体贸易数据检验自贸区的贸易效应，可能忽视林产品贸易的结构特征，将高估或者低估贸易效应，因此，有必要对林产品分类进行研究。

（一）基于林产品总体的出口贸易效应

模型1、模型3是在式（5-8）的设定基础上添加虚拟变量后得到的，模型2、模型4是在式（5-10）的设定基础上添加虚拟变量后得到的。表5-4显示：$\ln for$、$\ln gdp$、$\ln|\Delta ppp|$ 和 $\ln dist$ 4个变量在模型1至模型4中系数符号、显著性水平较一致；虚拟变量 $cafta$ 在4个模型的系数均为负，但仅在模型3中显著。虚拟变量 T_1 在4个模型的系数符号、显著性水平均存在差异；交互项 $cafta \times T_1$，虚拟变量 T_2、T_3 在4个模型的系数符号为负，且显著；交互项 $cafta \times T_2$、$cafta \times T_3$ 在模型1至模型2上的系数不显著，而在模型1至模型2上的系数显著为负，说明模型设置影响估计结果。$\mu(\hat{X})$ 在模型4中显著，说明存在样本选择、产品异质性问题。因此，模型4是本书讨论的重点，它考虑了样本选择、林产品异质性问题。

表 5-4　　　　　　　CAFTA 的林产品出口贸易效应

	模型 1	模型 2	模型 3	模型 4
$\ln for$	8.513***	8.649***	9.206***	11.164***
	(39.23)	(31.12)	(47.61)	(53.47)
$\ln gdp$	0.834***	0.848***	0.996***	1.215***
	(49.90)	(34.91)	(66.62)	(70.23)
$\ln|\Delta ppp|$	0.034***	0.036***	0.036***	0.063***
	(2.59)	(2.71)	(3.15)	(5.34)
$\ln dist$	-0.783***	-0.800***	-0.973***	-1.283***
	(-19.33)	(-17.35)	(-26.96)	(-32.71)
$cafta$	-0.112	-0.108	-0.461*	-0.383
	(-0.39)	(-0.38)	(-1.80)	(-1.49)
T_1	-0.113***	-0.095**	-0.081***	0.178***
	(-3.56)	(-2.42)	(-2.86)	(5.91)
$cafta \times T_1$	-0.152*	-0.163*	-0.178**	-0.311***
	(-1.79)	(-1.89)	(-2.35)	(-3.94)
T_2	-0.408***	-0.390***	-0.341***	-0.091***
	(-12.58)	(-9.84)	(-11.81)	(-2.94)
$cafta \times T_2$	0.015	0.001	-0.128*	-0.312***
	(0.18)	(0.01)	(-1.71)	(-3.99)
T_3	-0.715***	-0.699***	-0.634***	-0.432***
	(-20.15)	(-17.34)	(-20.05)	(-13.00)
$cafta \times T_3$	0.006	-0.009	-0.153*	-0.338***
	(0.06)	(-0.10)	(-1.94)	(-4.11)
常数	-135.179***	-115.996***	-150.315***	-156.549***
	(-42.57)	(-32.47)	(-53.08)	(-60.80)
$\mu(\hat{X})$		0.098		1.460***
		(0.79)		(29.80)
出口国控制	YES	YES	YES	YES
进口国控制	YES	YES	YES	YES
类别控制	NO	NO	YES	YES
N	65197	131170	65197	131170

从表 5-4 模型 4 的估计结果来看，①虚拟变量 cafta 的系数符号为负，但不显著，说明 CAFTA 成员国之间并不是"天然"贸易伙伴。②虚拟变量 T_1 的系数符号为正，且在 1%水平下显著；交互项 $cafta \times T_1$ 的系数显著为负，绝对值大于 T_1 的系数，说明早期收获计划有助于 CAFTA 成员国间林产品出口转向非成员国。③虚拟变量 T_2、T_3，交互项 $cafta \times T_2$、$cafta \times T_3$ 的系数均显著为负，说明 CAFTA 建设阶段、CAFTA 巩固完善阶段，CAFTA 并未对成员国林产品出口贸易产生积极影响。

(二) 基于产品类别的出口贸易效应

前文研究发现，产品的差异对估计结果产生显著影响，因此，本部分将根据添加进口国、出口国虚拟变量的式（5-10）构建模型，对不同林产品进行估计，结果见表 5-5。

在 8 类林产品的模型中，lnfor、lngdp 两变量的系数符号与预期相一致，且显著；变量 ln$dist$ 在原木模型中的系数为正，但不显著，在其他 7 类林产品模型中的系数为负，且在 1%水平下显著；变量 ln$|\Delta ppp|$ 在 8 类林产品模型的估计系数的符号和显著性存在明显差异，在木制品、林果模型中的系数显著为正，在原木、其他原材、锯材、木浆模型中的系数显著为负，在人造板、纸及纸制品模型中的系数不显著；虚拟变量 cafta 在原木、林果、纸及纸制品模型中的系数显著为正，在人造板、木制品模型中的系数显著为负，在其他原材、锯材、木浆模型中的系数不显著，说明在 CAFTA 成员国林产品出口贸易中，并不是所有林产品在成员国间出口都具有"天然"优势。

从原木模型的回归结果来看，虚拟变量 T_1、T_2、T_3 的系数为负，且在 1%水平下显著；交互项 $cafta \times T_1$、$cafta \times T_2$、$cafta \times T_3$ 的系数在 1%显著水平下为正，同时，虚拟变量系数的绝对值大于对应交互项系数，表明早期收获计划、CAFTA 建设阶段、CAFTA 巩固完善阶段，成员国对成员国、非成员国出口显著减少，但对成员国间出口影响较小，这在一定程度上验证了自由贸易区建设有助于成员国间贸易。导致这一结果的原因可能是，随着世界各国对生态环境

第五章 中国—东盟自由贸易区林产品贸易的静态效应

表5–5 CAFTA的林产品出口贸易效应（分类别）

	原木	其他原材	锯材	人造板	木制品	木浆	林果	纸及纸制品
ln*for*	4.883**	5.798***	9.112***	18.413***	11.431***	17.004***	4.096***	9.340***
	(2.55)	(9.93)	(13.30)	(47.55)	(43.59)	(12.49)	(9.02)	(27.68)
ln*gdp*	0.717***	1.329***	1.611***	1.225***	1.079***	1.723***	0.927***	0.782***
	(3.68)	(24.71)	(28.09)	(40.50)	(43.11)	(13.22)	(27.10)	(35.56)
ln$|\Delta ppp|$	−0.187*	−0.193***	−0.130***	0.028	0.170***	−0.465***	0.191***	−0.017
	(−1.85)	(−5.75)	(−3.55)	(1.37)	(11.02)	(−5.91)	(7.59)	(−0.81)
ln*dist*	0.169	−0.985***	−1.708***	−1.377***	−1.576***	−1.457***	−0.955***	−1.358***
	(0.66)	(−9.41)	(−15.90)	(−18.80)	(−25.99)	(−6.57)	(−11.40)	(−23.23)
cafta	2.091**	−0.150	−0.488	−1.316***	−2.273***	1.437	2.402***	3.507***
	(2.19)	(−0.15)	(−0.47)	(−2.97)	(−8.09)	(0.97)	(4.24)	(11.67)
T_1	−2.172***	0.015	−0.220**	0.359***	0.133***	−0.878***	0.101	0.486***
	(−9.59)	(0.16)	(−2.37)	(6.80)	(3.46)	(−4.80)	(1.52)	(10.04)
cafta×T_1	0.818**	0.283	−0.028	−0.366**	−0.526***	0.687*	−0.236	−0.124
	(2.13)	(1.32)	(−0.13)	(−2.43)	(−4.14)	(1.84)	(−1.42)	(−1.12)
T_2	−2.037***	0.819***	−1.055***	−0.291***	−0.340***	−1.282***	0.187***	0.507***
	(−7.79)	(8.25)	(−11.38)	(−5.38)	(−8.47)	(−6.90)	(2.72)	(10.26)
cafta×T_2	1.158***	−0.173	−0.314	−0.022	−0.201	0.512	−0.108	−0.230**
	(2.88)	(−0.82)	(−1.48)	(−0.15)	(−1.61)	(1.36)	(−0.65)	(−2.08)

— 107 —

续表

	原木	其他原材	锯材	人造板	木制品	木浆	林果	纸及纸制品
T_3	-2.822***	1.151***	-1.716***	-1.004***	-0.909***	-1.528***	0.229***	0.283***
	(-7.49)	(10.51)	(-16.92)	(-16.94)	(-20.81)	(-7.65)	(3.14)	(5.32)
$cafta \times T_3$	1.186***	-0.553**	-0.500**	0.360**	0.251*	0.025	-0.395**	-0.056
	(2.66)	(-2.57)	(-2.24)	(2.31)	(1.90)	(0.06)	(-2.28)	(-0.48)
常数	-77.040***	-94.453***	-135.128***	-235.882***	-149.024***	-237.405***	-64.353***	-121.058***
	(-3.06)	(-12.87)	(-15.57)	(-50.07)	(-46.88)	(-13.30)	(-11.68)	(-30.03)
$\mu(\hat{X})$	-0.092	1.021***	1.360***	0.310***	1.073***	3.091***	-0.074	-0.336***
	(-0.13)	(7.41)	(8.04)	(4.26)	(18.71)	(7.45)	(-0.63)	(-2.90)
出口国控制	YES	YES	YES	YES	YES	YES	YES	YES
进口国控制	YES	YES	YES	YES	YES	YES	YES	YES
N	6324	17451	15238	23465	26761	10856	22980	8095

第五章
中国—东盟自由贸易区林产品贸易的静态效应

的重视，CAFTA 成员国也开始重视林业产业结构调整，减少或者禁止附加值低的原木出口。

从其他原材模型的回归结果来看，虚拟变量 T_2、T_3 的系数显著为正，交互项 $cafta \times T_3$ 的系数显著为负，虚拟变量 T_1、交互项 $cafta \times T_1$、$cafta \times T_2$ 的系数均不显著。这表明，早期收获计划并未对 CAFTA 成员国林产品出口产生显著影响；CAFTA 建设阶段，CAFTA 对成员国林产品出口产生显著促进作用；CAFTA 巩固完善阶段，CAFTA 有助于成员国的林产品出口，但对成员国向成员国、非成员国出口的影响程度不同，其中，对成员国间林产品出口的影响程度弱。

从锯材模型的回归结果来看，虚拟变量 T_1、T_2、T_3、交互项 $cafta \times T_3$ 的系数显著为负，交互项 $cafta \times T_1$、$cafta \times T_2$ 的系数均不显著。这表明，早期收获计划、CAFTA 建设阶段，CAFTA 显著抑制成员国的林产品出口；CAFTA 巩固完善阶段，CAFTA 有助于成员国将部分出口至成员国的林产品转向非成员国。

从人造板、木制品两个产品模型的回归结果来看，虚拟变量 T_1 的系数显著为正，交互项 $cafta \times T_1$ 的系数显著为负，且后者的绝对值大于前者，这说明，早期收获计划期间，CAFTA 成员国间的林产品出口贸易存在向非成员国转移的现象；虚拟变量 T_2 的系数显著为负，交互项 $cafta \times T_2$ 的系数不显著，这意味着，CAFTA 建设阶段，成员国林产品出口显著减少；虚拟变量 T_3 的系数显著为负，交互项 $cafta \times T_3$ 的系数显著为正，但前者的绝对值大于后者，这表明，CAFTA 巩固完善阶段，CAFTA 对于成员国林产品出口产生贸易转移效应。

从木浆模型的回归结果来看，虚拟变量 T_1、T_2、T_3 的系数显著为负；交互项 $cafta \times T_1$ 的系数显著为正，但小于虚拟变量 T_1 系数的绝对值；交互项 $cafta \times T_3$、$cafta \times T_2$ 的系数均不显著。这表明，早期收获计划对于 CAFTA 成员国木浆出口产生贸易转移效应；CAFTA 建设阶段、CAFTA 巩固完善阶段，CAFTA 并未对成员国木浆出口产生显著影响。

从林果模型的回归结果来看，虚拟变量 T_1、交互项 $cafta \times T_1$ 的系数均不显著，表明早期收获计划未对成员国林果出口贸易产生显著影响；虚拟变量 T_2 的系数显著为正，交互项 $cafta \times T_2$ 的系数不显著，这表明，CAFTA 建设阶段有助于促进 CAFTA 成员国林果出口；虚拟变量 T_3 的系数显著为正，交互项 $cafta \times T_3$ 的系数显著为负，但后者的绝对值大于前者，这意味着，CAFTA 巩固完善阶段，CAFTA 使成员国从对成员国出口转向对非成员国出口。

从纸及纸制品模型的回归结果来看，虚拟变量 T_1 的系数显著为正、交互项 $cafta \times T_1$ 的系数均不显著，表明，早期收获计划有助于 CAFTA 成员国纸及纸制品出口。虚拟变量 T_2 的系数显著为正，交互项 $cafta \times T_2$ 的系数显著为负，且后者绝对值小于前者；虚拟变量 T_3 的系数显著为正，交互项 $cafta \times T_3$ 的系数不显著，这意味着，CAFTA 建设阶段、CAFTA 巩固完善阶段，CAFTA 对成员国纸及纸制品出口具有贸易创造效应。

（三）基于产品类别的出口贸易效应的稳健性检验

为了分析分类林产品贸易效应研究结论是否受研究范围选择的影响，本书进一步扩大研究对象，将老挝、缅甸、柬埔寨纳入研究范围对模型进行稳健性检验。具体的回归结果如表 5-6 所示。

从表 5-5 和表 5-6 各类林产品的回归结果可以看出，林果模型中虚拟变量 T_1、交互项 $cafta \times T_1$、$cafta \times T_3$ 的系数符号相同，但显著性水平不同；原木模型中交互项 $cafta \times T_3$ 的系数符号相同，而显著性不同；木浆模型中交互项 $cafta \times T_3$ 的系数符号相同，显著性水平存在差异，这 4 类林产品模型中其他虚拟变量、交互项的系数符号和显著水平相同。同时，其他 4 类林产品模型中虚拟变量、交互项的系数符号一致，显著性相同。从整体来看，早期收获计划、CAFTA 建设阶段、CAFTA 巩固完善阶段对 CAFTA 成员国林产品出口贸易产生的影响是稳健的。

第五章 中国—东盟自由贸易区林产品贸易的静态效应

表5-6 出口效应稳健性检验结果

	原木	其他原材	锯材	人造板	木制品	木浆	林果	纸及纸制品
$\ln for$	2.281	5.759***	6.348***	17.635***	10.424***	15.941***	3.693***	8.863***
	(1.09)	(10.08)	(10.53)	(47.45)	(40.52)	(12.38)	(8.66)	(26.12)
$\ln gdp$	1.755***	1.386***	1.672***	1.259***	1.105***	1.664***	0.958***	0.780***
	(6.82)	(25.64)	(28.98)	(41.32)	(44.66)	(12.98)	(28.32)	(35.02)
$\ln|\Delta ppp|$	0.042	-0.201***	-0.132***	0.018	0.163***	-0.438***	0.165***	-0.016
	(0.38)	(-5.95)	(-3.70)	(0.86)	(10.48)	(-5.80)	(6.70)	(-0.73)
$\ln dist$	-1.360***	-1.113***	-1.923***	-1.492***	-1.718***	-1.360***	-1.042***	-1.371***
	(-3.50)	(-10.60)	(-17.32)	(-20.38)	(-28.60)	(-6.31)	(-12.71)	(-23.50)
$cafta$	3.666***	-0.408	-0.531	-1.375***	-2.696***	1.241	2.129***	3.385***
	(3.32)	(-0.42)	(-0.52)	(-3.06)	(-9.48)	(0.83)	(3.74)	(11.05)
T_1	-2.557***	0.038	-0.127	0.436***	0.134***	-0.896***	0.110*	0.457***
	(-9.01)	(0.40)	(-1.31)	(8.05)	(3.41)	(-4.96)	(1.65)	(9.19)
$cafta \times T_1$	1.547***	0.328	-0.127	-0.460***	-0.557***	0.660*	-0.283*	-0.075
	(2.89)	(1.51)	(-0.58)	(-3.03)	(-4.35)	(1.81)	(-1.70)	(-0.66)
T_2	-1.560***	0.859***	-0.864***	-0.189***	-0.331***	-1.297***	0.204***	0.495***
	(-4.86)	(8.50)	(-8.67)	(-3.39)	(-8.11)	(-7.04)	(2.92)	(9.78)
$cafta \times T_2$	1.038**	-0.065	-0.141	-0.108	-0.194	0.730**	-0.111	-0.205*
	(2.18)	(-0.31)	(-0.67)	(-0.74)	(-1.58)	(2.01)	(-0.69)	(-1.84)

续表

	原木	其他原材	锯材	人造板	木制品	木浆	林果	纸及纸制品
T_3	-3.405***	1.232***	-1.231***	-0.771***	-0.793***	-1.541***	0.228***	0.287***
	(-10.25)	(11.00)	(-11.56)	(-12.74)	(-17.87)	(-7.78)	(3.08)	(5.28)
$cafta \times T_3$	0.708	-0.467**	-0.509**	0.349**	0.507***	0.135	-0.082	-0.037
	(1.31)	(-2.17)	(-2.28)	(2.27)	(3.92)	(0.36)	(-0.49)	(-0.32)
常数	-70.336***	-94.350***	-103.094***	-226.798***	-136.330***	-223.708***	-59.274***	-115.141***
	(-3.16)	(-13.17)	(-13.78)	(-50.11)	(-43.82)	(-13.26)	(-11.47)	(-28.41)
$\mu(\hat{X})$	4.301***	1.189***	1.857***	0.635***	1.094***	2.801***	-0.012	-0.519***
	(4.09)	(8.58)	(10.95)	(8.49)	(19.10)	(6.82)	(-0.11)	(-4.61)
出口国控制	YES	YES	YES	YES	YES	YES	YES	YES
进口国控制	YES	YES	YES	YES	YES	YES	YES	YES
N	8296	18014	17219	25394	29164	11178	24962	8364

第三节 林产品进口贸易效应

一 变量说明及数据分析

本节数据来源、指标说明以及样本区间同第二节。本节选取中国、马来西亚、印度尼西亚、泰国、菲律宾、越南 6 个国家与其 181 个贸易伙伴（包括上述 6 个国家）之间的林产品进口贸易为研究对象，进行总额分析的观测值 23656 个，类别分析的观测值 114076 个。主要变量的统计性描述列于表 5-7。

表 5-7　　　　　变量的统计性描述（进口）

变量名	变量解释	分类	平均值	标准差	最小值	最大值
lny	进口额的对数	总额	1.774	4.223	-11.987	11.222
		类别	1.024	3.487	-11.983	10.611
$lnfor$	出口国森林面积	总额	9.893	2.850	0.788	15.914
		类别	10.621	2.557	0.788	15.914
$lngdp$	进口国 GDP 的对数	总额	26.799	1.318	24.409	30.098
		类别	26.859	1.392	24.409	30.098
$ln|\Delta ppp|$	贸易伙伴间人均 GDP 绝对差的对数	总额	8.423	1.584	-1.782	11.616
		类别	8.657	1.606	-1.782	11.619
$lndist$	距离的对数	总额	9.030	0.618	5.754	9.892
		类别	8.960	0.671	5.754	9.892

二 基于整体的实证结果及分析

（一）基于林产品整体的进口贸易效应

根据本章第一节的分析方法，依据式（5-8）的设定，分别构建模型 1、模型 3、模型 5 和模型 7；依据式（5-10）的设定，分别构建模型2、模型4、模型6和模型8。表5-8的结果显示，$\mu(\hat{X})$的系数均显著为正，说明存在样本选择问题，故选择Heckman两阶段估计分析强于混合OLS回归分析。在8个模型中，lnfor、lngdp、ln$dist$等变量的系数符号与预期相一致，且在1%水平下显著。其余变量的系数在8个模型估计结果中均表现出了较大的不确定性，说明模型的设定影响估计结果，进一步说明贸易伙伴间存在显著的异质性。相对于其他模型，模型8同时考虑了样本选择、贸易双方异质性问题，是本节讨论的重点。

从表5-8中模型8列示的结果来看，CAFTA成员国内部（$cafta$）的估计结果在1%水平下显著为正，表明CAFTA成员国间进行林产品进口贸易具有"天然"优势。虚拟变量T_1、T_2的系数均显著为负，而交互项$cafta×T_1$、$cafta×T_2$的系数均不显著，表明在其他条件影响不变的情况下，早期收获计划期间、CAFTA建设阶段，CAFTA成员国林产品进口贸易显著减少；虚拟变量T_3、交互项$cafta×T_3$的系数均显著为负，意味着CAFTA巩固完善阶段，CAFTA成员国的林产品进口额显著减少，且从内部进口减少更加显著。这在一定程度上验证了近年来世界各大木材出口国相继实施限制原木出口政策。

（二）基于国别的进口贸易效应

从表5-9的估计结果可以看出，lnfor、lngdp、ln$|\Delta ppp|$和ln$dist$等控制变量在各成员国模型的估计结果存在较大的不确定性，说明各成员国进口存在显著的异质性；虚拟变量$cafta$在各成员国模型中的系数均为正，且除马来西亚模型中不显著外，在其他五个国家模型中均显著，这表明CAFTA内部是各成员国的"天然"进口来源市场。

第五章 中国—东盟自由贸易区林产品贸易的静态效应

表5-8　CAFTA 的林产品进口贸易效应（总体）

	模型 1	模型 2	模型 3	模型 4	模型 5	模型 6	模型 7	模型 8
$\ln for$	0.724***	1.161***	0.256***	0.308***	0.705***	1.106***	0.229***	0.247***
	(71.50)	(33.76)	(9.42)	(10.38)	(71.45)	(34.84)	(8.71)	(8.82)
$\ln gdp$	0.592***	1.084***	0.742***	0.949***	1.703***	2.918***	2.329***	2.811***
	(28.96)	(22.28)	(47.83)	(44.40)	(11.64)	(11.99)	(21.38)	(24.12)
$\ln\|\Delta ppp\|$	1.018***	1.676***	−0.143***	−0.123***	1.000***	1.601***	−0.160***	−0.173***
	(59.67)	(31.41)	(−5.72)	(−4.72)	(59.93)	(32.71)	(−6.55)	(−6.91)
$\ln dist$	−0.683***	−1.657***	−0.683***	−0.966***	−0.692***	−1.472***	−0.352***	−0.396***
	(−12.29)	(−14.40)	(−8.00)	(−10.23)	(−12.68)	(−14.37)	(−4.07)	(−4.30)
$cafta$	2.510***	3.085***	3.248***	5.804***	2.468***	3.269***	3.577***	6.811***
	(13.73)	(10.02)	(3.64)	(7.01)	(13.86)	(11.35)	(4.14)	(8.48)
T_1	−0.419***	0.659***	−0.051	0.393***	−1.010***	−0.328**	−0.806***	−0.517***
	(−5.42)	(4.54)	(−0.88)	(5.85)	(−10.50)	(−2.11)	(−11.29)	(−6.83)
$cafta \times T_1$	0.298	0.023	0.127	−0.001	0.269	0.002	0.110	−0.041
	(1.20)	(0.05)	(0.69)	(−0.01)	(1.12)	(0.01)	(0.62)	(−0.22)
T_2	−0.854***	0.697***	−0.126**	0.500***	−1.766***	−0.871***	−1.390***	−1.015***
	(−11.26)	(4.23)	(−2.19)	(6.84)	(−13.38)	(−4.07)	(−14.17)	(−9.77)
$cafta \times T_2$	0.458*	−0.173	0.074	−0.163	0.384	−0.244	0.049	−0.221
	(1.87)	(−0.41)	(0.40)	(−0.83)	(1.62)	(−0.62)	(0.28)	(−1.18)

◇ 中国—东盟自由贸易区的林产品贸易效应研究

续表

	模型 1	模型 2	模型 3	模型 4	模型 5	模型 6	模型 7	模型 8
T_3	−0.912***	0.600***	−0.086	0.522***	−2.111***	−1.455***	−1.764***	−1.482***
	(−11.32)	(3.53)	(−1.40)	(6.85)	(−12.56)	(−5.48)	(−14.13)	(−11.34)
$cafta \times T_3$	0.229	−0.549	−0.082	−0.334	0.135	−0.643	−0.130	−0.418**
	(0.89)	(−1.22)	(−0.43)	(−1.60)	(0.54)	(−1.54)	(−0.70)	(−2.12)
常数	−24.170***	−42.517***	−14.318***	−21.640***	−49.753***	−86.988***	−54.855***	−70.887***
	(−31.62)	(−23.67)	(−11.45)	(−16.29)	(−13.54)	(−13.83)	(−18.68)	(−22.45)
$\mu(\hat{X})$		5.952***		2.243***		5.487***		2.034***
		(14.98)		(16.41)		(15.02)		(18.81)
出口国控制	NO	NO	YES	YES	NO	NO	YES	YES
进口国控制	NO	NO	NO	NO	YES	YES	YES	YES
N	15773	23656	15773	23656	15773	23656	15773	23656

表 5-9　　CAFTA 的林产品进口贸易效应（分国别）

	中国	印度尼西亚	马来西亚	菲律宾	泰国	越南
$\ln for$	0.470***	0.308**	0.574***	0.113	0.343***	0.288***
	(8.88)	(2.13)	(6.42)	(1.46)	(5.62)	(5.11)
$\ln gdp$	1.375***	0.128	-0.312	0.888	1.298**	1.792***
	(7.35)	(0.16)	(-0.62)	(1.33)	(2.25)	(3.96)
$\ln\|\Delta ppp\|$	0.028	-0.096	-0.063	0.648***	-0.169*	0.032
	(0.63)	(-0.62)	(-0.50)	(5.28)	(-1.84)	(0.35)
$\ln dist$	2.042***	-1.509**	-1.923***	11.172***	-0.360*	-0.209
	(4.11)	(-2.07)	(-5.72)	(14.85)	(-1.76)	(-0.74)
$cafta$	10.904***	7.408***	1.630	29.226***	12.046***	2.654***
	(7.10)	(4.94)	(1.32)	(14.26)	(17.72)	(4.04)
T_1	0.203	0.009	0.275	-0.939***	-0.100	0.408**
	(1.25)	(0.03)	(1.21)	(-3.92)	(-0.49)	(2.16)
$cafta \times T_1$	-1.053***	-0.062	-0.514	0.080	0.114	-0.233
	(-3.24)	(-0.10)	(-1.23)	(0.20)	(0.32)	(-0.63)
T_2	0.790***	0.227	0.544	-1.123***	-0.154	0.169
	(3.15)	(0.43)	(1.58)	(-2.75)	(-0.50)	(0.54)
$cafta \times T_2$	-1.323***	0.115	-0.453	-0.178	0.315	-0.838**
	(-4.05)	(0.19)	(-1.08)	(-0.45)	(0.87)	(-2.26)
T_3	0.710**	-0.095	0.714	-0.619	-0.106	0.499
	(2.24)	(-0.13)	(1.54)	(-1.03)	(-0.27)	(1.11)
$cafta \times T_3$	-1.849***	0.595	0.046	-0.252	0.048	-2.145***
	(-5.34)	(0.93)	(0.10)	(-0.61)	(0.12)	(-5.57)
常数	-65.387***	1.544	19.495	-140.636***	-40.729***	-43.528***
	(-9.02)	(0.07)	(1.45)	(-6.86)	(-2.70)	(-3.77)
$\mu(\hat{X})$	0.760***	3.496***	-2.415***	0.701**	1.799***	0.260
	(4.22)	(8.10)	(-4.06)	(2.37)	(11.39)	(1.03)
进口国控制	YES	YES	YES	YES	YES	YES
N	4409	4364	3636	3380	4557	3310

在印度尼西亚、马来西亚和泰国 3 成员国的模型中，虚拟变量

T_1、T_2、T_3、交互项 $cafta \times T_1$、$cafta \times T_2$、$cafta \times T_3$ 的系数均不显著，由此可见，早期收获计划、CAFTA 建设阶段、CAFTA 巩固完善阶段，CAFTA 对印度尼西亚、马来西亚和泰国 3 成员国的林产品进口贸易产生显著影响。

在中国的模型中，虚拟变量 T_1 的系数不显著，交互项 $cafta \times T_1$ 的系数显著为负，这表明在早期收获计划未对中国自非成员国进口林产品的贸易产生显著影响，但显著抑制中国自 CAFTA 成员国的进口贸易；虚拟变量 T_2、T_3 的系数显著为正，交互项 $cafta \times T_2$、$cafta \times T_3$ 的系数在 1% 水平下显著为负，且交互项系数的绝对值大于对应虚拟变量系数，这说明在 CAFTA 建设阶段、CAFTA 巩固完善阶段，CAFTA 使中国林产品进口市场发生转移，由成员国转向非成员国。

在菲律宾的模型中，虚拟变量 T_1、T_2 的系数显著为负，虚拟变量 T_3、交互项 $cafta \times T_1$、$cafta \times T_2$、$cafta \times T_3$ 的系数均不显著，这意味着早期收获计划期间、CAFTA 建设阶段、CAFTA 对菲律宾的林产品进口贸易产生显著抑制作用；CAFTA 巩固完善阶段，CAFTA 未对菲律宾的林产品进口贸易产生显著影响。

综上分析可知，考察期间，CAFTA 部分成员国的林产品进口贸易受到制约。原因可能是随着环保意识逐渐提高，世界各国对生态环境也愈加重视，各国不断加强森林资源的保护和发展，有计划地减少甚至禁止森林资源的开发利用，积极调整林业产业结构，促进林产品出口结构调整，进而影响成员国林产品进口。

三 基于分类的实证结果及分析

（一）基于林产品总体的进口贸易效应

模型 1、模型 3 是在式 (5-8) 的基础上设定的，模型 2、模型 4 是在式 (5-10) 基础上设定的。表 5-10 中 $\mu(\hat{X})$ 显著为正，说明存在样本选择问题，因此，模型 2、模型 4 优于模型 1、模型 3。虽然 $\ln for$、$\ln gdp$、$\ln |\Delta ppp|$、$\ln dist$、$cafta$、T_1、T_2 和 T_3 等变量在模型 2、模型 4 的系数符号相一致，且显著性水平相同，但交互项 $cafta \times T_1$、$cafta \times T_2$、$cafta \times T_3$ 在模型 2、模型 4 的系数符号相一致，

但其显著性并不相同,说明不同林产品存在一定的异质性。由于模型4考虑了样本选择问题、林产品的异质性,所以模型4优于模型2,故模型4是本节讨论的重点。

从表5-10中模型4列示的结果来看,lnfor、lngdp的系数均在1%水平下显著为正,这说明出口国森林面积、进口国经济规模与CAFTA成员国林产品进口贸易之间存在显著的正相关关系;ln$|\Delta ppp|$的系数为正,但不显著,说明贸易伙伴间人均GDP绝对差与CAFTA成员国林产品进口贸易之间不存在显著的相关关系;而ln$dist$的系数显著为负,意味着地理距离对于CAFTA成员国林产品进口贸易产生了显著的负面影响。$cafta$的系数显著为正,反映出CAFTA成员国从内部进口林产品具有"天然"优势。虚拟变量T_1的系数显著为负,交互项$cafta×T_1$的系数为正,前者的绝对值大于后者,这表明,早期收获计划使CAFTA成员国林产品进口贸易产生贸易转移;虚拟变量T_2的系数显著为负,交互项$cafta×T_2$的系数为正,但不显著,这说明CAFTA建设阶段,CAFTA成员国林产品进口显著减少;虚拟变量T_3、交互项$cafta×T_3$的系数均显著为负,这意味着CAFTA巩固完善阶段,CAFTA成员国林产品进口显著减少,且自成员国进口减少更为显著。

表5-10　　　　CAFTA的林产品进口贸易效应

	模型1	模型2	模型3	模型4
lnfor	0.273***	0.333***	0.289***	0.377***
	(19.92)	(21.24)	(23.30)	(24.92)
lngdp	1.146***	2.105***	1.190***	2.488***
	(15.81)	(20.97)	(18.12)	(29.67)
ln$|\Delta ppp|$	0.021	0.004	0.035**	0.007
	(1.19)	(0.20)	(2.13)	(0.38)
ln$dist$	−0.109**	−0.216***	−0.145***	−0.296***
	(−2.43)	(−4.26)	(−3.56)	(−5.94)

续表

	模型 1	模型 2	模型 3	模型 4
cafta	2.182***	4.212***	3.271***	7.274***
	(3.32)	(6.37)	(5.49)	(12.69)
T_1	-0.623***	-0.478***	-0.566***	-0.360***
	(-12.32)	(-8.69)	(-12.35)	(-6.90)
cafta×T_1	0.231**	0.210**	0.211**	0.176*
	(2.41)	(1.99)	(2.43)	(1.71)
T_2	-0.941***	-0.958***	-0.834***	-0.850***
	(-13.62)	(-12.92)	(-13.33)	(-11.96)
cafta×T_2	0.333***	0.220**	0.276***	0.127
	(3.50)	(2.09)	(3.21)	(1.24)
T_3	-1.238***	-1.410***	-1.093***	-1.327***
	(-14.11)	(-14.86)	(-13.76)	(-14.66)
cafta×T_3	0.182*	-0.083	0.085	-0.259**
	(1.82)	(-0.74)	(0.93)	(-2.38)
常数	-30.586***	-57.885***	-32.438***	-71.016***
	(-15.65)	(-21.05)	(-18.31)	(-31.18)
$\mu(\hat{X})$		2.455***		3.315***
		(15.66)		(37.10)
出口国控制	YES	YES	YES	YES
进口国控制	YES	YES	YES	YES
类别控制	NO	NO	YES	YES
N	51500	114076	51500	114076

（二）基于产品类别的进口贸易效应

为了解早期收获计划、CAFTA 建设和巩固完善对于 CAFTA 成员国不同林产品进口贸易产生的影响，本部分将根据添加进口国、出口国虚拟变量的式（5-10）构建模型，对不同林产品进行研究分析，结果见表 5-11。

表 5-11　CAFTA 的林产品进口贸易效应（分类别）

	原木	其他原材	锯材	人造板	木制品	木浆	林果	纸及纸制品
lnfor	0.404***	0.421***	0.507***	0.571***	0.481***	0.174***	0.409***	0.033
	(12.03)	(8.57)	(20.06)	(19.50)	(17.22)	(4.42)	(8.89)	(1.16)
lngdp	3.832***	1.159***	2.628***	0.805***	1.484***	2.658***	3.701***	1.574***
	(19.47)	(4.44)	(19.80)	(5.16)	(10.06)	(10.52)	(10.55)	(11.36)
ln|Δppp|	0.181***	0.134*	0.079***	0.342***	0.366***	-0.227***	-0.617***	0.066**
	(4.44)	(1.78)	(2.90)	(9.64)	(9.76)	(-3.38)	(-10.29)	(1.98)
lndist	-1.100***	-0.609***	-0.986***	-0.613***	-0.614***	0.223*	0.640***	0.258***
	(-9.71)	(-4.20)	(-11.88)	(-6.35)	(-6.89)	(1.71)	(4.16)	(2.71)
cafta	7.299***	11.519***	-0.111	9.288***	0.299	3.361***	3.144*	10.099***
	(9.95)	(6.52)	(-0.07)	(13.09)	(0.22)	(2.77)	(1.79)	(15.34)
T_1	-1.769***	0.012	-0.248***	-0.090	-0.240**	-0.695***	-1.175***	-0.205**
	(-13.72)	(0.06)	(-2.96)	(-0.88)	(-2.43)	(-4.74)	(-6.94)	(-2.34)
cafta×T_1	-0.735***	0.927***	-0.408**	0.282	-0.125	0.154	1.264***	0.432**
	(-3.18)	(3.09)	(-2.42)	(1.45)	(-0.67)	(0.57)	(4.09)	(2.23)
T_2	-2.663***	0.054	-1.082***	-0.462***	-0.408***	-1.919***	-1.655***	-0.192
	(-14.80)	(0.20)	(-9.43)	(-3.32)	(-3.09)	(-8.97)	(-6.81)	(-1.60)
cafta×T_2	-1.452***	1.863***	-0.945***	0.564***	-0.316*	0.548***	1.235***	0.179
	(-6.11)	(6.27)	(-5.57)	(2.90)	(-1.73)	(2.01)	(4.01)	(0.94)

续表

	原木	其他原材	锯材	人造板	木制品	木浆	林果	纸及纸制品
T_3	-3.669***	0.116	-1.524***	-0.461***	-0.667***	-2.665***	-1.877***	-0.495***
	(-15.64)	(0.35)	(-10.35)	(-2.62)	(-4.02)	(-9.78)	(-5.91)	(-3.25)
$cafta \times T_3$	-3.234***	1.720***	-1.924***	0.014	-0.391**	0.064	0.941***	0.358*
	(-12.15)	(5.59)	(-10.41)	(0.07)	(-2.03)	(0.22)	(2.89)	(1.79)
常数	-97.190***	-45.417***	-61.336***	-32.320***	-42.160***	-72.305***	-99.825***	-50.316***
	(-19.16)	(-6.52)	(-16.31)	(-7.78)	(-10.40)	(-10.32)	(-10.66)	(-13.66)
$\mu(\hat{X})$	1.679***	3.042***	1.547***	2.275***	1.605***	2.278***	3.754***	1.709***
	(9.32)	(8.81)	(11.94)	(14.58)	(12.97)	(7.57)	(9.13)	(13.01)
出口国控制	YES	YES	YES	YES	YES	YES	YES	YES
进口国控制	YES	YES	YES	YES	YES	YES	YES	YES
N	13760	9800	18135	16507	17245	9665	14357	14607

第五章
中国—东盟自由贸易区林产品贸易的静态效应

从结果可以看出，在 8 类林产品的模型中，lnfor 的系数为正，除纸及纸制品模型外，其余模型中的系数均在 1% 水平下显著；lngdp 的系数均显著为正；ln$|\Delta ppp|$ 在木浆、林果 2 类林产品模型中的系数为负，且在 1% 水平下显著，在其他 6 类林产品模型中的系数均显著为正；ln$dist$ 在木浆、林果和纸及纸制品 3 类林产品模型的系数显著为正，在其他 5 类林产品模型中的系数为负，且在 1% 水平下显著。

虚拟变量 $cafta$ 在锯材、木制品 2 类林产品模型中的系数不显著，说明 6 国间锯材、木制品 2 类林产品的进口并不比自其他国家进口具有优势；在其他 6 类林产品模型中的系数均显著为正，意味着 6 成员国间这 6 类林产品进口比从其他国家进口更具有"天然"优势。

在原木、锯材 2 类林产品模型中，虚拟变量 T_1、T_2、T_3、交互项 $cafta \times T_1$、$cafta \times T_2$、$cafta \times T_3$ 的系数均显著为负，这表明早期收获计划期间、CAFTA 建设阶段和巩固完善阶段，CAFTA 成员国的原木、其他原材进口显著减少，而成员国间进口减少更加显著。这在一定程度上验证木材出口大国相继实施限制原木、锯材出口政策。

在其他原材模型中，虚拟变量 T_1、T_2、T_3 的系数为正，但均不显著；交互项 $cafta \times T_1$、$cafta \times T_2$、$cafta \times T_3$ 的系数为正，且均在 1% 水平下显著。这意味着，早期收获计划期间、CAFTA 建设阶段和巩固完善阶段，CAFTA 对于成员国间其他原材进口具有贸易创造效应。

在人造板模型中，虚拟变量 T_1、交互项 $cafta \times T_1$ 的系数均不显著，说明早期收获计划并未对成员国间锯材进口产生显著影响；虚拟变量 T_2 的系数显著为负，交互项 $cafta \times T_2$ 的系数显著为正，前者绝对值小于后者，表明 CAFTA 建设阶段 CAFTA 对于成员国的锯材进口具有贸易转移效应；虚拟变量 T_3 的系数显著为负，交互项 $cafta \times T_3$ 的系数不显著，意味着 CAFTA 巩固完善阶段，CAFTA 成员国的锯材进口显著减少，可能是受各国限制木材出口影响。

在木制品模型中，虚拟变量 T_1 的系数显著为负，交互项 $cafta \times T_1$ 的系数不显著，说明早期收获计划期间，CAFTA 并未对成员国的木制品进口产生显著影响，而成员国进口减少可能是受限制木材出口影响；虚拟变量 T_2、T_3、交互项 $cafta \times T_2$、$cafta \times T_3$ 的系数均显著为负，意味着在 CAFTA 建设阶段和巩固完善阶段，成员国的木制品进口显著收缩，而且成员国间进口收缩更为显著。

在木浆模型中，虚拟变量 T_1 的系数显著为负，交互项 $cafta \times T_1$ 的系数不显著，说明早期收获计划未对成员国的木制品进口贸易生成显著影响；虚拟变量 T_2 的系数显著为负，交互项 $cafta \times T_2$ 的系数显著为正，前者绝对值大于后者，表明在 CAFTA 建设阶段，CAFTA 对于成员国的木浆进口贸易具有一定的贸易转移效应；虚拟变量 T_3 的系数显著为负，而交互项 $cafta \times T_3$ 的系数不显著，意味着在 CAFTA 巩固完善阶段，成员国的木浆进口显著收缩。

在林果模型中，虚拟变量 T_1 的系数显著为负，交互项 $cafta \times T_1$ 的系数显著为正，且前者系数绝对值小于后者，这表明早期收获计划对于成员国林果进口贸易具有显著的贸易转移效应；虚拟变量 T_2、T_3 的系数显著为负，交互项 $cafta \times T_2$、$cafta \times T_3$ 的系数均显著为正，且虚拟变量系数绝对值大于对应交互项，这意味着在 CAFTA 建设阶段和巩固完善阶段，CAFTA 对于成员国的林果进口贸易具有一定的贸易转移效应。

在纸及纸制品模型中，虚拟变量 T_1 的系数显著为负，交互项 $cafta \times T_1$ 的系数显著为正，且后者系数大于前者系数的绝对值，这表明早期收获计划对于成员国的纸及纸制品进口贸易具有显著的贸易转移效应；虚拟变量 T_2、交互项 $cafta \times T_2$ 的系数均不显著，说明在 CAFTA 建设阶段，CAFTA 对于成员国的纸及纸制品进口贸易未受到显著影响；虚拟变量 T_3 的系数显著为负，交互项 $cafta \times T_3$ 的系数显著为正，且虚拟变量系数绝对值大于交互项，这意味着在 CAFTA 巩固完善阶段，CAFTA 对于成员国的纸及纸制品进口贸易具有一定的贸易转移效应。

综上分析可知，早期收获计划、CAFTA 建设和巩固完善对 CAFTA 成员国不同林产品进口贸易的影响不尽相同。考察期间，虚拟变量和交互项的估计系数显示，世界各大林产品出口国采取一系列保护森林资源的政策，比如禁止或限制森林采伐、限制木材开发、限制或禁止林产品出口，对成员国的林产品贸易影响较大。

（三）基于产品类别进口贸易效应的稳健性检验

为了分析自由贸易区的不同林产品贸易效应研究结论是否受研究范围选择的影响，本书进一步扩大研究对象，将老挝、缅甸、柬埔寨、文莱和新加坡 5 国纳入研究范围，进行稳健性检验。具体的回归结果如表 5-12 所示。

从表 5-11 和表 5-12 各类林产品的回归结果可以看出，虚拟变量 T_1、T_2、T_3、交互项 $cafta×T_1$、$cafta×T_2$、$cafta×T_3$ 在原木、锯材、木浆和林果 4 类林产品模型中的系数符号和显著性未发生改变，这表明早期收获计划、CAFTA 建设阶段和巩固完善阶段，CAFTA 对成员国进口这 5 类林产品所产生的影响是稳健的；在其他原材模型中虚拟变量 T_1 的系数符号和显著水平在两表中不同，交互项 $cafta×T_1$、$cafta×T_2$、$cafta×T_3$ 的系数符号和显著性在两表中相同；在人造板模型中虚拟变量 T_1、交互项 $cafta×T_1$、$cafta×T_3$ 的系数符号和显著水平在两表中不同，其他变量的系数符号和显著性在两表中相同；在木制品模型中，交互项 $cafta×T_1$、$cafta×T_2$、$cafta×T_3$ 的系数符号和显著性水平在两表中不相同，而虚拟变量 T_1、T_2、T_3 的系数符号和显著性水平在两表中相同；在纸及纸制品模型中虚拟变量 T_2、交互项 $cafta×T_2$ 的系数符号在两表中相同，但其显著性不同，其他变量的系数符号和显著性在两表中均相同。从整体来看，早期收获计划和 CAFTA 建设对 CAFTA 成员国林果进口产生的影响是稳健的。

表 5-12　进口效应稳健性检验结果

	原木	其他原材	锯材	人造板	木制品	木浆	林果	纸及纸制品
lnfor	0.448***	0.237***	0.513***	0.474***	0.397***	0.219***	0.425***	0.106***
	(13.91)	(7.14)	(22.39)	(20.40)	(17.68)	(6.59)	(12.87)	(4.77)
lngdp	4.043***	1.382***	2.396***	0.847***	1.696***	2.551***	2.780***	1.539***
	(19.75)	(5.93)	(18.58)	(5.82)	(12.68)	(10.21)	(12.73)	(12.40)
ln$\|\Delta ppp\|$	0.221***	-0.204***	0.115***	0.127***	0.088***	-0.135***	-0.283***	0.098***
	(6.72)	(-5.35)	(5.57)	(5.72)	(4.30)	(-3.09)	(-9.63)	(4.82)
lndist	-1.209***	-0.650***	-1.232***	-0.717***	-0.751***	-0.182	0.240**	-0.204**
	(-11.01)	(-5.61)	(-15.90)	(-8.59)	(-9.30)	(-1.53)	(2.03)	(-2.57)
cafta	7.796***	10.665***	-0.443	8.449***	0.465	3.173**	2.766*	8.368***
	(10.25)	(5.03)	(-0.26)	(10.77)	(0.34)	(2.43)	(1.76)	(13.53)
T_1	-1.823***	-0.404**	-0.319***	-0.300***	-0.459***	-0.692***	-0.783***	-0.284***
	(-13.84)	(-2.34)	(-3.86)	(-3.19)	(-5.17)	(-4.59)	(-6.25)	(-3.63)
cafta×T_1	-0.737***	0.848***	-0.408**	0.510***	0.140	-0.024	1.130***	0.582***
	(-3.22)	(3.27)	(-2.57)	(2.99)	(0.84)	(-0.09)	(4.77)	(3.55)
T_2	-2.775***	-0.253	-1.042***	-0.606***	-0.559***	-1.799***	-0.821***	-0.301***
	(-15.02)	(-1.13)	(-9.15)	(-4.79)	(-4.77)	(-8.46)	(-5.05)	(-2.82)
cafta×T_2	-1.530***	1.653***	-0.839***	1.191***	0.170	0.678**	1.228***	0.701***
	(-6.55)	(6.54)	(-5.30)	(7.11)	(1.05)	(2.53)	(5.29)	(4.40)

续表

	原木	其他原材	锯材	人造板	木制品	木浆	林果	纸及纸制品
T_3	-3.758***	-0.271	-1.380***	-0.681***	-0.812***	-2.401***	-0.822***	-0.581***
	(-15.74)	(-0.98)	(-9.55)	(-4.30)	(-5.60)	(-8.97)	(-4.07)	(-4.32)
$cafta \times T_3$	-3.079***	1.688***	-1.740***	0.860***	0.149	0.232	0.747***	0.738***
	(-11.97)	(6.53)	(-10.06)	(4.86)	(0.88)	(0.83)	(3.04)	(4.39)
常数	-103.181***	-44.150***	-55.788***	-32.118***	-41.785***	-69.305***	-72.585***	-44.560***
	(-20.67)	(-7.37)	(-15.85)	(-8.79)	(-11.91)	(-10.66)	(-13.00)	(-14.58)
$\mu(\hat{X})$	2.302***	2.530***	1.630***	1.939***	1.839***	2.436***	3.460***	1.558***
	(12.46)	(8.23)	(13.41)	(13.14)	(15.84)	(8.14)	(12.09)	(13.26)
出口国控制	YES	YES	YES	YES	YES	YES	YES	YES
进口国控制	YES	YES	YES	YES	YES	YES	YES	YES
N	16760	13343	22121	22335	25451	11947	21932	17411

第四节 中国—东盟自由贸易区的中国林产品贸易效应

一 样本选择和变量描述

为保证 CAFTA 成立前后的可对比性，本部分选取样本时间为 1994—2020 年；考虑到数据的可获得性和完整性以及可对比性，本节选择中国林产品出口的所有国家作为样本，分析 CAFTA 的中国林产品出口效应，涵盖 190 个国家[①]；选取中国林产品进口的所有来源国作为样本，分析 CAFTA 的中国林产品进口效应，涵盖 170 个国家，选取的两组国家中都包括东盟国家中的马来西亚、印度尼西亚、泰国、菲律宾、新加坡、文莱、越南、老挝和柬埔寨。样本选择主要出于两方面的考虑：一方面，在样本期间，除东盟 10 国以外，其他国家和地区都是中国的贸易伙伴，样本数据可以客观地估算 CAFTA 的中国林产品贸易效应；另一方面，样本涵盖了世界上绝大多数国家和地区，数据丰富，提高了估计结果的准确性。变量的描述性统计列于表 5-13。

表 5-13　　　　　　变量的描述性统计

变量名	变量解释	分类	平均值	标准差	最小值	最大值
lny	出口额的对数	出口	4.772	2.487	-4.831	9.648
		进口	2.079	4.452	-11.554	10.556
$lnfor$	出口国森林面积	出口	14.469	0.088	14.317	14.604
		进口	10.244	2.808	1.030	15.914

---

① 如果在样本期间内某国至少有一年从中国进口了某种农产品，则将该国家纳入样本。

续表

变量名	变量解释	分类	平均值	标准差	最小值	最大值
lngdp	进口国 GDP 的对数	出口	26.008	2.094	20.879	30.541
		进口	29.091	0.688	27.916	30.098
ln$\|\Delta ppp\|$	贸易伙伴间人均GDP绝对差的对数	出口	8.813	1.672	1.215	11.101
		进口	8.678	1.601	1.612	11.386
ln$dist$	距离的对数	出口	8.629	0.658	6.862	9.868
		进口	8.960	0.564	6.862	9.868

二 CAFTA 的中国林产品出口贸易效应

（一）基于林产品总体的出口贸易效应

模型1、模型3是在式（5-8）的基础上设定的，模型2、模型4是在式（5-10）基础上设定的。表5-14中 $\mu(\hat{X})$ 的系数均为正，在模型2上系数较小且不显著，而在模型4上系数较大且显著，这说明存在样本选择，且模型4优于模型3。虽然 lnfor、lngdp、ln$|\Delta ppp|$、ln$dist$、虚拟变量 T_1、T_2 和 T_3 等变量在模型1至模型4的系数符号相一致，且均显著，但虚拟变量 $cafta$、交互项 $cafta \times T_1$、$cafta \times T_2$、$cafta \times T_3$ 在模型1至模型4的系数符号和显著性并不相同，说明不同林产品存在一定的异质性。由于模型4考虑了样本选择问题、林产品的异质性，所以模型4优于其他3个模型，故模型4是本节讨论的重点。

在模型4中，虚拟变量 $cafta$ 的系数为正，且在1%水平下显著，说明中国向CAFTA成员国出口林产品具有"天然"优势；虚拟变量 T_1 的系数显著为正，交互项 $cafta \times T_1$ 的系数显著为负，且后者系数的绝对值与前者相近，说明早期收获计划期间，中国对非成员国的林产品出口显著增加，但对成员国的林产品出口未出现显著变化；虚拟变量 T_2 的系数显著为正，交互项 $cafta \times T_2$ 的系数显著为负，且后者系数的绝对值小于前者，说明CAFTA建设阶段，CAFTA

对于中国林产品出口具有贸易创造效应；虚拟变量 T_3 的系数显著为正，交互项 $cafta \times T_3$ 的系数显著为负，且后者系数的绝对值大于前者，说明 CAFTA 巩固完善阶段，CAFTA 对于中国林产品出口具有贸易转移效应，使中国对成员国的林产品出口减少，而对非成员国的林产品出口增加。

综上分析可知，CAFTA 的建设在一定程度上减少了中国对成员国的林产品出口，转而增加对非成员国的林产品出口，即 CAFTA 对于中国林产品出口具有贸易转移效应。这在一定程度上说明，与 CAFTA 其他成员国相比，中国林产品不具有显著优势。

表 5-14　　　　CAFTA 的中国林产品出口贸易效应

	模型 1	模型 2	模型 3	模型 4
$\ln for$	2.766***	2.778**	3.888***	5.527***
	(3.01)	(2.49)	(5.97)	(8.35)
$\ln gdp$	1.012***	1.013***	1.307***	1.448***
	(21.21)	(15.26)	(38.52)	(40.90)
$\ln|\Delta ppp|$	0.057**	0.057**	0.080***	0.088***
	(2.18)	(2.18)	(4.32)	(4.73)
$\ln dist$	-1.206***	-1.208***	-1.903***	-2.225***
	(-4.16)	(-3.94)	(-9.25)	(-10.60)
$cafta$	1.420	1.088**	1.909	0.977***
	(0.54)	(2.12)	(1.03)	(2.69)
T_1	0.956***	0.957***	1.108***	1.230***
	(9.10)	(8.31)	(14.89)	(16.40)
$cafta \times T_1$	-0.619***	-0.621***	-0.999***	-1.275***
	(-3.34)	(-2.87)	(-7.63)	(-9.52)
T_2	0.973***	0.973***	1.211***	1.265***
	(6.25)	(6.20)	(10.99)	(11.45)
$cafta \times T_2$	-0.169	-0.172	-0.813***	-1.166***
	(-0.91)	(-0.72)	(-6.21)	(-8.66)

续表

	模型 1	模型 2	模型 3	模型 4
T_3	0.568***	0.568***	0.879***	0.869***
	(2.85)	(2.87)	(6.23)	(6.14)
$cafta \times T_3$	0.093	0.090	-0.591***	-0.944***
	(0.48)	(0.37)	(-4.34)	(-6.73)
常数	-55.268***	-55.118***	-77.044***	-102.019***
	(-4.04)	(-3.32)	(-7.95)	(-10.49)
$\mu(\hat{X})$		0.006		0.932***
		(0.02)		(15.61)
进口国控制	YES	YES	YES	YES
类别控制	NO	NO	YES	YES
N	16055	27540	16055	27540

（二）基于林产品类别的出口贸易效应

为了解早期收获计划、CAFTA 建设和巩固完善对于中国林产品出口贸易产生的影响，本部分将根据添加进口国虚拟变量的式（5-10）构建模型，对不同种类林产品进行估计，结果见表5-15。

从结果可以看出，在 8 类林产品的模型中，$\ln for$ 的系数符号和显著性存在差异，其中，原木、人造板 2 类林产品模型中的系数符号为负且显著，而其他模型中的系数符号为正，这说明中国越来越重视森林资源，森林面积不断扩大，但原料出口不断减少，增加附加值的林产品出口。$\ln gdp$ 的系数均显著为正；$\ln|\Delta ppp|$ 在木浆模型中的系数为负，且在1%水平下显著，而在人造板、木制品和纸及纸制品 3 类林产品模型中的系数显著为正，在其他 4 类林产品模型中的系数为正，但不显著；$\ln dist$ 在其他原材模型中的系数显著为正，在其他 7 类林产品模型中的系数为负，且在1%水平下显著。

虚拟变量 cafta 在其他原材、林果和纸及纸制品 3 类林产品模型中的系数显著为正，说明 CAFTA 成员国是中国这 3 类林产品出口的"天然"市场；在其他 5 类林产品模型中的系数均不显著，表明 CAFTA 建设对于中国这 5 类林产品出口并未产生显著影响。

表5-15　CAFTA的中国林产品出口贸易效应（分类别）

	原木	其他原材	锯材	人造板	木制品	木浆	林果	纸及纸制品
lnfor	-22.910***	0.557	-5.337***	13.601***	4.617***	3.422	4.515***	8.363***
	(-2.64)	(0.30)	(-3.01)	(16.23)	(6.30)	(1.18)	(3.14)	(6.40)
lngdp	1.432***	0.923***	1.306***	1.567***	1.438***	1.409***	1.625***	1.073***
	(2.91)	(7.61)	(11.22)	(35.10)	(31.80)	(7.44)	(25.86)	(18.38)
ln|Δppp|	0.418	-0.066	0.044	0.105***	0.182***	-0.414***	-0.012	0.231***
	(1.63)	(-1.26)	(0.84)	(4.64)	(8.62)	(-4.84)	(-0.28)	(5.57)
lndist	-6.220***	0.892*	-1.769***	-2.254***	-1.276***	-3.141***	-2.924***	-1.514***
	(-2.83)	(1.71)	(-3.67)	(-7.32)	(-4.10)	(-4.22)	(-6.70)	(-4.59)
cafta	2.132	2.424***	-0.082	-0.107	-0.003	-1.096	6.566***	1.319***
	(1.37)	(2.59)	(-0.09)	(-0.23)	(-0.01)	(-0.75)	(6.29)	(3.32)
T_1	-0.701	0.420**	1.756***	1.488***	0.841***	0.670**	1.480***	0.739***
	(-0.90)	(2.02)	(7.55)	(16.83)	(10.16)	(2.15)	(8.78)	(4.64)
cafta×T_1	1.783**	0.315	-0.967***	-1.065***	-0.884***	-0.763*	-1.781***	-1.045***
	(2.31)	(0.86)	(-2.88)	(-5.66)	(-4.69)	(-1.72)	(-6.55)	(-5.03)
T_2	-0.304	1.530***	1.544***	0.987***	1.052***	1.586***	1.144***	0.900***
	(-0.27)	(5.03)	(4.79)	(7.45)	(8.52)	(3.49)	(4.74)	(3.87)
cafta×T_2	4.749***	-0.057	-1.456***	-0.846***	-0.260	-1.628***	-1.390***	-0.836***
	(5.17)	(-0.17)	(-4.17)	(-4.48)	(-1.39)	(-3.19)	(-5.08)	(-4.01)

第五章 中国—东盟自由贸易区林产品贸易的静态效应

续表

	原木	其他原材	锯材	人造板	木制品	木浆	林果	纸及纸制品
T_3	1.219	1.984***	1.327***	-0.087	0.650***	1.791***	0.598*	0.563*
	(0.82)	(5.13)	(3.32)	(-0.51)	(4.10)	(3.07)	(1.94)	(1.91)
$cafta \times T_3$	4.907***	-0.144	-0.890***	-0.209	0.250	-2.379***	-1.008***	-0.602***
	(4.46)	(-0.40)	(-2.60)	(-1.05)	(1.25)	(-4.75)	(-3.46)	(-2.68)
常数	336.930***	-42.322	59.038**	-214.677***	-91.195***	-55.296	-83.627***	-133.845***
	(2.67)	(-1.56)	(2.27)	(-17.33)	(-8.36)	(-1.31)	(-3.95)	(-7.06)
$\mu(\hat{X})$	0.915	0.515***	0.410*	-0.125	0.114	0.591	0.618***	-1.002*
	(0.92)	(2.90)	(1.77)	(-1.47)	(1.15)	(1.53)	(3.65)	(-1.84)
进口国控制	YES	YES	YES	YES	YES	YES	YES	YES
N	725	4531	4196	4885	4910	3133	4168	992

133

在原木模型中,虚拟变量 T_1、T_2、T_3 的系数均不显著,交互项 $cafta×T_1$、$cafta×T_2$、$cafta×T_3$ 的系数均显著为正,这表明早期收获计划期间、CAFTA 建设阶段和巩固完善阶段,CAFTA 使中国对 CAFTA 成员国的原木出口显著增加,而对非成员国的出口未出现显著变化,即 CAFTA 具有贸易创造效应。

在其他原材模型中,虚拟变量 T_1、T_2、T_3 的系数均显著为正,交互项 $cafta×T_1$、$cafta×T_2$、$cafta×T_3$ 的系数均不显著,这表明早期收获计划期间、CAFTA 建设阶段和巩固完善阶段,CAFTA 使中国对所有贸易伙伴出口的其他原材显著增加,且增长幅度相同,即 CAFTA 具有贸易创造效应。

在锯材模型中,虚拟变量 T_1、T_2、T_3 的系数均显著为正,交互项 $cafta×T_1$、$cafta×T_2$、$cafta×T_3$ 的系数均显著为负,且交互项系数绝对值小于对应虚拟变量,这表明早期收获计划期间、CAFTA 建设阶段和巩固完善阶段,CAFTA 使中国对 CAFTA 成员国、非成员国出口的锯材均显著增加,但对非成员国出口增加的更加明显,即 CAFTA 具有贸易创造效应。

在人造板模型中,虚拟变量 T_1、T_2 的系数均显著为正,交互项 $cafta×T_1$、$cafta×T_2$ 的系数均显著为负,且交互项系数绝对值小于对应虚拟变量,这表明早期收获计划、CAFTA 建设对中国人造板出口具有显著促进作用,且对中国与 CAFTA 非成员国贸易的影响更大,即 CAFTA 具有贸易创造效应;虚拟变量 T_3、交互项 $cafta×T_3$ 的系数均不显著,说明 CAFTA 巩固完善阶段,CAFTA 对中国人造板出口贸易未产生显著影响。

在木制品模型中,虚拟变量 T_1 的系数均显著为正,交互项 $cafta×T_1$ 的系数显著为负,且后者系数绝对值略大于前者,说明在早期收获计划使中国减少对 CAFTA 成员国的木制品出口,而增加对非成员国出口,即 CAFTA 具有贸易转移效应;虚拟变量 T_2、T_3 的系数均显著为正,而交互项 $cafta×T_2$、$cafta×T_3$ 的系数均不显著,表明 CAFTA 的建设和巩固完善,CAFTA 对于中国木制品出口产生显著正面影响，即 CAFTA 具有贸易创造效应。

在木浆、林果 2 类林产品模型中，虚拟变量 T_1、T_2、T_3 的系数均显著为正，交互项 $cafta×T_1$、$cafta×T_2$、$cafta×T_3$ 的系数均显著为负，且交互项系数的绝对值大于对应虚拟变量的系数，这表明在早期收获计划期间、CAFTA 建设阶段和巩固完善阶段，CAFTA 使中国对 CAFTA 成员国出口的这 2 类林产品减少，而对非成员国出口增加，即 CAFTA 具有贸易转移效应。

在纸及纸制品模型中，虚拟变量 T_1、T_3 的系数均显著为正，交互项 $cafta×T_1$、$cafta×T_3$ 的系数均显著为负，且交互项系数的绝对值大于对应虚拟变量的系数，说明在早期收获计划期间、CAFTA 巩固完善阶段，中国对 CAFTA 成员国出口的纸及纸制品显著减少，而对非成员国出口增加，即 CAFTA 具有贸易转移效应；虚拟变量 T_2 的系数显著为正，交互项 $cafta×T_2$ 的系数显著为负，且后者系数的绝对值小于前者，意味着 CAFTA 建设有助于促进中国纸及纸制品出口，即 CAFTA 具有贸易创造效应。

三　CAFTA 的中国林产品进口贸易效应

（一）基于林产品总体的进口贸易效应

模型 1、模型 3 是在式（5-8）的基础上设定的，模型 2、模型 4 是在式（5-10）基础上设定的。表 5-16 中 $\mu(\hat{X})$ 在模型 2 上的系数为负但不显著，在模型 4 上的系数显著为正，这说明存在样本选择，且模型 4 优于模型 3。$\ln for$、$\ln gdp$、$\ln dist$、虚拟变量 $cafta$ 等变量在模型 1 至模型 4 的系数均显著为正，$\ln|\Delta ppp|$、虚拟变量 T_1、T_2 和 T_3 等变量在模型 1 至模型 4 的系数均不显著，交互项 $cafta×T_1$、$cafta×T_2$、$cafta×T_3$ 在模型 1 至模型 4 的系数符号为负，但其显著性并不相同，说明不同林产品存在一定的异质性。由于模型 4 考虑了样本选择问题、林产品的异质性，所以模型 4 优于其他 3 个模型，故模型 4 是本节讨论的重点。

在模型 4 中，虚拟变量 $cafta$ 的系数为正，且在 1% 水平下显著，说明中国自 CAFTA 成员国进口林产品具有"天然"优势；虚拟变

量 T_1、T_2 和 T_3 的系数均不显著，交互项 $cafta×T_1$、$cafta×T_2$、$cafta×T_3$ 的系数显著为负，这意味着早期收获计划、CAFTA 建设阶段和巩固完善阶段，中国自 CAFTA 成员国进口的林产品显著减少，而自非成员国的进口未显著改变。

表 5-16　　CAFTA 的中国林产品进口贸易效应

	模型 1	模型 2	模型 3	模型 4
lnfor	0.538***	0.522***	0.563***	0.597***
	(15.03)	(13.96)	(17.52)	(18.22)
lngdp	0.802***	0.709***	0.833***	1.049***
	(5.09)	(4.12)	(5.89)	(7.20)
ln$\|\Delta ppp\|$	−0.060	−0.066	−0.007	0.005
	(−1.46)	(−1.59)	(−0.19)	(0.12)
ln$dist$	2.281***	2.254***	2.121***	2.156***
	(7.55)	(7.48)	(7.83)	(7.89)
$cafta$	8.512***	8.923***	6.579**	9.954***
	(2.71)	(12.66)	(2.34)	(17.15)
T_1	−0.107	−0.120	−0.049	−0.015
	(−0.76)	(−0.86)	(−0.39)	(−0.12)
$cafta×T_1$	−0.305	−0.252	−0.413**	−0.533***
	(−1.40)	(−1.14)	(−2.11)	(−2.69)
T_2	0.189	0.183	0.293	0.304
	(0.88)	(0.85)	(1.52)	(1.57)
$cafta×T_2$	−0.343	−0.267	−0.513***	−0.682***
	(−1.59)	(−1.20)	(−2.65)	(−3.47)
T_3	−0.000	0.005	0.159	0.138
	(−0.00)	(0.02)	(0.65)	(0.57)
$cafta×T_3$	−0.435*	−0.335	−0.728***	−0.944***
	(−1.90)	(−1.39)	(−3.53)	(−4.49)
常数	−52.173***	−49.400***	−49.059***	−59.463***
	(−8.52)	(−8.27)	(−8.93)	(−11.95)

续表

	模型1	模型2	模型3	模型4
$\mu(\hat{X})$		-0.373		0.877***
		(-1.33)		(6.18)
进口国控制	YES	YES	YES	YES
类别控制	NO	NO	YES	YES
N	13314	24896	13314	24896

（二）基于林产品类别的进口贸易效应

为进一步了解 CAFTA 建设不同阶段对于中国林产品进口贸易产生的影响，本部分将根据添加出口国虚拟变量的式（5-10）构建模型，对不同林产品进行估计，结果见表5-17。

从结果可以看出，在8类林产品的模型中，除纸及纸制品模型外，lnfor 的系数均显著为正；除木制品模型外，lngdp 的系数均显著为正；ln$|\Delta ppp|$ 在原木模型中的系数显著为正，在其他原材、木浆、林果和纸及纸制品4类林产品模型中的系数显著为负，在其他4类林产品模型中的系数为正，但均不显著；ln$dist$ 在林果模型中的系数显著为负，在原木、其他原材2类林产品模型中的系数为正，但均不显著，在其余5类林产品模型中的系数显著为正。

虚拟变量 $cafta$ 在林果模型中的系数显著为负，说明 CAFTA 成员国不是中国林果进口的"天然"市场；在其他7类林产品模型中的系数均显著为正，表明相对于非成员国，中国自 CAFTA 成员国进口更具有"天然"优势。

在原木模型中，虚拟变量 T_1、交互项 $cafta \times T_1$ 的系数均显著为负，这表明早期收获计划期间，中国的原木进口显著减少，且从 CAFTA 成员国进口减少得更加明显；虚拟变量 T_2 和 T_3 的系数均不显著，交互项 $cafta \times T_2$、$cafta \times T_3$ 的系数显著为负，说明 CAFTA 建设和巩固完善阶段，中国从 CAFTA 成员国进口的原木显著减少，这可能是由于成员国限制原木出口造成的。

表5-17　CAFTA的中国林产品进口贸易效应（分类别）

	原木	其他原材	锯材	人造板	木制品	木浆	林果	纸及纸制品
$\ln for$	0.825***	0.487***	0.862***	0.654***	0.489***	0.411***	0.791***	-0.063
	(13.32)	(6.07)	(17.35)	(11.74)	(8.73)	(5.28)	(7.98)	(-1.01)
$\ln gdp$	1.173***	0.707*	2.332***	0.523**	-0.032	1.129***	1.521***	0.505**
	(4.36)	(1.73)	(10.82)	(2.15)	(-0.13)	(3.23)	(3.67)	(1.99)
$\ln\|\Delta ppp\|$	0.300***	-0.281**	0.060	0.073	0.080	-0.520***	-0.289***	-0.180***
	(4.66)	(-2.16)	(1.21)	(1.10)	(1.15)	(-4.10)	(-2.72)	(-2.68)
$\ln dist$	0.319	0.258	2.352***	5.840***	3.303***	5.150***	-4.464***	5.540***
	(0.61)	(0.43)	(5.45)	(12.29)	(6.91)	(8.52)	(-6.97)	(9.58)
$cafta$	7.173***	5.109***	10.518***	11.515***	10.216***	4.478***	-3.872***	14.510***
	(7.50)	(1.93)	(12.44)	(9.39)	(14.17)	(5.41)	(-4.11)	(8.58)
T_1	-0.444**	-0.410	-0.419**	-0.090	0.522**	0.487	-0.628	0.690***
	(-1.97)	(-1.14)	(-2.45)	(-0.41)	(2.41)	(1.57)	(-1.59)	(3.06)
$cafta \times T_1$	-0.776**	1.730***	-0.149	-0.981***	-1.500***	-0.899*	-0.053	-1.532***
	(-2.09)	(3.73)	(-0.50)	(-2.89)	(-4.45)	(-1.93)	(-0.10)	(-3.74)
T_2	0.224	-0.493	-0.761***	-0.533	1.279***	-0.011	0.350	1.343***
	(0.65)	(-0.89)	(-2.80)	(-1.58)	(3.87)	(-0.02)	(0.60)	(3.87)
$cafta \times T_2$	-1.262***	3.005***	-0.898***	-1.260***	-0.866**	-0.143	-1.271**	-1.831***
	(-3.39)	(6.56)	(-2.99)	(-3.75)	(-2.54)	(-0.31)	(-2.47)	(-4.45)

续表

	原木	其他原材	锯材	人造板	木制品	木浆	林果	纸及纸制品
T_3	0.177	-0.363	-1.433***	-0.587	1.540***	-0.049	1.317*	1.233***
	(0.41)	(-0.53)	(-4.12)	(-1.37)	(3.70)	(-0.08)	(1.80)	(2.82)
$cafta \times T_3$	-2.696***	2.139***	-1.132***	-1.564***	-0.913**	0.295	-2.208***	-1.308***
	(-6.86)	(4.18)	(-3.53)	(-4.25)	(-2.52)	(0.58)	(-3.95)	(-3.00)
常数	-50.550***	-29.376***	-102.034***	-77.728***	-40.584***	-75.965***	-6.279	-67.692***
	(-5.45)	(-2.16)	(-13.71)	(-9.29)	(-4.84)	(-6.50)	(-0.47)	(-7.40)
$\mu(\hat{X})$	-0.878***	-0.617	0.563**	0.124	-0.592***	-1.141***	1.059**	-1.089***
	(-2.93)	(-1.19)	(2.29)	(0.48)	(-2.99)	(-3.28)	(2.40)	(-4.61)
进口国控制	YES	YES	YES	YES	YES	YES	YES	YES
N	3636	2715	3781	3582	4022	1857	2664	2639

在其他原材模型中，虚拟变量 T_1、T_2、T_3 的系数均不显著，交互项 $cafta \times T_1$、$cafta \times T_2$、$cafta \times T_3$ 的系数显著为正，表明早期收获计划、CAFTA 建设和巩固完善阶段，CAFTA 对中国自 CAFTA 成员国进口其他原材有显著促进作用，即 CAFTA 具有贸易创造效应。

在锯材模型中，虚拟变量 T_1 的系数显著为负，交互项 $cafta \times T_1$ 的系数不显著，表明早期收获计划期间，中国的锯材进口显著减少；虚拟变量 T_2、T_3、交互项 $cafta \times T_2$、$cafta \times T_3$ 的系数显著为负，这意味着 CAFTA 建设和巩固完善阶段，中国的锯材进口显著减少。这在一定程度上印证了各国限制附加值低的林产品出口。

在人造板模型中，虚拟变量 T_1、T_2、T_3 的系数均不显著，交互项 $cafta \times T_1$、$cafta \times T_2$、$cafta \times T_3$ 的系数显著为负，这意味着早期收获计划、CAFTA 建设和巩固完善，中国自 CAFTA 成员国进口的人造板显著减少。

在木制品模型中，虚拟变量 T_1 的系数显著为正，交互项 $cafta \times T_1$ 的系数显著为负，后者系数绝对值大于前者，这表明在早期收获计划期间，中国减少自 CAFTA 成员国的进口，增加自非成员国的进口。CAFTA 成员国限制部分林产品出口可能是这一现象的原因；虚拟变量 T_2、T_3 的系数显著为正，交互项 $cafta \times T_2$、$cafta \times T_3$ 的系数显著为负，交互项系数绝对值小于对应虚拟变量系数，这意味着 CAFTA 建设和巩固完善阶段，中国扩大进口自由贸易区内、外的木制品，其中自自由贸易区外进口扩大较显著，即 CAFTA 具有贸易创造效应。

在木浆模型中，虚拟变量 T_1 的系数不显著，交互项 $cafta \times T_1$ 的系数显著为负，说明早期收获计划期间，中国自 CAFTA 成员国进口的木浆显著减少；虚拟变量 T_2、T_3、交互项 $cafta \times T_2$、$cafta \times T_3$ 的系数均不显著，说明 CAFTA 建设和巩固完善阶段，CAFTA 未对中国木浆进口产生显著影响。

在林果模型中，虚拟变量 T_1、交互项 $cafta \times T_1$ 的系数均不显著，说明早期收获计划未对中国的林果进口贸易产生显著影响；虚拟变

量 T_2 的系数不显著，交互项 $cafta \times T_2$ 的系数显著为负，表明 CAFTA 建设阶段中国自 CAFTA 成员国进口的林果显著减少；虚拟变量 T_3 的系数显著为正，交互项 $cafta \times T_3$ 的系数显著为负，后者系数绝对值大于前者，说明 CAFTA 巩固完善阶段，中国自 CAFTA 成员国进口的林果减少，自非成员国的进口增加，即 CAFTA 具有"贸易转移效应"。

在纸及纸制品模型中，虚拟变量 T_1、T_2、T_3 的系数显著为正，交互项 $cafta \times T_1$、$cafta \times T_2$、$cafta \times T_3$ 的系数显著为负，交互项系数绝对值大于对应虚拟变量的系数，这意味着早期收获计划、CAFTA 建设和巩固完善阶段，CAFTA 使中国自 CAFTA 成员国的进口减少，自 CAFTA 成员国的进口增加，即 CAFTA 具有"贸易转移效应"。

综上分析可知，在中国部分林产品进口贸易中，CAFTA 具有"贸易转移效应""贸易创造效应"。此外，部分林产品出口国禁止或限制森林采伐、限制木材开发、限制或禁止林产品出口，这在一定程度上影响了 CAFTA 的林产品贸易效应。

第五节　本章小结

本章选取 1994—2020 年 CAFTA 成员国与 185 个贸易伙伴间的林产品贸易数据及其他影响贸易的变量，基于出口、进口两个视角，从整体和分类两个层面，采用 Heckman 两阶段模型对 CAFTA 的静态林产品贸易效应进行分析。本章的结论归纳起来主要有以下方面：

基于林产品整体出口分析发现，从总体来看，早期收获计划期间、CAFTA 建设阶段，CAFTA 对于成员国的林产品出口贸易具有贸易转移效应；CAFTA 巩固完善阶段，CAFTA 对于成员国的林产品出口贸易具有贸易抑制效应。出现贸易抑制的原因可能是，虽然 CAF-

TA 消除了成员国间部分贸易壁垒，但成员国先后实施了限制木材资源型的初级产品出口、鼓励高附加值林产品出口的贸易政策，完全抵消了自由贸易区消除贸易壁垒的作用。从国别来看，CAFTA 的各成员国贸易效应与 CAFTA 的整体贸易效应并不一致，原因可能是成员国实施的林产品贸易限制政策和贸易鼓励政策存在差异。

基于林产品分类出口分析发现，从总体来看，早期收获计划期间，CAFTA 对于成员国的林产品出口贸易具有贸易转移效应；CAFTA 建设和巩固完善阶段，CAFTA 对于成员国的林产品出口贸易具有贸易抑制效应。从具体品种来看，CAFTA 仅对于成员国纸及纸制品（2010—2020 年）的出口贸易产生显著的促进作用，即 CAFTA 具有贸易创造效应。可能是因为纸及纸制品为高附加值或比较收益高的林产品，是各成员国鼓励出口的产品。

基于林产品整体进口分析发现，从总体来看，早期收获计划期间、CAFTA 建设阶段、CAFTA 巩固完善阶段，CAFTA 对于成员国的林产品进口贸易具有"贸易抑制效应"。"贸易抑制效应"的可能原因是，包括成员国在内的林产品出口国先后实施了限制木材资源型的初级产品出口、高附加值林产品进口，鼓励高附加值林产品出口的贸易政策，在一定程度上抑制了成员国林产品进口。从国别来看，CAFTA 建设阶段、CAFTA 巩固完善阶段，CAFTA 对于中国林产品进口贸易具有贸易转移效应，由成员国转向非成员国；早期收获计划期间，CAFTA 对于越南林产品进口贸易具有贸易创造效应，CAFTA 建设阶段、CAFTA 巩固完善阶段，CAFTA 抑制了越南自成员国的林产品进口；早期收获计划期间、CAFTA 建设阶段，CAFTA 对于菲律宾的林产品进口贸易具有"贸易抑制效应"。

基于林产品分类进口分析发现，从总体来看，早期收获计划期间、CAFTA 建设阶段、CAFTA 巩固完善阶段，CAFTA 对于成员国的各类林产品进口贸易具有"贸易抑制效应"，造成"贸易抑制效应"的原因同上。从具体品种来看，早期收获计划期间、CAFTA 建设和巩固完善阶段，CAFTA 对于成员国其他原材进口具有贸易创造效应；CAFTA 建设阶段，CAFTA 对于成员国人造板进口具有贸易转移效应；早期收获计划期间，CAFTA 对于成员国林果、纸及纸制品进口产生贸易转移效应。

总之，CAFTA 对成员国的林产品贸易具有促进作用，但包括成员国在内的林产品出口国实施林产品贸易限制政策，将降低林产品可贸易性，抵消了自由贸易区的贸易促进作用。

第六章

中国—东盟自由贸易区林产品贸易的动态效应

第三章构建的理论分析框架已经表明,自由贸易区的建立对技术水平和经济资源产生影响,进而对贸易流量、流向和结构产生影响。那么在实践中,自由贸易区是否会对成员国林产品贸易流量、流向和结构的变化产生影响?如果会,自由贸易区通过何种途径作用于贸易,影响如何?这些问题将是本章利用 CAFTA 成员国间林产品贸易数据通过实证检验要回答的。

第一节 模型构建

一 基础模型

基础模型的公式为(张寒、聂影,2010):

$$V_i^2 - V_i^1 \equiv \underbrace{rV_i^1}_{\text{规模效应}} + \underbrace{\sum_{k=1}^{m}(r_k - r)V_{ik}^1}_{\text{结构效应}} + \underbrace{\sum_{j=1}^{n}\sum_{k=1}^{m}(r_{jk} - r_k)V_{ijk}^1}_{\text{分布效应}} +$$

$$\underbrace{\sum_{j=1}^{n}\sum_{k=1}^{m}(V_{ijk}^2 - V_{ijk}^1 - r_{jk}V_{ijk}^1)}_{\text{竞争效应}}$$

(6-1)

式(6-1)中,上标 1、2 分别表示第一期和第二期;V_i^1(V_i^2)

表示在第一期（第二期）i 国出口额；V_{ik}^1（V_{ik}^2）表示 i 国在第一期（第二期）的产品 k 出口额；V_{ijk}^1（V_{ijk}^2）表示在第一期（第二期）i 国出口到 j 国的产品 k 贸易额；r 表示全球进口增长率；r_k 表示产品 k 的全球进口增长率；r_{jk} 表示 j 国产品 k 的进口增长率。模型分解效果的含义见表 6-1。

表 6-1　　　　　　　　CMS 模型分解效果的含义

组成部分	含义
规模效应	由于世界总需求的变化而引起 i 国出口额的变化
结构效应	由于世界产品需求结构的变化而引起 i 国出口额的变化
分布效应	由于各进口国产品需求结构的变化而引起 i 国出口额的变化
竞争效应	由于 i 国竞争力的变化而引起 i 国出口额的变化

二　模型修正

已有研究认为，分布效应是衡量出口 i 国某个具体进口市场规模的相对变动而导致国家 i 的出口变化（余鲁等，2008），而式（6-1）中的分布效应多项式 $\sum_{j=1}^{n}\sum_{k=1}^{m}(r_{jk}-r_k)V_{ijk}^1$ 则衡量的是各进口国对各产品需求的相对变动之和对于出口国 i 的出口影响［见式（6-2）］，因此，认为用式（6-1）中的分布效应多项式表示现实分布效应存在偏误，可能导致模型的现实指导意义下降（张寒、聂影，2010）。

$$\sum_{j=1}^{n}\sum_{k=1}^{m}(r_{jk}-r_k)V_{ijk}^1 \equiv \sum_{j=1}^{n}\left[\sum_{k=1}^{m}(r_{jk}-r_k)V_{ijk}^1\right] \tag{6-2}$$

为得到准确的分布效应，本书借鉴已有研究成果对式（6-1）进行以下处理：

第一步，将 i 国的所有出口市场看为一个整体，则式（6-1）可以简化为（李常君，2006）：

$$V_i^2 - V_i^1 \equiv rV_i^1 + \sum_{k=1}^{m}(r_k-r)V_{ik}^1 + \sum_{k=1}^{m}(V_{ik}^2 - V_{ik}^1 - r_{jk}V_{ik}^1) \tag{6-3}$$

第二步，将 i 国的出口所有产品看为单一产品，则式（6-1）可以简化为：

$$V_i^2 - V_i^1 \equiv rV_i^1 + \sum_{j=1}^{n}(r_j - r)V_{ij}^1 + \sum_{j=1}^{n}(V_{ij}^2 - V_{ij}^1 - r_jV_{ij}^1) \quad (6-4)$$

第三步，联合式（6-3）和式（6-4），得到：

$$2(V_i^2 - V_i^1) \equiv 2rV_i^1 + \sum_{k=1}^{m}(r_k - r)V_{ik}^1 + \sum_{j=1}^{n}(r_j - r)V_{ij}^1 + \sum_{k=1}^{m}(V_{ik}^2 - V_{ik}^1 - r_{jk}V_{ik}^1) + \sum_{j=1}^{n}(V_{ij}^2 - V_{ij}^1 - r_jV_{ij}^1) \quad (6-5)$$

对式（6-5）整理后，得到：

$$V_i^2 - V_i^1 \equiv \underbrace{rV_i^1}_{\text{规模效应}} + \underbrace{\frac{1}{2}\sum_{k=1}^{m}(r_k - r)V_{ik}^1}_{\text{结构效应}} + \underbrace{\frac{1}{2}\sum_{j=1}^{n}(r_j - r)V_{ij}^1}_{\text{分布效应}} +$$

$$\underbrace{\left[\frac{1}{2}\sum_{k=1}^{m}(V_{ik}^2 - V_{ik}^1 - r_{jk}V_{ik}^1) + \frac{1}{2}\sum_{j=1}^{n}(V_{ij}^2 - V_{ij}^1 - r_jV_{ij}^1)\right]}_{\text{竞争效应}} \quad (6-6)$$

其中，$\frac{1}{2}\sum_{k=1}^{m}(V_{ik}^2 - V_{ik}^1 - r_{jk}V_{ik}^1)$ 表示产品竞争效应，$\frac{1}{2}\sum_{j=1}^{n}(V_{ij}^2 - V_{ij}^1 - r_jV_{ij}^1)$ 表示市场竞争效应。

为了更大程度地揭示出 CAFTA 的成员国林产品贸易效应，假设 CAFTA 是一个相对封闭的市场，在模型中不考虑成员国与 CAFTA 之外国家的贸易情况，仅关注成员国在 CAFTA 林产品市场内部的贸易变动。根据式（6-6）设定 CAFTA 成员国林产品出口的 CMS 模型，如下：

$$E_i^t - E_i^0 \equiv \underbrace{rE_i^0}_{\text{规模效应}} + \underbrace{\frac{1}{2}\sum_{k=1}^{8}(r_k - r)E_{ik}^0}_{\text{结构效应}} + \underbrace{\frac{1}{2}\sum_{j=1}^{5}(r_j - r)E_{ij}^0}_{\text{分布效应}} +$$

$$\underbrace{\left[\frac{1}{2}\sum_{k=1}^{8}(E_{ik}^t - E_{ik}^0 - r_kE_{ik}^0) + \frac{1}{2}\sum_{j=1}^{5}(E_{ij}^t - E_{ij}^0 - r_jE_{ij}^0)\right]}_{\text{竞争效应}} \quad (6-7)$$

式（6-7）中，上标 0、t 分别表示基期、报告期；E_i 表示国家

i 对 CAFTA 成员国的林产品出口额；E_{ik} 表示国家 i 对 CAFTA 成员国林产品 k 的出口额；E_{ij} 表示国家 i 对国家 j 的林产品出口额；r 表示 CAFTA 成员国的林产品进口增长率；r_k 表示 CAFTA 成员国的林产品 k 进口增长率；r_j 表示国家 j 的林产品进口增长率。

根据式（6-6）设定 CAFTA 成员国林产品进口的 CMS 模型，如下：

$$I_i^t - I_i^0 \equiv rI_i^0 + \frac{1}{2}\sum_{k=1}^{8}(r'_k - r')I_{ik}^0 + \frac{1}{2}\sum_{j=1}^{5}(r'_j - r')I_{ij}^0 +$$

规模效应　　结构效应　　　　分布效应

$$\left[\frac{1}{2}\sum_{k=1}^{8}(I_{ik}^t - I_{ik}^0 - r'_k I_{ik}^0) + \frac{1}{2}\sum_{j=1}^{5}(I_{ij}^t - I_{ij}^0 - r'_j I_{ij}^0)\right]$$

竞争效应　　　　　　　（6-8）

式（6-8）中，上标 0、t 分别表示基期、报告期；I_i 表示国家 i 从 CAFTA 成员国进口的林产品；I_{ik} 表示国家 i 从 CAFTA 成员国进口的林产品 k；I_{ij} 表示国家 i 从国家 j 进口的林产品；r' 表示 CAFTA 成员国的林产品出口增长率；r'_k 表示 CAFTA 成员国的林产品 k 出口增长率；r'_j 表示 j 国的林产品出口增长率。

第二节　动态效应分析

一　数据来源

本节研究所采用的贸易数据来源于世界银行 WITS 数据库，并根据国际通行的"协调商品名称和编码体系"（HS）将林产品划分为：原木、其他原材、锯材、人造板、木制品、木浆、纸及纸制品以及林果 8 类。研究的时间段为 2002—2020 年。本书依据早期收获计划实施、金融危机、CAFTA 正式建立和 CAFTA 巩固完善阶段等历史事件，将时间段划分为五期：2002—2003 年为基期，2004—2007 年为第一期，2008—2009 年为第二期，2010—2015 年为第三期，2016—2020 年为第四期。具体贸易情况见表 6-2、表 6-3。

二 基于出口的实证结果及分析

将表 6-2、表 6-3 中的数据代入式（6-7），得到 CAFTA 成员国的修正 CMS 模型运算结果，见表 6-4。

（一）基于中国的修正 CMS 分解

从表 6-4 的结果来看，早期收获计划实施以来中国对 CAFTA 成员国林产品出口显著增加。相对于基期，第一期、第二期、第三期和第四期中国对 CAFTA 成员国林产品出口额分别增加了 4.16 亿美元、11.52 亿美元、30.60 亿美元、51.26 亿美元。CMS 模型将增长分解为四部分效应，从表 6-4 可以看出竞争效应是带动出口增长的首要原因，对于出口增加的解释超过了 50%，且呈现增强态势。这与中国的技术进步较快，具有明显成本优势的事实相一致。其中产品竞争效应的作用相对稳定，对出口增加的解释在 28% 左右；市场竞争效应的作用在增强，说明中国林产品在东盟各国市场的竞争效应不断增强。表 6-5 中显示，中国的林果、人造板、纸及纸制品等产品在东盟各国市场具有较强的竞争效应，而其他林产品的竞争效应较弱。同时，规模效应也部分解释了出口增加，但起到的作用在减弱。其原因是：一方面，新材料、新技术的出现使 CAFTA 成员国对林产品需求减弱；另一方面，国际贸易的便利化使 CAFTA 成员国从其他国家进口增加。另外，结构效应和分布效应在中国对 CAFTA 成员国林产品出口中都具有促进作用，前者的作用在增强，说明中国对 CAFTA 成员国林产品出口的结构趋于合理；后者的作用在减弱，说明需求增长速度较慢的国家在中国林产品出口中占据重要地位。

（二）基于印度尼西亚的修正 CMS 分解

从表 6-4 的结果看，相对于 2002—2003 年，2004—2020 年印度尼西亚对 CAFTA 成员国林产品出口稳步增长。对增长影响较大的是市场规模效应和竞争效应，商品结构效应和市场分布效应的影响较弱。其中市场规模效应一直为正值，而竞争效应为负值，即印度

第六章
中国—东盟自由贸易区林产品贸易的动态效应

尼西亚林产品出口增长基本上是依靠 CAFTA 市场需求规模的扩大。在第一、第二、第三和第四期，市场规模效应、商品结构效应是林产品出口增长的全部原因，其中前者解释了在这四个时期林产品绝大部分出口的增长，是印度尼西亚林产品出口增长的主要原因，但后者的贡献在不断减弱；竞争效应和分布效应已经大有改善，说明印度尼西亚的林产品出口结构在不断优化，在主要出口市场的竞争力不断增强，但并未改变对于印度尼西亚林产品出口增长的负作用，且前者的影响远大于后者。表 6-5 中显示，印度尼西亚调整林产品出口结构，使部分产品的竞争效应得到一定改善，但锯材、纸及纸制品在 CAFTA 成员国市场的竞争力不断减弱。

（三）基于马来西亚的修正 CMS 分解

相对于基期，2004 年以来马来西亚对 CAFTA 成员国的林产品出口呈现波动增长。这一波动增长是由市场规模效应、商品结构效应、市场分布效应和竞争效应共同促成，其中，市场规模效应的贡献率稳步上升，由 76.86% 上升至 625.73%，是出口增长的主要原因；市场分布效应的贡献率波动上升，贡献率在 35% 以下；商品结构效应为负，且不断增大，表明 CAFTA 林产品需求结构出现变动，而马来西亚林产品出口结构未能及时调整，导致需求结构与出口结构失衡愈加严重；竞争效应在第二期发生了质的变化，由正转为负（见表 6-4）。通过分解竞争效应发现，考察期间，市场竞争效应均为负，且绝对值在增大，表明马来西亚林产品在 CAFTA 成员国市场上不具有竞争优势；产品竞争效应在前两期为正，但在第二期已有所减少，而在第三期变为负值，意味着马来西亚的各类林产品在 CAFTA 成员国市场上的竞争力不断减弱。

进一步从产品竞争效应分解结果来看，在第四期，除原木、木浆的竞争效应为正外，其他林产品的竞争效应均为负（见表 6-5）。这表明，在第四期马来西亚大部分林产品在 CAFTA 成员国市场上不具有竞争力。

（四）基于菲律宾的修正CMS分解

从表6-4中的结果可知，相对于基期，在考察期内菲律宾对CAFTA成员国市场的林产品出口呈现稳步扩大的态势，这种变化是由市场规模效应、商品结构效应、市场分布效应和竞争效应共同促成的。其中，市场规模效应、商品结构效应均为正且呈现稳步增加，是出口增长的主要原因，前者表明菲律宾出口目标市场的需求在不断增长，后者表明菲律宾不断调整出口结构适应需求结构的变化。竞争效应在前三期为负，在第四期变负为正；分布效应为负，是出口减少的主要原因。从竞争效应分解来看，市场竞争效应在前两期为负，在第三期转为正；产品竞争效应在这四期均为负。

进一步分解产品竞争效应可知，其他原材、木制品的出口竞争力不断下降，林果的出口竞争力在前三期不断下降，在第四期略有回升，原木、锯材、人造板、木浆等产品出口竞争力在前三期逐步增强，在第四期出现下降，而纸及纸制品对出口增长的效应在第三期由正转变为负（见表6-5）。

（五）基于泰国的修正CMS分解

从整体来看，泰国的林产品出口呈现快速扩大态势。相对于基期，第一、第二、第三和第四期的泰国对CAFTA成员国林产品出口的增长明显，是由竞争效应、市场规模效应、商品结构效应和市场分布效应共同促成。四种效应对于四期出口增长的解释水平相对稳定，其中前两者对于出口增长的贡献率分别在56%、39%左右，这说明出口国竞争力相对较强和中国—东盟市场需求拉动是出口增长的主要原因；后两者对于出口增长的贡献率分别在4%、1%左右（见表6-4）。在这四期内，竞争效应中的产品竞争效应和市场竞争效应的贡献率相对稳定，分别在25%、28%左右。其中，对于产品竞争效应的贡献较大的林产品为锯材、人造板（见表6-5），表明泰国林产品在CAFTA成员国市场的竞争力主要集中在个别林产品上。

第六章 中国—东盟自由贸易区林产品贸易的动态效应

表6-2 样本市场林产品贸易额

单位：百万美元

样本市场		中国	印度尼西亚	马来西亚	菲律宾	泰国	越南	中国—东盟	中国	印度尼西亚	马来西亚	菲律宾	泰国	越南	中国—东盟
					出口							进口			
基期	中国		55.54	67.58	46.83	36.26	46.07	252.28		1265.43	594.80	85.58	399.58	74.77	2420.16
	印度尼西亚	773.47		93.53	23.24	26.05	42.36	958.65	111.85		14.68	2.05	55.00	0.82	184.40
	马来西亚	246.26	19.83		54.17	141.58	45.76	507.6	85.27	221.17		11.66	85.54	5.25	408.89
	菲律宾	46.54	0.88	4.08		2.11	1.94	55.55	35.47	35.12	72.88		35.74	0.62	179.83
	泰国	235.95	38.68	57.9	20.89		20.13	373.55	72.52	49.20	200.89	4.75		2.70	330.06
	越南	106.93	0.69	7.82	1.03	2.75		119.21	37.60	62.06	86.94	4.29	30.28		221.16
第一期	中国		156.74	155.83	87.37	130.59	137.78	668.31		1249.32	547.12	118.63	606.19	168.95	2690.22
	印度尼西亚	771.93		138.69	29.02	38.67	86.37	1064.69	217.77		47.54	5.10	110.30	3.73	384.43
	马来西亚	347.03	60.26		75.53	202.71	89.63	775.15	198.32	301.38		13.45	211.83	13.20	738.19
	菲律宾	38.84	1.8	4.36		5.53	5.02	55.55	66.78	41.88	96.80		33.77	1.80	241.02
	泰国	428.27	66.66	132.72	22.67		81.63	731.95	206.76	72.99	341.44	11.06		13.99	646.25
	越南	239.37	2.49	9.04	1.52	12.37		264.78	163.83	125.43	150.01	10.59	111.47		561.33
第二期	中国		321.98	290.97	180.27	261.68	349.21	1404.1		1069.16	337.91	183.82	883.61	411.95	2886.45
	印度尼西亚	834.11		157.7	37.45	50.97	122.28	1202.52	420.74		120.70	2.74	218.49	10.12	772.78
	马来西亚	224.81	71.81		74.34	208.73	92.98	672.67	300.89	286.49		13.10	227.29	20.54	848.30
	菲律宾	33.01	1.73	6.03		7.22	8.96	56.95	113.05	50.95	69.64		33.76	4.96	272.37

◇ 中国—东盟自由贸易区的林产品贸易效应研究

续表

	样本市场	出口							进口						
		中国	印度尼西亚	马来西亚	菲律宾	泰国	越南	中国—东盟	中国	印度尼西亚	马来西亚	菲律宾	泰国	越南	中国—东盟
第二期	泰国	596.14	121.43	172.81	29.81		138.09	1058.29	369.49	90.91	293.03	11.51		23.29	788.24
	越南	451.29	7.12	14.39	5.07	22.18		500.05	304.84	187.97	164.77	18.07	219.29		894.95
	中国		588.53	620.17	483.09	816.22	796.02	3304.04		2049.61	360.70	483.43	2136.52	1388.91	6419.17
第三期	印度尼西亚	1635.34		223.3	57.33	77.1	183.52	2176.59	622.07		143.66	10.53	284.29	46.63	1107.19
	马来西亚	246.76	95.59		123.41	242.14	98.55	806.44	480.47	386.83		24.08	263.15	64.62	1219.14
	菲律宾	182.45	5.64	11.11		7.74	10.07	217.01	355.81	83.51	114.20		36.76	15.40	605.68
	泰国	1486.8	176.7	162.43	39.89		349.2	2215.03	709.30	138.06	293.39	14.72		72.20	1227.68
	越南	1324.12	28.07	42.59	13.4	67.29		1475.47	493.84	304.22	134.68	15.40	337.94		1286.08
	中国	2570.17	693.29	886.8	907.13	1106.07	1785.25	5378.55		3157.36	258.41	586.27	3572.74	1911.26	9486.04
第四期	印度尼西亚	267.54		273.37	95.45	145.59	235.28	3319.85	979.34		184.92	14.26	278.33	103.21	1560.06
	马来西亚	465.79	106.36		137.99	200.03	99.06	810.98	767.02	495.17		21.27	253.86	123.21	1660.54
	菲律宾		8	13.93		8.42	7.38	503.52	800.45	166.17	116.25		71.66	43.98	1198.51
	泰国	2523.37	161.42	155.96	47.01		1041.36	3929.12	876.44	216.06	217.35	11.02		156.13	1477.00
	越南	3469.24	58.9	83.99	32.27	145.47		3789.87	946.34	342.62	139.00	11.60	927.29		2366.85

资料来源：笔者根据世界银行WITS数据库数据整理，下同。

第六章 中国—东盟自由贸易区林产品贸易的动态效应

表 6-3　CAFTA 的各种林产品进出口贸易额

单位：百万美元

	产品	出口							进口						
		中国	印度尼西亚	马来西亚	菲律宾	泰国	越南	中国—东盟	中国	印度尼西亚	马来西亚	菲律宾	泰国	越南	中国—东盟
基期	原木	0.12	2.40	134.45	0.00	0.07	3.15	140.19	351.25	0.33	14.53	4.98	19.14	56.41	446.64
	其他原材	0.38	3.33	0.32	0.31	0.15	5.15	9.64	5.93	0.09	0.50	0.24	0.18	0.17	7.12
	锯材	4.38	51.85	166.00	1.22	87.40	2.53	313.37	473.32	3.62	64.70	23.48	152.98	15.55	733.64
	人造板	21.40	249.33	156.64	0.24	64.21	2.06	493.88	472.79	7.72	39.58	42.84	29.44	36.90	629.28
	木制品	12.38	77.35	9.60	0.92	3.14	6.28	109.67	4.21	1.71	19.79	4.00	5.66	1.44	36.81
	木浆	4.86	365.69	0.19	0.75	56.19	0.04	427.71	524.18	10.65	4.34	2.16	4.76	4.86	550.95
	林果	159.97	17.40	6.11	42.54	72.81	98.29	397.11	215.73	107.37	43.17	15.40	39.10	32.78	453.55
	纸及纸制品	48.80	191.31	34.29	9.59	89.59	1.71	375.28	372.74	52.92	222.28	86.73	78.78	73.05	886.50
第一期	原木	0.14	0.06	199.57	0.01	0.33	19.23	219.34	346.02	0.36	1.89	2.68	18.79	75.51	445.25
	其他原材	0.26	16.71	2.31	1.23	2.79	42.44	65.74	85.08	0.38	0.97	1.47	0.22	0.70	88.84
	锯材	15.87	6.30	241.31	3.27	220.65	15.06	502.46	448.70	7.97	112.06	18.01	256.50	55.61	898.85
	人造板	146.12	239.57	242.08	0.60	160.49	10.33	799.19	405.08	54.00	111.30	63.53	71.82	128.04	833.77
	木制品	34.68	60.10	15.61	1.07	2.86	3.39	117.73	5.43	5.09	29.02	5.32	14.18	4.04	63.08
	木浆	4.92	450.15	6.43	1.12	72.44	0.04	535.11	733.15	9.03	7.96	4.33	3.79	20.76	779.01
	林果	334.29	33.33	5.29	31.61	135.19	167.73	707.44	360.22	196.10	57.27	31.98	90.17	82.71	818.44
	纸及纸制品	132.04	258.45	62.55	16.63	137.19	6.56	613.43	306.54	111.50	417.71	113.71	190.78	193.96	1334.20

续表

		出口						进口					
	产品	中国	印度尼西亚	马来西亚	菲律宾	泰国	越南	中国—东盟	中国	印度尼西亚	马来西亚	菲律宾	泰国	越南	中国—东盟
第二期	原木	1.29	0.02	150.82	0.02	0.15	10.67	162.98	183.28	0.18	1.39	0.23	11.03	72.83	268.94
	其他原材	0.51	25.92	3.43	0.74	29.26	123.96	183.83	204.65	1.57	2.69	0.31	0.84	0.83	210.90
	锯材	27.57	9.22	220.25	6.49	303.01	23.95	590.50	436.34	15.31	65.30	4.79	192.63	42.56	756.95
	人造板	231.94	159.79	177.44	1.36	221.41	7.38	799.32	212.14	115.38	123.00	53.10	90.39	209.40	803.41
	木制品	45.33	9.51	20.75	0.64	5.05	4.36	85.64	7.42	9.71	32.49	5.14	15.94	5.63	76.33
	木浆	15.30	638.60	6.76	1.64	68.96	0.01	731.27	789.90	20.37	1.98	2.46	11.51	23.36	849.58
	林果	841.08	35.28	5.63	20.62	229.62	316.86	1449.09	798.37	394.77	105.66	61.51	176.35	136.12	1672.78
	纸及纸制品	241.08	324.17	87.58	25.44	200.82	12.86	891.95	254.34	215.49	515.80	144.82	289.54	404.20	1824.21
第三期	原木	5.41	0.00	109.26	1.11	0.11	28.37	144.27	281.21	11.87	2.31	3.81	6.10	35.97	341.26
	其他原材	4.14	128.32	12.96	6.87	152.35	509.89	814.53	1011.80	3.71	4.80	1.00	3.24	3.68	1028.22
	锯材	16.82	19.44	270.80	27.95	772.29	134.00	1241.29	1197.98	8.09	33.65	7.46	171.49	22.40	1441.06
	人造板	603.70	545.20	239.18	2.35	251.22	56.45	1698.11	202.61	161.88	263.84	143.86	156.83	302.75	1231.77
	木制品	145.62	12.33	29.26	2.39	11.22	13.74	214.56	274.05	15.47	49.84	19.72	29.62	12.04	400.73
	木浆	25.39	968.66	6.79	6.64	78.82	10.36	1096.65	1260.62	16.83	4.61	3.66	23.53	30.19	1339.44
	林果	1809.19	112.86	18.68	146.21	657.30	691.01	3435.25	1952.26	483.71	161.59	123.98	373.55	199.52	3294.61
	纸及纸制品	693.77	389.76	119.52	23.50	291.72	31.64	1549.91	238.64	405.62	698.51	302.19	463.32	679.54	2787.84

第六章 中国—东盟自由贸易区林产品贸易的动态效应

续表

	产品	出口								进口					
		中国	印度尼西亚	马来西亚	菲律宾	泰国	越南	中国—东盟	中国	印度尼西亚	马来西亚	菲律宾	泰国	越南	中国—东盟
第四期	原木	22.08	0.13	70.18	0.00	1.40	4.50	98.29	85.19	70.47	0.45	3.75	0.02	20.69	180.57
	其他原材	3.08	50.84	19.87	13.32	122.76	748.31	958.18	1069.39	48.42	9.87	1.06	2.89	6.28	1137.91
	锯材	10.30	31.00	320.33	23.83	1207.17	101.12	1693.75	1787.34	6.98	9.57	25.67	100.36	38.18	1968.10
	人造板	1018.81	486.33	171.42	0.51	242.04	130.90	2050.01	237.04	101.03	386.22	273.55	187.65	453.93	1639.41
	木制品	317.67	274.13	29.21	2.15	14.94	52.87	690.98	442.54	25.32	65.08	36.56	42.81	27.17	639.48
	木浆	14.77	1709.38	54.91	3.79	113.69	11.99	1908.54	2095.79	4.46	54.21	4.42	29.68	42.23	2230.79
	林果	2762.61	256.14	16.05	435.57	1908.17	2618.57	7997.10	3149.98	739.02	256.86	259.82	545.44	732.42	5683.54
	纸及纸制品	1229.23	511.90	129.01	24.35	318.94	121.62	2335.04	618.77	564.36	878.29	593.67	568.15	1045.95	4269.19

◇ 中国—东盟自由贸易区的林产品贸易效应研究

表 6-4　CAFTA 成员国对 CAFTA 内部林产品出口增长的因素分解

单位：百万美元，%

中国

	第一期 绝对额	第一期 比重	第二期 绝对额	第二期 比重	第三期 绝对额	第三期 比重	第四期 绝对额	第四期 比重
总效应	416.03	100.00	1151.82	100.00	3051.75	100.00	5126.27	100.00
规模效应	102.20	24.57	183.16	15.90	547.11	17.93	943.55	18.41
结构效应	37.12	8.92	165.58	14.38	383.74	12.57	703.03	13.71
分布效应	67.00	16.11	140.74	12.22	148.05	4.85	257.97	5.03
竞争效应	209.71	50.41	662.34	57.50	1972.86	64.65	3221.71	62.85
其中：产品竞争效应	119.80	28.80	318.75	27.67	868.58	28.46	1388.33	27.08
市场竞争效应	89.91	21.61	343.59	29.83	1104.28	36.18	1833.39	35.76

印度尼西亚

	第一期 绝对额	第一期 比重	第二期 绝对额	第二期 比重	第三期 绝对额	第三期 比重	第四期 绝对额	第四期 比重
总效应	106.03	100.00	243.87	100.00	1217.94	100.00	2361.20	100.00
规模效应	388.36	366.26	696.00	285.40	2078.96	170.70	3585.37	151.85
结构效应	29.84	28.14	-0.37	-0.15	246.82	20.27	370.46	15.69
分布效应	-64.35	-60.69	-134.65	-55.21	-142.86	-11.73	-203.86	-8.63
竞争效应	-247.81	-233.71	-317.12	-130.04	-964.98	-79.23	-1390.76	-58.90
其中：产品竞争效应	-171.00	-161.27	-225.70	-92.55	-677.33	-55.61	-982.54	-41.61
市场竞争效应	-76.81	-72.44	-91.42	-37.49	-287.66	-23.62	-408.22	-17.29

马来西亚

	第一期 绝对额	第一期 比重	第二期 绝对额	第二期 比重	第三期 绝对额	第三期 比重	第四期 绝对额	第四期 比重
总效应	267.55	100.00	165.08	100.00	298.85	100.00	303.39	100.00
规模效应	205.63	76.86	368.53	223.24	1100.79	368.34	1898.41	625.73
结构效应	-42.45	-15.87	-150.53	-91.19	-284.59	-95.23	-518.72	-170.98
分布效应	33.90	12.67	53.00	32.11	69.49	23.25	105.63	34.82

菲律宾

	第一期 绝对额	第一期 比重	第二期 绝对额	第二期 比重	第三期 绝对额	第三期 比重	第四期 绝对额	第四期 比重
总效应	0.00	100.00	1.40	100.00	161.45	100.00	447.96	100.00
规模效应	22.51	-806504.30	40.33	2886.57	120.47	74.62	207.77	46.38
结构效应	10.71	-383714.80	47.24	3381.04	111.16	68.85	194.01	43.31
分布效应	-4.03	144429.20	-7.66	-548.19	-7.99	-4.95	-13.32	-2.97

— 156 —

第六章 中国—东盟自由贸易区林产品贸易的动态效应

续表

马来西亚

	第一期 绝对额	第一期 比重	第二期 绝对额	第二期 比重	第三期 绝对额	第三期 比重	第四期 绝对额	第四期 比重
竞争效应	70.48	26.34	-105.92	-64.16	-586.84	-196.37	-1181.93	-389.58
其中:产品竞争效应	73.41	27.44	48.81	29.57	-116.38	-38.94	-278.79	-91.89
市场竞争效应	-2.94	-1.10	-154.72	-93.73	-470.46	-157.42	-903.14	-297.68

菲律宾

	第一期 绝对额	第一期 比重	第二期 绝对额	第二期 比重	第三期 绝对额	第三期 比重	第四期 绝对额	第四期 比重
竞争效应	-29.19	1045890.00	-78.52	-5619.42	-62.19	-38.52	59.50	13.28
其中:产品竞争效应	-21.96	787017.00	-66.71	-4774.32	-90.67	-56.16	-73.92	-16.50
市场竞争效应	-7.22	258872.90	-11.81	-845.10	28.48	17.64	133.42	29.78

泰国

	第一期 绝对额	第一期 比重	第二期 绝对额	第二期 比重	第三期 绝对额	第三期 比重	第四期 绝对额	第四期 比重
总效应	358.41	100.00	684.74	100.00	1841.48	100.00	3555.57	100.00
规模效应	151.33	42.22	271.20	39.61	810.08	43.99	1397.07	39.29
结构效应	10.12	2.82	38.95	5.69	58.34	3.17	140.41	3.95
分布效应	0.83	0.23	15.98	2.33	17.23	0.94	35.60	1.00
竞争效应	196.13	54.72	358.61	52.37	955.82	51.91	1982.50	55.76
其中:产品竞争效应	93.42	26.06	167.82	24.51	457.35	24.84	938.84	26.40
市场竞争效应	102.71	28.66	190.79	27.86	498.47	27.07	1043.66	29.35

越南

	第一期 绝对额	第一期 比重	第二期 绝对额	第二期 比重	第三期 绝对额	第三期 比重	第四期 绝对额	第四期 比重
总效应	145.56	100.00	380.84	100.00	1356.25	100.00	3670.65	100.00
规模效应	48.29	33.18	86.55	22.73	258.53	19.06	445.86	12.15
结构效应	48.28	33.17	166.62	43.75	583.13	43.00	810.88	22.09
分布效应	-13.17	-9.05	-25.50	-6.69	-26.49	-1.95	-44.60	-1.22
竞争效应	62.15	42.70	153.16	40.22	541.08	39.90	2458.51	66.98
其中:产品竞争效应	0.35	0.24	-19.48	-5.11	-34.27	-2.53	801.51	21.84
市场竞争效应	61.80	42.46	172.64	45.33	575.35	42.42	1656.99	45.14

— 157 —

（六）基于越南的修正 CMS 分解

相对于基期，在考察期间越南对 CAFTA 成员国市场的林产品出口呈现增长态势，其主要原因是竞争效应、商品结构效应和市场规模效应。其中竞争效应的贡献率呈现先降后升的变化趋势，由 42.70% 下降至 39.90%，转而上升至 66.98%。原因可能是在于林果的竞争力发生了质的改变，产品竞争效应由负转为正；而市场竞争效应在不断增加，解释水平在 43.43% 左右。商品结构效应的解释水平呈现倒"U"形变化，说明相对于基期，越南的林产品出口结构不断适应 CAFTA 成员国市场的需求。市场规模效应的贡献额不断增加，而解释水平不断下降，进一步从侧面印证了结构效应和竞争效应对于出口增长的重要作用（见表 6-4、表 6-5）。

表 6-5　CAFTA 成员国林产品出口的产品竞争效应分解　　单位：%

	中国				菲律宾			
	第一期	第二期	第三期	第四期	第一期	第二期	第三期	第四期
原木	0.01	0.61	2.66	11.01	0.01	0.01	0.56	0.00
其他原材	-2.21	-5.31	-25.04	-28.47	-1.31	-4.20	-18.84	-17.98
锯材	5.25	11.53	4.11	-0.72	0.89	2.62	12.78	10.28
人造板	58.88	102.31	280.91	481.53	0.14	0.53	0.94	-0.06
木制品	6.73	9.83	5.42	51.30	-0.25	-0.63	-3.79	-6.87
木浆	-0.98	3.90	6.78	-2.46	0.03	0.25	2.41	0.38
林果	22.81	125.55	323.59	379.02	-22.57	-68.14	-81.40	-48.75
纸及纸制品	29.30	70.33	270.16	497.11	1.10	2.85	-3.33	-10.92
	印度尼西亚				泰国			
	第一期	第二期	第三期	第四期	第一期	第二期	第三期	第四期
原木	-1.17	-0.71	-0.92	-0.42	0.13	0.06	0.03	0.69
其他原材	-12.40	-36.32	-176.11	-240.49	0.47	12.43	65.42	49.48
锯材	-28.61	-22.14	-41.21	-54.05	56.79	106.42	300.31	486.36
人造板	-45.39	-79.26	28.58	-81.61	37.71	69.72	62.77	37.38
木制品	-36.21	-75.43	-414.80	-534.70	-1.26	-0.73	-11.47	-19.78
木浆	-33.45	37.35	39.81	114.36	-3.50	-8.84	-28.89	-56.90

第六章
中国—东盟自由贸易区林产品贸易的动态效应

续表

	印度尼西亚				泰国			
	第一期	第二期	第三期	第四期	第一期	第二期	第三期	第四期
林果	0.97	-14.44	-6.75	19.07	1.90	-19.46	64.19	497.86
纸及纸制品	-14.74	-34.75	-105.93	-204.70	1.18	8.23	4.99	-56.25

	马来西亚				越南			
	第一期	第二期	第三期	第四期	第一期	第二期	第三期	第四期
原木	32.77	34.93	3.26	7.91	8.04	4.39	12.98	1.61
其他原材	-0.86	-3.07	-16.83	-15.86	-10.95	-14.40	-117.44	-37.95
锯材	18.97	24.49	-27.63	-62.49	5.98	10.67	64.52	47.17
人造板	17.27	-11.27	-33.71	-118.33	3.80	2.37	26.21	62.76
木制品	-0.42	0.42	-37.62	-68.78	-3.69	-4.33	-27.32	-28.13
木浆	3.08	3.24	3.17	27.08	-0.01	-0.03	5.13	5.91
林果	-2.87	-8.45	-12.86	-30.28	-4.82	-22.82	-11.47	693.46
纸及纸制品	5.48	8.51	5.85	-18.05	1.99	4.67	13.13	56.69

注：由 $\dfrac{E_{ik}^t - E_{ik}^0 - r_k E_{ik}^0}{2}$ 计算得到。

三 基于进口的实证结果及分析

（一）基于中国的修正 CMS 分解

由表6-7中的结果可知，相对于基期，考察期中国自 CAFTA 成员国的林产品进口呈现稳步增加，其中第一期增加2.70亿美元、第二期4.66亿美元、第三期39.99亿美元、第四期70.66亿美元。其间，市场规模效应为正，对于进口增长的解释均超过了200%，说明中国林产品进口受到 CAFTA 成员国林产品供给影响非常明显，供给效应是带动中国林产品进口持续增长的主要因素。同时，结构效应、分布效应和竞争效应为负。其中前者对于进口增长的解释水平由-6.23%下降至-51.07%，后升至-32.16%，说明中国林产品的进口结构与出口国林产品出口结构存在失衡；分布效应对于进口增长的解释水平呈现波动下降态势，说明中国自 CAFTA 成员国林产品进口增速超过成员国林产品供给增速；竞争效应对于进口增长的解释水平呈现波动上升态势，CAFTA成员国在中国市场中的出口竞争力有所提升，但相对于基期依然较低。通过分解竞争效应发现，相对于第一期和第二期，产品竞争效应和市场竞争效应在第三期大幅度上升。进一步对产品竞争效应分解来看（见表6-6），相对于基期，CAFTA成员国的其他原材、木制品竞争力在上升，原木竞争力呈现波动，林果竞争力呈倒"U"形变化，其他产品竞争力在下降。

（二）基于印度尼西亚的修正CMS分解

由表6-7中的结果可知，相对于基期，2004—2020年印度尼西亚自CAFTA成员国的林产品进口呈现增长态势。除竞争效应在第三期发生质的变化，竞争力大幅度下降外，规模效应、结构效应和分布效应均为正。其中，规模效应在第一、第三、第四期对于增长的贡献超过50%，而在第二期对于进口增长的解释水平较低，主要原因是经历金融危机后CAFTA成员国的林产品出口能力有所下降；结构效应对于进口增长的解释水平不断提高，表明贸易双方林产品进、出口结构日益接近；分布效应对于进口增长的解释水平不断提升，说明林产品供给结构变化对印度尼西亚林产品进口的影响日趋重要。通过对竞争效应分解发现，竞争效应在第三、第四期为负是由产品竞争效应和市场竞争效应共同促成的。第四期的产品竞争效应和市场竞争效应对于竞争效应的贡献分别为41.66%、58.34%，说明市场竞争效应是引起竞争效应下降的主要原因。市场竞争效应为负，意味着CAFTA成员国的林产品在印度尼西亚的市场上竞争力在不断下降，2010年以来更为显著。

（三）基于马来西亚的修正CMS分解

由表6-7中的结果可知，相对于基期，在第一、第二、第三、第四期马来西亚自CAFTA成员国的林产品进口增长明显，分别增加了约3.29亿美元、4.39亿美元、8.10亿美元和12.52亿美元。其中，规模效应在这四期均为正，且这种效应不断增强，由70.86%上升至222.87%，表明规模效应是进口增加的主要影响原因。结构效应在第一、第二期对于进口增长的解释水平分别为2.93%、

4.58%,在第三、第四期为-2.94%、-9.10%,说明结构效应不是影响进口增长的主要因素。竞争效应在第一期为正,在第二、第三、第四期为负且绝对值在增大,对于进口增长的解释水平分别为23.24%、-28.78%、-98.09%、-136.05%,说明是竞争效应对于马来西亚林产品进口增长有显著负面影响。对竞争效应分解发现,产品竞争力和市场竞争力在第二期均发生质的变化,由正转为负,且这种负效应在第三、第四期增强。进一步分解产品竞争效应发现(见表6-6):锯材、纸及纸制品的竞争效应在第二期由正转为负,且在第三、第四期增强;木浆的竞争效应呈现"U"形变化;其他原材和林果的竞争效应为负,且不断增强;人造板的竞争效应为正,且不断增强;木制品的竞争效应在第四期由正转负;原木(FOR1)的竞争效应为负,但这种负效应在减弱。

(四) 基于菲律宾的修正 CMS 分解

由表6-7中的结果可知,菲律宾林产品进口呈现快速扩大态势,相对基期,第一、第二、第三、第四期进口分别增长了约0.61亿美元、0.93亿美元、4.26亿美元和10.19亿美元。其中规模效应对这四期进口增长的解释水平在120%以上,这说明CAFTA成员国林产品出口的增长带动了菲律宾林产品进口。而竞争效应为负,整体呈减弱态势,说明竞争效应对于菲律宾林产品进口的阻碍作用不断减弱。分解竞争效应发现,考察期间产品竞争效应和市场竞争效应均为负,且呈现"U"形变化。进一步分解产品竞争效应来看(见表6-6),木制品在四期均为正,原木、人造板、纸及纸制品在第四期为正,木浆在第一期为正,林果在第一、第二期为正,其余均为负,由此可见CAFTA成员国的绝大多数林产品在菲律宾市场上不具有竞争优势。结构效应在第一、第二期为正,但这一效应在减弱,在第三期发生质的变化,由正转为负,说明其间贸易双方林产品进、出口结构逐渐失衡。分布效应在第四期由正转为负,说明市场分布对于菲律宾的林产品进口的影响发生改变,由最初的促进转为抑制。

(五) 基于泰国的修正 CMS 分解

与基期相比，在考察期间泰国林产品进口呈现快速增长态势，其中受市场规模效果影响较大，而结构效应、分布效应和竞争效应在四期对于出口增长的影响并不一致，见表6-7。规模效应是泰国林产品进口增长的主要原因，对四期林产品进口增长的解释水平在50%以上。除第一期外，结构效应在其他三期对泰国林产品进口增长有负作用，说明贸易双方林产品进、出口结构之间存在失衡。在第三期，分布效应和竞争效应对泰国林产品进口增长的影响由正转为负，前者说明CAFTA各成员国林产品出口结构的变化不利于泰国林产品进口，后者说明CAFTA各成员国林产品在泰国市场的竞争力由正转负。在第四期，竞争效应使泰国林产品进口减少7.64亿美元，对进口增加的贡献率为-66.59%，其中，产品竞争效应使进口减少4.19亿美元，市场竞争效应使进口减少3.45亿美元。进一步分解产品竞争效应发现（见表6-6），锯材和林果解释了产品竞争效应为负的大部分原因，其中锯材的影响最大。

表6-6 　　　CAFTA林产品进口的产品竞争效应分解 　　　单位：%

	中国				菲律宾			
	第一期	第二期	第三期	第四期	第一期	第二期	第三期	第四期
原木	-101.76	-112.53	-40.13	-80.54	-2.55	-2.78	-0.66	0.13
其他原材	22.32	45.79	255.38	239.99	-0.08	-2.11	-9.56	-11.31
锯材	-155.11	-227.78	-338.44	-385.46	-9.82	-19.72	-42.77	-50.61
人造板	-180.00	-276.53	-711.50	-862.73	-2.90	-8.12	-1.72	47.86
木制品	0.45	2.06	132.90	207.99	0.51	1.01	5.95	5.67
木浆	38.67	-53.15	-41.69	-121.61	0.82	-0.61	-0.93	-2.60
林果	-12.05	5.58	43.03	-597.21	2.27	2.66	-4.60	-25.12
纸及纸制品	-151.37	-315.79	-650.39	-850.23	-14.03	-30.66	-28.00	27.01

	印度尼西亚				泰国			
	第一期	第二期	第三期	第四期	第一期	第二期	第三期	第四期
原木	-0.08	-0.10	5.77	35.12	-5.58	-5.61	-6.80	-6.70

续表

	印度尼西亚				泰国			
	第一期	第二期	第三期	第四期	第一期	第二期	第三期	第四期
其他原材	-0.12	-0.09	-2.02	19.66	-0.51	-1.33	-6.13	-7.67
锯材	1.08	4.25	-3.12	-6.29	5.60	-47.82	-217.25	-363.26
人造板	20.76	51.44	67.67	34.49	12.09	21.37	27.80	32.72
木制品	1.63	4.19	6.06	7.28	4.05	5.76	9.27	3.58
木浆	-2.15	1.08	-5.24	-21.53	-1.09	1.68	5.66	4.21
林果	2.41	1.49	-222.55	-711.59	10.26	16.84	17.67	-120.95
纸及纸制品	12.50	44.86	93.54	117.55	31.00	51.15	68.98	38.98

	马来西亚				越南			
	第一期	第二期	第三期	第四期	第一期	第二期	第三期	第四期
原木	-10.43	-7.75	-6.33	-4.87	-6.37	3.63	-11.04	-9.43
其他原材	-1.23	-3.46	-18.90	-20.12	-0.24	-1.23	-5.44	-5.42
锯材	4.16	-28.31	-111.31	-170.06	15.34	6.63	-19.60	-22.94
人造板	23.63	29.47	63.87	110.96	34.16	74.84	87.94	150.38
木制品	3.89	8.52	5.55	-29.82	1.25	2.25	4.61	9.05
木浆	1.27	-2.72	-3.25	17.43	7.34	7.52	8.86	10.26
林果	-9.82	-25.94	-105.93	-306.25	12.15	8.24	-42.04	36.10
纸及纸制品	27.19	-6.25	-109.75	-252.37	37.28	115.30	188.93	295.73

注：由 $\dfrac{(E_{ik}^t - E_{ik}^0 - r_k E_{ik}^0)}{2}$ 计算得到。

（六）基于越南的修正 CMS 分解

由表 6-7 中的结果可知，相对于基期，越南林产品进口呈现稳步增长态势；而相对于上一期，进口增长在 3 亿美元以上。其中竞争效应和规模效应是越南林产品进口增长的主要原因，前者对于进口增长的解释水平呈波动减弱，由 58.64% 下降至 41.52%，后者的解释水平呈波动增强，由 37.10% 上升至 70.32%。结构效应和分布效应对于进口增长的解释水平都较低，其中前者在 -6.77%—1.78%，后者在 -5.06%—2.58%，这说明两者不是影响进口增长的主要原因。从竞争效应分解来看，产品竞争效应和市场竞争效应均

◆ 中国—东盟自由贸易区的林产品贸易效应研究

表6-7　CAFTA成员国对CAFTA内部林产品进口增长的因素分解

单位：百万美元，%

中国

	第一期 绝对额	第一期 比重	第二期 绝对额	第二期 比重	第三期 绝对额	第三期 比重	第四期 绝对额	第四期 比重
总效应	270.06	100.00	466.30	100.00	3999.02	100.00	7065.89	100.00
规模效应	1381.07	511.39	2805.45	601.64	8463.88	211.65	16510.96	233.67
结构效应	-16.66	-6.17	-237.23	-50.87	-881.59	-22.05	-2272.73	-32.16
分布效应	-226.46	-83.85	-658.32	-141.18	-1718.42	-42.97	-3121.47	-44.18
竞争效应	-867.89	-321.37	-1443.61	-309.59	-1864.86	-46.63	-4050.87	-57.33
其中：产品竞争效应	-538.84	-199.53	-932.35	-199.95	-1350.85	-33.78	-2449.81	-34.67
市场竞争效应	-329.05	-121.84	-511.26	-109.64	-514.02	-12.85	-1601.07	-22.66

印度尼西亚

	第一期 绝对额	第一期 比重	第二期 绝对额	第二期 比重	第三期 绝对额	第三期 比重	第四期 绝对额	第四期 比重
总效应	200.03	100.00	588.38	100.00	922.78	100.00	1375.66	100.00
规模效应	105.23	52.61	213.76	36.33	644.91	69.89	1258.06	91.45
结构效应	11.36	5.68	80.20	13.63	198.83	21.55	584.12	42.46
分布效应	70.37	35.18	202.59	34.43	501.60	54.36	794.42	57.75
竞争效应	13.07	6.53	91.83	15.61	-422.55	-45.79	-1260.94	-91.66
其中：产品竞争效应	36.04	18.02	107.11	18.20	-59.89	-6.49	-525.32	-38.19
市场竞争效应	-22.97	-11.48	-15.28	-2.60	-362.66	-39.30	-735.62	-53.47

马来西亚

	第一期 绝对额	第一期 比重	第二期 绝对额	第二期 比重	第三期 绝对额	第三期 比重	第四期 绝对额	第四期 比重
总效应	329.29	100.00	439.41	100.00	810.25	100.00	1251.64	100.00
规模效应	233.34	70.86	473.99	107.87	1430.00	176.49	2789.59	222.87
结构效应	9.32	2.83	19.15	4.36	-23.84	-2.94	-113.87	-9.10
分布效应	10.11	3.07	72.72	16.55	198.87	24.54	278.82	22.28

菲律宾

	第一期 绝对额	第一期 比重	第二期 绝对额	第二期 比重	第三期 绝对额	第三期 比重	第四期 绝对额	第四期 比重
总效应	61.20	100.00	92.54	100.00	425.85	100.00	1018.69	100.00
规模效应	102.62	167.69	208.46	225.26	628.90	147.68	1226.84	120.43
结构效应	5.07	8.28	2.38	2.57	-19.21	-4.51	-95.10	-9.34
分布效应	16.61	27.14	26.81	28.97	35.47	8.33	-8.36	-0.82

续表

马来西亚

	第一期 绝对额	第一期 比重	第二期 绝对额	第二期 比重	第三期 绝对额	第三期 比重	第四期 绝对额	第四期 比重
竞争效应	76.52	23.24	-126.45	-28.78	-794.79	-98.09	-1702.90	-136.05
其中：产品竞争效应	38.66	11.74	-36.44	-8.29	-286.04	-35.30	-655.10	-52.34
市场竞争效应	37.87	11.50	-90.01	-20.48	-508.75	-62.79	-1047.79	-83.71

泰国

	第一期 绝对额	第一期 比重	第二期 绝对额	第二期 比重	第三期 绝对额	第三期 比重	第四期 绝对额	第四期 比重
总效应	316.19	100.00	458.18	100.00	897.62	100.00	1146.94	100.00
规模效应	188.35	59.57	382.60	83.51	1154.30	128.60	2251.75	196.33
结构效应	8.10	2.56	-4.25	-0.93	-27.53	-3.07	-133.31	-11.62
分布效应	22.93	7.25	17.54	3.83	-25.87	-2.88	-207.73	-18.11
竞争效应	96.80	30.62	62.28	13.59	-203.27	-22.65	-763.76	-66.59
其中：产品竞争效应	55.82	17.65	42.04	9.18	-100.80	-11.23	-419.09	-36.54
市场竞争效应	40.98	12.96	20.24	4.42	-102.47	-11.42	-344.67	-30.05

菲律宾

	第一期 绝对额	第一期 比重	第二期 绝对额	第二期 比重	第三期 绝对额	第三期 比重	第四期 绝对额	第四期 比重
竞争效应	-63.10	-103.11	-145.11	-156.80	-219.31	-51.50	-104.69	-10.28
其中：产品竞争效应	-25.78	-42.13	-60.34	-65.20	-82.31	-19.33	-8.97	-0.88
市场竞争效应	-37.32	-60.99	-84.76	-91.60	-136.99	-32.17	-95.72	-9.40

越南

	第一期 绝对额	第一期 比重	第二期 绝对额	第二期 比重	第三期 绝对额	第三期 比重	第四期 绝对额	第四期 比重
总效应	340.16	100.00	673.78	100.00	1064.91	100.00	2145.69	100.00
规模效应	126.21	37.10	256.37	38.05	773.47	72.63	1508.85	70.32
结构效应	6.07	1.78	-8.48	-1.26	-66.49	-6.24	-145.32	-6.77
分布效应	8.77	2.58	7.47	1.11	-13.47	-1.26	-108.67	-5.06
竞争效应	199.12	58.54	418.42	62.10	371.40	34.88	890.82	41.52
其中：产品竞争效应	100.91	29.67	217.19	32.23	212.21	19.93	463.74	21.61
市场竞争效应	98.21	28.87	201.23	29.87	159.19	14.95	427.09	19.90

有助于越南林产品进口增长，但两者的作用呈现波动下降态势。进一步分解产品竞争效应可知，人造板、纸及纸制品是影响产品竞争效应的主要产品；原木和林果的产品竞争效应并不稳健；锯材的竞争力在第三期发生质的改变，由正转为负，表明CAFTA各成员国的锯材在越南林产品市场上不再具有竞争力；木制品和木浆的产品竞争效应较弱，但呈增强态势；其他原材的产品竞争效应为负，且呈波动减弱态势（见表6-6）。

第三节 本章小结

本章选用2002—2020年CAFTA成员国的双边林产品贸易数据，从进口和出口两个视角进行模型运算，检验了CAFTA的林产品贸易动态效应。

本章的结论归纳起来主要有以下几方面：

（1）规模效应是影响CAFTA成员国间林产品贸易增长的主要原因。规模效应对于成员国间林产品贸易的增长影响为正，而其余三种效应对于贸易的增长影响并不一致为正，说明林产品市场规模扩大是成员国间林产品贸易增长的主要来源。这表明，CAFTA通过消除成员国间贸易壁垒，实现区域内林产品市场扩大，引致企业生产和贸易规模化，降低成本，促进区域内林产品贸易。

（2）结构效应是影响CAFTA成员国间林产品贸易增长的部分原因。基于出口贸易分析结果，发现：除个别国家外，林产品贸易结构变化对于贸易的增长有正向影响，且影响在逐渐增强，这在一定程度上表明贸易双方林产品进、出口结构日益接近。基于进口贸易分析结果，发现：除个别国家外，林产品贸易结构变化对于贸易增长的影响由正转为负，这在一定程度上表明贸易双方林产品进、出口结构日益失衡。这表明，CAFTA在一定程度上改善了成员国间林产品贸易结构，促进了林产品贸易，但由部分成员国实施限制林产品出口、进口的贸易政策，导致林产品进、出口结构匹配度降低，进而抵消部分结构效应。

（3）竞争效应对于CAFTA各成员国林产品贸易增长的影响并不一致。这在一定程度上反映了，CAFTA内的自由贸易能够提高成员国林产品整体竞争力，但不同成员国间竞争力水平存在显著差异，竞争效应对于不同成员国林产品贸易的影响不确定。其中，中国林产品出口竞争力的提高对林产品出口增长具有拉动作用，且在不断增强，其他成员国林产品在中国市场不具备出口竞争优势，并未对中国林产品进口增长发挥拉动作用。

从整体来看，CAFTA成员国间林产品贸易在不断增长，表明CAFTA的建设，促进了成员国间林产品贸易。

第七章 中国—东盟自由贸易区林产品贸易潜力及影响因素

前文研究发现,自由贸易区在林业技术进步、资源积累、规模经济和林产品贸易结构变动方面的体现,对于成员国林业提质增效会产生积极影响。在明晰自由贸易区对林产品贸易能够产生积极效应的基础上,本章将测算成员国间林产品贸易潜力,并进一步探讨如何更好地提升贸易效率,发挥贸易效率提升对林产品贸易发展的驱动作用。这种探讨对于提升自由贸易区内林产品贸易效率,挖掘林产品贸易潜力,促进林产品贸易合作,助力成员国林业发展,具有重要的实现意义。

第一节 模型设定

一 随机前沿模型

随机前沿模型的模型为:

$$Y_{it} = f(X_{it}, \beta) \exp(\vartheta_{it} - \mu_{it}) \tag{7-1}$$

$$Y'_{it} = f(X_{it}, \beta) \exp(\vartheta_{it}) \tag{7-2}$$

式(7-1)、式(7-2)中,Y_{it}、Y'_{it} 分别表示在 t 期个体 i 的实际产量和最优生产前沿;X_{it} 表示在 t 期个体 i 的投入要素;β 为待估计的参数向量；ϑ_{it} 为传统对称误差项，且 $\vartheta_{it} \sim N(0, \delta^2)$，表示随机环境因素对于产量的影响；$\mu_{it}$ 为单边误差项，表示不可观测的非效率因素，衡量生产效率的状况，与 ϑ_{it} 相互独立，通常被假定为非负变量并服从半正态分布或者截尾正态分布。若 μ_{it} 不随时间变化，为时不变模型；若时间跨度大，μ_{it} 随时间变化，则称为时变模型，即：

$$\mu_{it} = \{\exp[-\eta(t-T)]\}\mu_i \tag{7-3}$$

式（7-3）中，t 为年份；T 为期数；μ_i 服从截尾正态分布；η 为待估计的参数，$\eta>0$ 表示 μ_{it} 随时间递减，$\eta<0$ 表示 μ_{it} 随时间递增，$\eta=0$ 则说明时变模型退化为时不变模型。

联合式（7-1）、式（7-2）可推导出技术效率的表达式为：

$$TE_{it} = \frac{Y_{it}}{Y'_{it}} = \exp(-\mu_{it}) \tag{7-4}$$

式（7-4）中，TE_{it} 表示个体 i 在 t 期的技术效率，由实际产量与最优生产前沿的比值表示，衡量生产技术的效果和生产的潜力。若 $TE_{it}=1$ 时，表示生产达到最佳水平，最优生产前沿就是实际产量，$\mu_{it}=0$，不存在技术非效率；若 $0<TE_{it}<1$ 时，表示实际产量小于最优生产前沿，$\mu_{it}>0$，存在技术非效率。

二 随机前沿引力模型

根据传统引力模型的简约形式，本节假定 i、j 两国间的双边贸易为：

$$T_{ijt} = f(X_{ijt}, \beta)\exp(\vartheta_{ijt} - \mu_{ijt}) \tag{7-5}$$

式（7-5）中，T_{ijt} 表示在 t 期 i、j 两国的实际贸易规模；X_{ijt} 表示引力模型中影响贸易规模的自然决定因素，如经济规模、人口、距离等；ϑ_{ijt} 为随机性因素；μ_{ijt} 为贸易非效率项。

在随机前沿引力模型中，最优贸易前沿表示为：

$$T'_{ijt} = f(X_{ijt}, \beta)\exp(\vartheta_{ijt}) \tag{7-6}$$

式（7-6）中，T'_{ijt} 表示在 t 期 i、j 两国的可能达到的最大贸易规模，即最优贸易前沿，此时贸易非效率为零，双边贸易不存在摩擦。

根据式（7-4），贸易效率表示为：

$$TE_{ijt} = \frac{T_{ijt}}{T'_{ijt}} = \exp(-\mu_{ijt}) \qquad (7-7)$$

则最优贸易前沿可表示为：

$$T'_{ijt} = \frac{T_{ijt}}{TE_{ijt}} \qquad (7-8)$$

贸易非效率项可表示为：

$$\mu_{ijt} = -\ln(TE_{ijt}) \qquad (7-9)$$

在随机前沿引力模型中，贸易非效率项 μ_{ijt} 一般设定为：

$$\mu_{ijt} = \beta' X'_{ijt} + \varepsilon_{ijt} \qquad (7-10)$$

式（7-10）中，X'_{ijt} 表示影响 i、j 两国在 t 期进行贸易的各种外生变量；β' 为待估计的参数向量；ε_{ijt} 为随机干扰项。

三 实证模型设定

在设定随机前沿引力模型时，根据已有研究结果，仅选取核心变量，比如出口国森林面积、人口，进口国经济规模、人口，以及贸易伙伴间的地理距离、人均 GDP 之差的绝对值、是否接壤。

本节设定随机前沿引力模型为：

$$TR_{ijt} = \alpha_0 \cdot for_{it}^{\beta_1} \cdot gdp_{jt}^{\beta_2} \cdot pop_{it}^{\beta_3} \cdot pop_{jt}^{\beta_4} \cdot dist_{ij}^{\beta_5} \cdot |\Delta ppp_{ijt}|^{\beta_6} \cdot$$
$$e^{\beta_7 contig_{ij}} \cdot \exp(\vartheta_{ijt} - \mu_{ijt}) \qquad (7-11)$$

对式（7-11）取对数可得：

$$\ln TR_{ijt} = \beta_0 + \beta_1 \ln for_{it} + \beta_2 \ln gdp_{jt} + \beta_3 \ln pop_{it} + \beta_4 \ln pop_{jt} + \beta_5 \ln dist_{ij} +$$
$$\beta_6 \ln |\Delta ppp_{ijt}| + \beta_7 contig_{ij} + \vartheta_{ijt} - \mu_{ijt} \qquad (7-12)$$

式（7-11）、式（7-12）中，TR_{ijt} 表示 t 年 i 国对 j 国林产品出口额；for_{it} 表示在 t 年 i 国的森林面积；gdp_{jt} 表示 t 年 j 国的国内生产总值（GDP）；pop_{it}、pop_{jt} 分别表示 t 年 i 国、j 国的人口数量，反映市场规模，一般而言，人口数量越多，市场规模越大，有助于贸易扩大，预期符号为正；$dist_{ij}$ 表示 i、j 两国间的地理距离，反映贸易的运输成本，预期与贸易规模呈负相关；$|\Delta ppp_{ijt}|$ 表示 t 年 i 国与

第七章
中国—东盟自由贸易区林产品贸易潜力及影响因素

j 国的人均 GDP 差的绝对值；$contig_{ij}$ 表示 i 国与 j 国的接壤情况，预期符号为正。

本节贸易非效率项 μ_{ijt} 一般设定为：

$$\mu_{ijt} = \beta'_0 + \beta'_1 GE_{it} + \beta'_2 BF_{it} + \beta'_3 MF_{it} + \beta'_4 TF_{it} + \beta'_5 FF_{it} + \beta'_6 GE_{jt} + \beta'_7 BF_{jt} + \beta'_8 MF_{jt} + \beta'_9 TF_{jt} + \beta'_{10} FF_{jt} + \varepsilon_{ijt} \quad (7-13)$$

式（7-13）中，GE_{it}、GE_{jt} 分别表示 t 年 i 国、j 国政府办事效率，进、出口国家政府办事效率的提高有助于贸易的发展，与贸易非效率项负相关，预期为负；BF_{it}、BF_{jt} 分别表示 t 年 i 国、j 国的商业自由指数，表明企业的决策完全取决于市场信息，评分越高代表企业经营受政府干预较少，产业结构调整越灵活，与贸易非效率项负相关，预期为负；MF_{it}、MF_{jt} 分别表示 t 年 i 国、j 国的货币自由度；TF_{it}、TF_{jt} 分别表示 t 年 i 国、j 国的贸易自由度；FF_{it}、FF_{jt} 分别表示 t 年 i 国、j 国的金融自由指数。

四 数据来源

本章选取中国、马来西亚、印度尼西亚、泰国、菲律宾、越南 6 个国家间的林产品进、出口贸易为研究对象，时间跨度为 2004—2020 年。

时变随机前沿引力模型中变量来源同上文。贸易非效率模型中，①政府办事效率（GE）的数据来自全球治理指标（WGI）数据库，取值范围均为 0—100；②商业自由度指数（BF）、金融自由度指数（FF）、货币自由度指数（MF）和贸易自由度指数（TF）4 个变量的数据来源于美国传统基金会，取值范围均为 0—100。

第二节 基于出口的实证结果及分析

一 随机前沿引力模型检验

根据分析的需要，本节采用似然比检验方法对随机前沿引力模型的适用性以及模型方程的具体形式进行假设检验，检验结果如表

7-1所示。第一步检验贸易非效率的存在性，结果表明贸易非效率效应存在，即采用随机前沿模型较合适；第二步检验贸易非效率的时变性，结果说明贸易非效率随时间改变，即时变随机前沿模型适用；第三步和第四步分别对是否引入人均 GDP 绝对差、两国接壤与否进行检验，结果表明需要在引力方程中添加上述两个变量。基于上述检验，在本节的实证过程中，根据式（7.12）构建时变随机前沿引力模型。

表 7-1　　　随机前沿引力模型假设检验结果（出口）

原假设	约束模型	非约束模型	LR 统计量	P 值	检验结论
不存在贸易非效率	−464.5511	−460.4455	8.21	0.0042	拒绝
贸易非效率不变化	−460.4455	−430.3380	60.21	0.0000	拒绝
不引入人均 GDP 绝对差	−430.3380	−426.6172	7.44	0.0064	拒绝
不引入两国接壤与否	−426.6172	−415.3175	22.60	0.0000	拒绝

为了比较估计结果的稳健性及非效率因素随时间变化的情况，本部分利用 2004—2020 年 CAFTA 成员国间林产品出口贸易数据分别进行时变模型（TI）回归和时不变模型（TVD）的回归，结果见表 7-2。由表 7-2 可知，TI 和 TVD 中 γ 显著不为零，分别为 0.9922、0.8590，意味着实际贸易额与随机前沿最优的差距主要源于贸易非效率因素，也表明采用随机前沿分析方法分析贸易非效率因素较为合适；η 值在 1%水平下显著，符号为正，且系数异于 0，进一步印证了 TVD 模型的适用性，也说明 CAFTA 成员国内部出口的非效率是随时间递减的。

表 7-2　　　随机前沿引力模型的估计结果（出口）

	TI		TVD	
	系数	Z 值	系数	Z 值
$\ln for_{it}$	7.175***	11.52	1.567***	8.01
$\ln gdp_{jt}$	1.487***	9.47	0.703***	4.93

续表

	TI		TVD	
	系数	Z 值	系数	Z 值
$\ln pop_{it}$	-1.024*	-1.84	0.558***	3.63
$\ln pop_{jt}$	1.844***	3.81	0.593**	2.48
$\ln dist_{ij}$	-11.674***	-4.45	-3.623***	-6.32
$\ln\|\Delta ppp_{ijt}\|$	0.222***	4.52	0.156***	3.17
$contig_{ij}$	-6.896**	-2.53	-1.712***	-3.80
常数	-26.593	-1.48	-12.658***	-5.34
η			0.031***	7.49
σ^2	24.1512		1.3736	
γ	0.9922		0.8590	
对数似然值	-447.2		-415.3	
N	570		570	

注：γ 代表随机扰动项中非效率项所占比重，用 $\frac{\sigma_\mu^2}{(\sigma_\vartheta^2+\sigma_\mu^2)}$ 表示；* $p<0.1$，** $p<0.05$，*** $p<0.01$，下同。

二 贸易效率

时变随机前沿引力模型可以估计贸易效率，因此根据式（7-12）进行估计，并对CAFTA成员国内部出口的贸易效率进行预测。表7-3显示了2002—2020年CAFTA成员国间出口贸易效率的走势图。虽然表7-2的估计结果显示，CAFTA成员国间出口贸易效率均呈现稳步上升态势，但表7-3显示不同成员国间的贸易效率呈现显著差异。其中，马来西亚同CAFTA成员国的贸易效率是最高的，2002年的贸易效率均值为54.65%，2020年上升至66.08%，年均增长0.56%；依次为泰国、越南、菲律宾、中国和印度尼西亚，贸易效率均值分别为31.32%、19.54%、15.55%、8.35%和7.15%，年均增长率分别为1.48%、1.73%、2.97%、4.18%和4.65%。

表7-4列出了考察期间CAFTA各成员国间林产品出口贸易平均效率，除菲律宾外，其余成员国的林产品出口效率平均水平低于60%，

表 7-3　2002—2020 年 CAFTA 内部出口贸易效率

年份	中国	印度尼西亚	马来西亚	菲律宾	泰国	越南	平均	中国	印度尼西亚	马来西亚	菲律宾	泰国	越南	平均
2002	0.0199	0.1177	0.0045	0.0141	0.0438	0.0400		0.0496	0.0254	0.2771		0.0614	0.0460	0.0919
2003	0.0224	0.1256	0.0054	0.0160	0.0481	0.0435		0.0544	0.0284	0.2880		0.0668	0.0506	0.0976
2004	0.0251	0.1338	0.0063	0.0182	0.0528	0.0472		0.0594	0.0317	0.2991		0.0725	0.0554	0.1036
2005	0.0281	0.1422	0.0073	0.0205	0.0577	0.0512		0.0647	0.0352	0.3103		0.0786	0.0605	0.1098
2006	0.0313	0.1509	0.0085	0.0231	0.0630	0.0554		0.0704	0.0390	0.3215		0.0849	0.0658	0.1163
2007	0.0348	0.1598	0.0098	0.0259	0.0685	0.0598		0.0763	0.0430	0.3327		0.0915	0.0715	0.1230
2008	0.0386	0.1690	0.0113	0.0289	0.0743	0.0644		0.0825	0.0473	0.3440		0.0984	0.0775	0.1299
2009	0.0426	0.1784	0.0130	0.0322	0.0804	0.0693		0.0890	0.0520	0.3553		0.1056	0.0838	0.1371
2010	0.0469	0.1880	0.0148	0.0358	0.0868	0.0745		0.0958	0.0568	0.3666		0.1130	0.0903	0.1445
2011	0.0515	0.1978	0.0168	0.0396	0.0935	0.0798		0.1029	0.0620	0.3780		0.1208	0.0972	0.1522
2012	0.0563	0.2078	0.0191	0.0437	0.1005	0.0855		0.1102	0.0675	0.3893		0.1288	0.1043	0.1600
2013	0.0615	0.2179	0.0215	0.0481	0.1078	0.0914		0.1179	0.0733	0.4006		0.1371	0.1118	0.1681
2014	0.0669	0.2283	0.0242	0.0527	0.1154	0.0975		0.1258	0.0793	0.4119		0.1456	0.1195	0.1764
2015	0.0727	0.2387	0.0271	0.0577	0.1232	0.1039		0.1340	0.0857	0.4231		0.1544	0.1274	0.1849
2016	0.0787	0.2494	0.0302	0.0629	0.1313	0.1105		0.1425	0.0924	0.4343		0.1635	0.1357	0.1937
2017	0.0850	0.2601	0.0336	0.0684	0.1397	0.1174		0.1512	0.0993	0.4455		0.1727	0.1442	0.2026
2018	0.0917	0.2710	0.0373	0.0743	0.1483	0.1245		0.1601	0.1065	0.4565		0.1822	0.1529	0.2117
2019	0.0986	0.2820	0.0412	0.0804	0.1572	0.1319		0.1693	0.1141	0.4675		0.1919	0.1619	0.2209
2020	0.1058	0.2930	0.0454	0.0868	0.1663	0.1395		0.1787	0.1218	0.4784		0.2018	0.1712	0.2304

第七章 中国—东盟自由贸易区林产品贸易潜力及影响因素

续表

年份	中国	印度尼西亚	马来西亚	菲律宾	泰国	越南	平均	中国	印度尼西亚	马来西亚	菲律宾	泰国	越南	平均
2002	0.0556		0.0141	0.0120	0.0042	0.0718	0.0315	0.2932	0.1041	0.6825	0.0916		0.0307	0.2404
2003	0.0607		0.0160	0.0137	0.0050	0.0778	0.0346	0.3043	0.1115	0.6903	0.0985		0.0341	0.2478
2004	0.0661		0.0182	0.0156	0.0059	0.0841	0.0380	0.3155	0.1192	0.6980	0.1057		0.0378	0.2552
2005	0.0718		0.0205	0.0177	0.0069	0.0906	0.0415	0.3267	0.1272	0.7055	0.1132		0.0418	0.2629
2006	0.0778		0.0231	0.0200	0.0080	0.0975	0.0453	0.3380	0.1354	0.7129	0.1209		0.0460	0.2706
2007	0.0841		0.0259	0.0225	0.0093	0.1046	0.0493	0.3493	0.1439	0.7202	0.1289		0.0505	0.2786
2008	0.0906		0.0290	0.0253	0.0107	0.1121	0.0535	0.3606	0.1526	0.7273	0.1372		0.0553	0.2866
2009	0.0975		0.0323	0.0283	0.0123	0.1198	0.0580	0.3719	0.1616	0.7343	0.1458		0.0604	0.2948
2010	0.1047		0.0358	0.0315	0.0140	0.1278	0.0628	0.3832	0.1708	0.7411	0.1546		0.0658	0.3031
2011	0.1121		0.0397	0.0350	0.0160	0.1360	0.0678	0.3945	0.1802	0.7478	0.1636		0.0715	0.3115
2012	0.1198		0.0437	0.0388	0.0181	0.1445	0.0730	0.4058	0.1899	0.7544	0.1728		0.0774	0.3201
2013	0.1278		0.0481	0.0428	0.0205	0.1533	0.0785	0.4171	0.1997	0.7608	0.1823		0.0837	0.3287
2014	0.1361		0.0528	0.0472	0.0230	0.1623	0.0843	0.4283	0.2097	0.7670	0.1920		0.0903	0.3375
2015	0.1446		0.0577	0.0517	0.0258	0.1715	0.0903	0.4395	0.2199	0.7732	0.2019		0.0971	0.3463
2016	0.1533		0.0630	0.0566	0.0289	0.1810	0.0966	0.4506	0.2303	0.7792	0.2120		0.1043	0.3553
2017	0.1623		0.0685	0.0618	0.0322	0.1906	0.1031	0.4616	0.2408	0.7850	0.2222		0.1117	0.3643
2018	0.1716		0.0743	0.0673	0.0357	0.2005	0.1099	0.4726	0.2515	0.7908	0.2326		0.1194	0.3734
2019	0.1810		0.0804	0.0730	0.0395	0.2105	0.1169	0.4834	0.2622	0.7964	0.2432		0.1274	0.3825
2020	0.1907		0.0869	0.0791	0.0436	0.2207	0.1242	0.4942	0.2731	0.8019	0.2538		0.1356	0.3917

印度尼西亚 / 泰国

续表

年份	中国	印度尼西亚	马来西亚	菲律宾	泰国	越南	平均	中国	印度尼西亚	马来西亚	菲律宾	泰国	越南	平均
2002	0.4150	0.0375		0.9000	0.8092	0.5707	0.5465	0.5151	0.0323	0.1587	0.0083	0.0034		0.1436
2003	0.4262	0.0414		0.9028	0.8143	0.5804	0.5530	0.5255	0.0359	0.1678	0.0096	0.0040		0.1486
2004	0.4373	0.0457		0.9055	0.8192	0.5900	0.5595	0.5358	0.0397	0.1772	0.0110	0.0047		0.1537
2005	0.4484	0.0502		0.9082	0.8241	0.5994	0.5660	0.5460	0.0438	0.1867	0.0126	0.0056		0.1589
2006	0.4594	0.0549		0.9108	0.8288	0.6087	0.5725	0.5560	0.0482	0.1965	0.0144	0.0065		0.1643
2007	0.4703	0.0600		0.9133	0.8335	0.6179	0.5790	0.5660	0.0528	0.2064	0.0164	0.0076		0.1699
2008	0.4812	0.0654		0.9158	0.8380	0.6269	0.5854	0.5758	0.0578	0.2166	0.0186	0.0088		0.1755
2009	0.4919	0.0710		0.9182	0.8424	0.6358	0.5919	0.5854	0.0630	0.2269	0.0210	0.0102		0.1813
2010	0.5026	0.0770		0.9205	0.8467	0.6445	0.5983	0.5950	0.0686	0.2373	0.0237	0.0117		0.1872
2011	0.5132	0.0832		0.9228	0.8509	0.6531	0.6047	0.6044	0.0744	0.2479	0.0265	0.0134		0.1933
2012	0.5237	0.0898		0.9250	0.8550	0.6616	0.6110	0.6136	0.0805	0.2587	0.0296	0.0153		0.1995
2013	0.5340	0.0966		0.9272	0.8590	0.6699	0.6173	0.6228	0.0869	0.2695	0.0330	0.0174		0.2059
2014	0.5443	0.1037		0.9293	0.8629	0.6780	0.6236	0.6317	0.0936	0.2805	0.0366	0.0196		0.2124
2015	0.5544	0.1111		0.9313	0.8667	0.6860	0.6299	0.6406	0.1006	0.2915	0.0404	0.0221		0.2191
2016	0.5644	0.1188		0.9333	0.8705	0.6939	0.6362	0.6493	0.1079	0.3026	0.0446	0.0249		0.2259
2017	0.5743	0.1268		0.9352	0.8741	0.7016	0.6424	0.6578	0.1155	0.3138	0.0490	0.0278		0.2328
2018	0.5840	0.1350		0.9371	0.8776	0.7091	0.6486	0.6662	0.1233	0.3251	0.0537	0.0310		0.2399
2019	0.5936	0.1435		0.9389	0.8810	0.7165	0.6547	0.6744	0.1314	0.3364	0.0587	0.0345		0.2471
2020	0.6030	0.1522		0.9407	0.8844	0.7238	0.6608	0.6825	0.1398	0.3477	0.0640	0.0382		0.2545

表 7-4　　　　　　　　　　CAFTA 内部的出口效率

出口国	中国	印度尼西亚	马来西亚	菲律宾	泰国	越南	平均
中国		0.0557	0.2006	0.0199	0.0436	0.0978	0.0835
印度尼西亚	0.1162		0.0437	0.0390	0.0189	0.1398	0.0715
马来西亚	0.5116	0.0876		0.9219	0.8494	0.6509	0.6043
菲律宾	0.1071	0.0664	0.3779		0.1248	0.1014	0.1555
泰国	0.3942	0.1833	0.7457	0.1670		0.0758	0.3132
越南	0.6023	0.0787	0.2499	0.0301	0.0161		0.1954
平均	0.3463	0.0943	0.3236	0.2356	0.2106	0.2132	

注：数值为算术平均值。

属于较低水平的贸易合作。2002—2020 年，中国对东盟各国林产品出口规模不断扩大，占各国林产品进口比重不断增加（见表 4-9），但中国林产品出口贸易效率较低，为 8.35%。原因可能是近年来贸易保护主义抬头，农林产品又是最易受到各种壁垒影响的贸易种类，同时中国占各国的林产品市场份额较大，因此，中国继续扩大在贸易伙伴林产品市场份额阻力较大。

相对于其他 CAFTA 成员国，印度尼西亚的出口贸易效率平均值最低，为 7.15%。印度尼西亚对 CAFTA 各成员国出口贸易效率存在显著差异。其中，对中国的贸易效率较高，为 11.62%。可能是因为中国是其主要出口国，印度尼西亚是中国的主要进口来源国，规模效应降低贸易成本，同时，两国关系相对稳定有利于贸易发展。对越南的贸易效率最高，为 13.98%。可能是近年来，两国在多领域的合作关系不断推进，双方贸易朝着更加平衡方向发展，贸易互补性日趋成熟。对其余 CAFTA 成员国的贸易效率较低，不足 5%。可能是与各国的贸易规模较少或波动幅度较大，不具有贸易规模优势。

马来西亚的出口贸易效率平均水平最高，为 60.43%，但对不同成员国存在显著差异。其中，对菲律宾的贸易效率最高，为 92.19%，对泰国的贸易效率次之，为 84.94%。这可能是由于马来西亚与两国具有友好关系，联系密切，导致两国进口所占马来西亚出口的比重不断增加，近年来达到46%，具有贸易规模效应。对越南的贸易效率平均水平为65.09%，且呈上升态势。虽然马来西亚对越南的林产品出口额有限，但两国关系稳定，有利于贸易发展，导致两国贸易效率水平不断提高。中国是马来西亚林产品主要出口市场，但马来西亚对中国出口贸易效率较低（51.16%），原因可能是马来西亚对中国林产品出口规模不断下降，贸易规模效应减弱。

菲律宾对CAFTA成员国的林产品出口效率平均水平较低，为15.55%。特别是对印度尼西亚、越南、泰国的出口额较小，所占菲律宾林产品出口的比重不足4%，对3成员国的出口效率不足15%，可见东盟国家不是菲律宾林产品出口的主要市场，不具有贸易规模效应。对中国的林产品出口额较大，但出口贸易效率却较低，这反映出菲律宾对中国林产品出口贸易面临较大人为阻力。对马来西亚的出口额较小，而出口贸易效率却较高，为37.79%。可能是因为两国是东南亚联盟的创始国，关系稳定，联系密切，有利于贸易合作。

泰国的出口贸易效率平均水平较高，为31.32%，而对不同成员国的出口贸易效率存在两极分化。其中，对马来西亚的出口效率最高，为74.57%，可能是因为长期以来，两国经贸合作密切，马来西亚是泰国在东盟的最大贸易伙伴，具有贸易规模效应。对越南的出口效率最低，仅为7.58%。虽然2004年两国改善因"冷战"造成长期冷淡关系，贸易持续增加，但规模不大，不具有贸易规模效应。

越南的出口贸易效率平均水平为19.54%，但对不同成员国的出口贸易效率存在显著不同。其中，对中国的出口贸易效率平均水平（60.23%）远高于其他成员国。原因可能是，相对于其他成员国，中国是越南最重要的出口市场，占越南对CAFTA成员国出口的90%，具有贸易规模优势；同时，越南与中国陆地接壤，具有区位优势。

三 贸易潜力

利用表7-3估计的贸易效率，根据式（7-8）可以计算出2002—2020年CAFTA成员国内部林产品出口贸易潜力值（见表7-5）。从贸易潜力来看，2002—2020年，除个别情况外，中国对CAFTA成员国林产品出口潜力大于其他成员国；个别年份，马来西亚对印度尼西亚、泰国对越南、越南对泰国的林产品出口潜力分别大于3成员国对中国出口潜力；中国对菲律宾林产品出口潜力最大，依次为越南、泰国、印度尼西亚和马来西亚，其中，对菲律宾林产品出口平均潜力为192.22亿美元，对马来西亚林产品出口平均潜力为22.64亿美元。

从可扩展出口贸易潜力①来看，除个别情况外，中国对成员国林产品可扩展出口贸易潜力大于其他成员国；从整体来看，各成员国对中国林产品可扩展出口贸易潜力较大。在各成员国的林产品可扩展出口贸易潜力排名中，中国位居印度尼西亚、菲律宾两国的第一位，占据马来西亚、泰国、越南3成员国的第二名；菲律宾是中国林产品出口最大的国家，也是可扩展出口贸易潜力最大的国家。

四 贸易非效率的影响因素

表7-2中γ明显不为零，意味着贸易非效率是影响CAFTA成员国内部林产品出口贸易潜力的重要因素。由于采用"一步法"对于μ的分布有过于严格的要求，贸易非效率必须满足随机假设等苛刻条件（Bergstrand，1989），故本节将按照主流的"二步法"分析各因素对于CAFTA成员国贸易非效率项的影响。利用表7-3估计的贸易效率，根据式（7-9）计算出2002—2020年CAFTA成员国间林产品出口的贸易非效率项，并根据式（7-13）分别进行固定效应和随机效应分析，结果见表7-6。在表7-6中，固定效应的F检验显示固定效应优于混合效应，豪斯曼检验显示固定效应优于随机效应，因此，本节选择固定效应进行估计。

---

① 可拓展出口贸易潜力=（实际出口额/贸易效率）-实际出口额。

表 7-5　2002—2020 年 CAFTA 内部林产品出口贸易潜力

单位：百万美元

出口国	进口国	2002 年 TE	2002 年 TR	2002 年 TR'	2008 年 TE	2008 年 TR	2008 年 TR'	2014 年 TE	2014 年 TR	2014 年 TR'	2020 年 TE	2020 年 TR	2020 年 TR'
中国	印度尼西亚	0.0199	46.67	2348.27	0.0386	291.22	7550.47	0.0669	652.09	9744.22	0.1058	966.82	9139.73
	马来西亚	0.1177	58.74	498.91	0.1690	297.33	1759.37	0.2283	704.32	3085.71	0.2930	1020.29	3481.67
	菲律宾	0.0045	38.07	8382.18	0.0113	165.47	14616.16	0.0242	667.13	27590.64	0.0454	1312.05	28886.96
	泰国	0.0141	27.96	1987.59	0.0289	251.20	8677.78	0.0527	931.56	17667.01	0.0868	1375.61	15850.80
	越南	0.0438	34.99	799.37	0.0743	317.25	4269.82	0.1154	972.27	8428.47	0.1663	3153.67	18967.77
印度尼西亚	中国	0.0556	755.03	13579.90	0.0906	983.91	10855.70	0.1361	2065.93	15184.81	0.1907	2995.34	15708.19
	马来西亚	0.0141	90.23	6406.35	0.0290	169.17	5837.62	0.0528	236.48	4480.70	0.0869	273.81	3152.68
	菲律宾	0.0120	25.19	2105.65	0.0253	41.58	1643.22	0.0472	72.17	1530.54	0.0791	107.98	1365.19
	泰国	0.0042	22.96	5425.38	0.0107	56.63	5304.81	0.0230	78.17	3394.34	0.0436	154.20	3535.27
	越南	0.0718	33.46	466.07	0.1121	112.60	1004.71	0.1623	193.13	1190.13	0.2207	247.48	1121.11
马来西亚	中国	0.4150	224.72	541.46	0.4812	252.89	525.57	0.5443	269.28	494.76	0.6030	544.04	902.15
	印度尼西亚	0.0375	20.08	535.22	0.0654	71.39	1092.21	0.1037	87.93	847.84	0.1522	68.40	449.40
	菲律宾	0.9000	52.35	58.17	0.9158	78.72	85.96	0.9293	133.45	143.61	0.9407	92.09	97.89
	泰国	0.8092	128.80	159.17	0.8380	222.39	265.38	0.8629	226.09	262.01	0.8844	123.76	139.94
	越南	0.5707	30.96	54.25	0.6269	78.49	125.19	0.6780	111.25	164.08	0.7238	57.43	79.35

第七章 中国—东盟自由贸易区林产品贸易潜力及影响因素

续表

出口国	进口国	2002年 TE	2002年 TR	2002年 TR'	2008年 TE	2008年 TR	2008年 TR'	2014年 TE	2014年 TR	2014年 TR'	2020年 TE	2020年 TR	2020年 TR'
菲律宾	中国	0.0496	43.30	872.39	0.0825	34.63	419.80	0.1258	356.30	2831.92	0.1787	562.42	3147.45
	印度尼西亚	0.0254	0.37	14.57	0.0473	2.01	42.47	0.0793	5.05	63.70	0.1218	7.69	63.12
	马来西亚	0.2771	4.84	17.46	0.3440	7.81	22.71	0.4119	20.17	48.98	0.4784	11.49	24.01
	泰国	0.0614	1.96	31.98	0.0984	7.72	78.51	0.1456	8.76	60.17	0.2018	10.72	53.13
	越南	0.0460	1.30	28.31	0.0775	8.50	109.74	0.1195	9.77	81.74	0.1712	5.01	29.28
泰国	中国	0.2932	182.04	620.87	0.3606	534.74	1483.04	0.4283	1615.87	3772.85	0.4942	4007.71	8109.12
	印度尼西亚	0.1041	35.53	341.23	0.1526	118.14	774.12	0.2097	191.40	912.64	0.2731	131.57	481.68
	马来西亚	0.6825	49.38	72.35	0.7273	185.70	255.32	0.7670	150.32	195.97	0.8019	214.46	267.46
	菲律宾	0.0916	22.11	241.35	0.1372	33.94	247.31	0.1920	41.65	216.92	0.2538	33.65	132.54
	越南	0.0307	16.15	526.32	0.0553	134.55	2432.56	0.0903	454.28	5031.82	0.1356	649.26	4786.42
越南	中国	0.5151	102.27	198.52	0.5758	411.63	714.91	0.6317	1462.41	2314.89	0.6825	3164.21	4636.13
	印度尼西亚	0.0323	0.85	26.38	0.0578	6.92	119.80	0.0936	37.18	397.08	0.1398	42.91	306.93
	马来西亚	0.1587	9.86	62.16	0.2166	15.53	71.71	0.2805	59.04	210.50	0.3477	109.96	316.24
	菲律宾	0.0083	1.06	128.05	0.0186	4.30	230.92	0.0366	17.93	490.23	0.0640	29.17	455.58
	泰国	0.0034	3.08	915.87	0.0088	24.52	2778.97	0.0196	83.12	4230.86	0.0382	223.25	5840.02

注：TE 表示贸易效率，TR 表示实际贸易额（出口额），TR' 表示贸易潜力。

由表 7-6 中结果可知：①进、出口国的政府办事效率与贸易非效率项负相关，与预期相符，且在 5%水平下显著，表明政府办事效率的提高有助于成员国间林产品出口贸易，其中，出口国政府办事效率的作用大于进口国。②进、出口国的商业自由度与林产品出口贸易非效率项之间存在负相关关系，与预期相符，但不显著，意味着商业自由化未能够显著促进产业分工、结构调整、贸易发展。③进、出口国的货币自由度与贸易非效率项之间存在正相关关系，与预期不符，但不显著。这意味着，货币自由度不是影响成员国间林产品出口贸易的主要因素。④进、出口国的贸易自由度对于贸易非效率项有显著的负面影响，符合预期，表明贸易自由化对于成员国间林产品出口贸易具有促进作用。⑤进、出口国的金融自由度与贸易非效率项在 1%水平下显著负相关，与预期相符，说明金融业越开放越有利于林产品贸易。主要表现为：金融自由化程度越高则林产品供给企业遇到的融资约束越低，有助于出口国的林产品生成、出口；金融自由化程度越高越有助于扩大市场需求，进而刺激进口。

表 7-6　　　　各因素对于出口贸易非效率的影响

	变量	固定效应 系数	t 值	随机效应 系数	z 值
出口国的特征	GE_{it}	-0.0303***	-5.43	-0.0310***	-5.44
	BF_{it}	-0.0007	-0.31	-0.0011	-0.49
	MF_{it}	0.0027	0.74	0.0029	0.79
	TF_{it}	-0.0127**	-2.47	-0.0127**	-2.45
	FF_{it}	-0.0089***	-3.18	-0.0092***	-3.38
进口国的特征	GE_{jt}	-0.0093*	-1.93	-0.0095*	-1.92
	BF_{jt}	-0.0009	-0.41	-0.0007	-0.35
	MF_{jt}	0.0018	0.51	0.0017	0.48
	TF_{jt}	-0.0067**	-2.13	-0.0063*	-1.95
	FF_{jt}	-0.0119***	-3.79	-0.0113***	-3.63
常数		6.5951***	12.77	6.6254***	10.10

续表

变量	固定效应		随机效应	
	系数	t 值	系数	z 值
R^2	0.7428		0.7426	
F	288.04			
豪斯曼检验	22.50			
N	570		570	

第三节 基于进口的实证结果及分析

一 随机前沿引力模型检验

本节参照本章第二节的分析方法,对随机前沿引力模型的适用性以及模型方程的具体形式加以确认。本节依次进行如下假设检验:①贸易非效率的存在性检验;②贸易非效率的时变性检验;③是否引入人均 GDP 绝对差、两国接壤与否的检验。检验结果如表 7-7 所示,表明:①贸易非效率确实存在,且随时间改变,即采用时变随机前沿模型较为合适;②模型在 10% 显著水平下接受人均 GDP 绝对差、进口国人均 GDP 两变量,即本节采用式(7-12)设置的模型较为合适。

表 7-7　　　　随机前沿引力模型假设检验结果(进口)

原假设	约束模型	非约束模型	LR 统计量	P 值	检验结论
不存在贸易非效率	-488.3487	-479.9228	16.85	0.0000	拒绝
贸易非效率不变化	-479.9228	-419.7775	120.29	0.0000	拒绝
不引入人均 GDP 绝对差	-419.7775	-411.0503	17.45	0.0000	拒绝
不引入两国接壤与否	-411.0503	-403.7831	14.53	0.0001	拒绝

为进一步验证上述检验,根据式(7-12)的设定,对 2002—

2020 年 CAFTA 成员国间林产品进口贸易额分别进行时不变模型和时变模型估计，结果见表 7-8。表 7-8 中 TI、TVD 的 γ 值分别为 0.9907、0.7498，说明贸易非效率是影响实际贸易额与随机前沿最优差距的主要因素；TVD 的 η 值为 0.055，且在 1% 水平下显著，表明贸易非效率以每年 5.5% 的速度随着时间递减。这一结果验证了时变随机前沿模型是适用的。

表 7-8　随机前沿引力模型的估计结果（进口）

	TI		TVD	
	系数	Z 值	系数	Z 值
$\ln for_{it}$	7.113***	12.82	1.261***	12.79
$\ln gdp_{jt}$	1.265***	8.19	0.602***	6.81
$\ln pop_{it}$	-1.707***	-3.50	0.194**	2.08
$\ln pop_{jt}$	2.475***	5.02	0.469***	4.09
$\ln dist_{ij}$	-11.225***	-4.59	-2.535***	-8.63
$\ln|\Delta ppp_{ijt}|$	0.231***	4.54	0.180***	4.57
$contig_{ij}$	-6.703***	-2.67	-0.736***	-3.49
常数	-21.068	-1.24	-6.326***	-5.12
η			0.055***	11.43
σ^2	21.6056		0.7694	
γ	0.9907		0.7498	
对数似然值	-466.4		-403.8	
N	570		570	

注：γ 代表随机扰动项中非效率项所占比重，用 $\dfrac{\sigma_\mu^2}{(\sigma_\vartheta^2+\sigma_\mu^2)}$ 表示。

二　贸易效率

本节根据式（7-12），采用时变随机前沿引力模型分别对 CAFTA 各成员国间的林产品进口贸易效率进行估计，时间跨度为 2002—2020 年。表 7-9 列示了 CAFTA 各成员国间的林产品进口贸

第七章
中国—东盟自由贸易区林产品贸易潜力及影响因素

易效率。表 7-9 揭示了 CAFTA 各成员国间的林产品进口贸易效率均呈现上升趋势，但各成员国间进口贸易效率水平存在较大差异。其中，中国进口贸易效率的均值最高，考察期间贸易效率平均为 59.80%，依次为马来西亚、越南、泰国、菲律宾和印度尼西亚，贸易效率平均为 59.14%、44.14%、32.05%、31.60%和 24.64%，见表 7-10。

表 7-10 中列出了考察期间 CAFTA 各成员国间林产品进口贸易平均效率，除中国（59.80%）和马来西亚（59.14%）出口效率接近 60%外，其余成员国的林产品进口贸易平均效率远低于 60%，属于较低水平的贸易合作。相对于其他成员国，中国的林产品进口效率平均水平最高，为 59.80%，但自不同成员国的进口效率存在较大差异。其中，中国自泰国的进口效率最高，为 91.16%，可能是因为两国关系稳定有助于中国进口林产品；自马来西亚进口林产品的贸易效率较高，为 76.12%，仅高于印度尼西亚自马来西亚进口效率，可能是因为中国是马来西亚林产品出口的主要市场，马来西亚不是中国林产品进口的主要市场，马来西亚林产品出口具有规模效应，而中国林产品进口不具有规模效应；中国自印度尼西亚、菲律宾、越南 3 成员国进口林产品的贸易效率较接近，且较低，分别为 44.82%、43.67%和 43.22%，但高于各成员国自 3 成员国进口林产品贸易效率的均值，这在一定程度上说明 3 成员国的出口效率较低是导致中国进口效率低的原因。

印度尼西亚的林产品进口效率均值最低，仅为 24.64%，但自不同成员国的进口效率并不一致。其中，自泰国的进口效率最高，为 48.22%，属于较低水平的贸易合作。泰国是印度尼西亚在东盟最大的林产品进口来源国，进口额不断扩大，可见泰国在印度尼西亚林产品进口中占据着一定位置。自菲律宾、越南和马来西亚的进口效率未达到 19%，可能是因为自 3 成员国的林产品进口额较低，不是印度尼西亚林产品进口的主要来源国，而不具有贸易规模效应。自中国的林产品进口额高于其他 4 成员国的总额，但进口效率却不高（29.21%），结合印度尼西亚自各成员国进口效率不高这一事实，可认为是印度尼西亚颁布的相关林业产品进口贸易法规，以及相关配套基础设施落后，影响其进口效率。

马来西亚的林产品进口效率均值较高，仅次于中国，为59.14%，但自各成员国的进口效率存在显著差异。其中，自泰国的进口效率最高，为93.31%，属于较高水平的贸易合作。结合马来西亚是泰国林产品出口效率最高的国家，可知，两国经贸合作密切，是马来西亚进口效率高的原因。自菲律宾、中国的进口效率分别为78.16%、63.62%，属于中等水平的贸易合作。中国是马来西亚林产品进口的主要来源国，具有贸易规模效应；马来西亚与菲律宾关系稳定，联系密切，有助于马来西亚林产品进口。自印度尼西亚、越南进口林产品的贸易效率较低，分别为20.44%、40.16%。自印度尼西亚的林产品进口额远高于自其他东盟国家的进口额，但进口效率远低于其他东盟国家，说明是马来西亚人为阻碍自印度尼西亚进口林产品。

菲律宾的林产品进口的效率平均水平较低，仅高于印度尼西亚，为31.60%。整体来看，菲律宾自马来西亚进口林产品的贸易效率最高，为90.24%，属于较高水平的贸易合作。菲律宾自马来西亚的林产品进口额相对稳定，这在一定程度上说明两国林产品贸易平稳，贸易效率高。菲律宾自其他成员国林产品进口效率较低，不足35%，属于较低水平的贸易合作。其中，自中国的林产品进口额高于马来西亚，但进口效率却较低，说明菲律宾的人为贸易阻力较大；自其余3成员国的林产品进口效率较低，且进口额较小，可见3成员国不是菲律宾的主要贸易伙伴。

泰国的林产品进口效率平均水平较低（32.05%），但自各成员国的进口效率存在差异。其中，泰国自马来西亚进口林产品的效率最高，为87.61%，属于较高水平的贸易合作。可能是因为长期以来，两国的经济合作比较密切，马亚西亚在泰国对外经济合作中地位重要。自其余成员国进口林产品的效率较低，未达到30%。除中

第七章 中国—东盟自由贸易区林产品贸易潜力及影响因素

表7-9 2002—2020年CAFTA内部进口贸易效率

进口国	年份	中国	印度尼西亚	马来西亚	菲律宾	泰国	越南	平均	进口国	中国	印度尼西亚	马来西亚	菲律宾	泰国	越南	平均
	2002		0.2726	0.6511	0.2610	0.8659	0.2565	0.4614		0.0187	0.0547	0.8523		0.1575	0.0097	0.2186
	2003		0.2920	0.6658	0.2802	0.8724	0.2756	0.4772		0.0231	0.0639	0.8593		0.1738	0.0124	0.2265
	2004		0.3117	0.6801	0.2997	0.8785	0.2951	0.4930		0.0283	0.0740	0.8661		0.1907	0.0156	0.2349
	2005		0.3315	0.6939	0.3195	0.8844	0.3148	0.5088		0.0342	0.0849	0.8726		0.2082	0.0195	0.2439
	2006		0.3515	0.7073	0.3394	0.8901	0.3347	0.5246		0.0409	0.0968	0.8787		0.2263	0.0241	0.2534
	2007		0.3715	0.7202	0.3594	0.8955	0.3547	0.5403		0.0485	0.1097	0.8847		0.2449	0.0293	0.2634
	2008		0.3916	0.7327	0.3795	0.9006	0.3748	0.5558		0.0570	0.1233	0.8903		0.2639	0.0354	0.2740
	2009		0.4115	0.7447	0.3995	0.9056	0.3948	0.5712		0.0664	0.1379	0.8957		0.2833	0.0423	0.2851
	2010		0.4314	0.7563	0.4194	0.9103	0.4148	0.5864	菲律宾	0.0767	0.1532	0.9009		0.3029	0.0501	0.2968
中国	2011		0.4511	0.7675	0.4392	0.9147	0.4346	0.6014		0.0879	0.1693	0.9058		0.3228	0.0587	0.3089
	2012		0.4706	0.7783	0.4588	0.9190	0.4543	0.6162		0.1001	0.1861	0.9105		0.3428	0.0683	0.3216
	2013		0.4898	0.7886	0.4782	0.9231	0.4737	0.6307		0.1132	0.2035	0.9150		0.3629	0.0788	0.3347
	2014		0.5087	0.7985	0.4974	0.9270	0.4929	0.6449		0.1271	0.2216	0.9192		0.3830	0.0902	0.3482
	2015		0.5273	0.8081	0.5162	0.9307	0.5118	0.6588		0.1419	0.2401	0.9233		0.4031	0.1026	0.3622
	2016		0.5456	0.8172	0.5346	0.9342	0.5303	0.6724		0.1574	0.2590	0.9272		0.4230	0.1158	0.3765
	2017		0.5634	0.8259	0.5527	0.9375	0.5485	0.6856		0.1737	0.2784	0.9309		0.4428	0.1299	0.3911
	2018		0.5809	0.8343	0.5704	0.9407	0.5663	0.6985		0.1907	0.2980	0.9344		0.4625	0.1449	0.4061
	2019		0.5979	0.8423	0.5877	0.9437	0.5837	0.7111		0.2083	0.3178	0.9377		0.4819	0.1606	0.4213
	2020		0.6145	0.8500	0.6046	0.9466	0.6007	0.7233		0.2265	0.3379	0.9409		0.5010	0.1770	0.4367

— 187 —

续表

进口国	年份	中国	印度尼西亚	马来西亚	菲律宾	泰国	越南	平均
印度尼西亚	2002	0.1307		0.0257	0.0572	0.3083	0.0415	0.1127
	2003	0.1456		0.0313	0.0666	0.3280	0.0492	0.1241
	2004	0.1613		0.0376	0.0769	0.3480	0.0577	0.1363
	2005	0.1777		0.0448	0.0881	0.3680	0.0672	0.1492
	2006	0.1948		0.0528	0.1003	0.3880	0.0776	0.1627
	2007	0.2125		0.0618	0.1133	0.4079	0.0889	0.1769
	2008	0.2307		0.0716	0.1273	0.4278	0.1011	0.1917
	2009	0.2494		0.0824	0.1420	0.4475	0.1142	0.2071
	2010	0.2686		0.0941	0.1576	0.4670	0.1282	0.2231
	2011	0.2880		0.1068	0.1739	0.4862	0.1430	0.2396
	2012	0.3077		0.1203	0.1908	0.5052	0.1587	0.2565
	2013	0.3276		0.1347	0.2084	0.5239	0.1750	0.2739
	2014	0.3477		0.1498	0.2266	0.5422	0.1920	0.2917
	2015	0.3678		0.1658	0.2452	0.5601	0.2097	0.3097
	2016	0.3879		0.1825	0.2643	0.5776	0.2279	0.3280
	2017	0.4080		0.1998	0.2837	0.5947	0.2466	0.3465
	2018	0.4279		0.2177	0.3034	0.6113	0.2657	0.3652
	2019	0.4477		0.2361	0.3233	0.6276	0.2851	0.3840
	2020	0.4673		0.2550	0.3434	0.6433	0.3048	0.4028

进口国	年份	中国	印度尼西亚	马来西亚	菲律宾	泰国	越南	平均
泰国	2002	0.1085	0.0255	0.8137	0.1223		0.0076	0.2155
	2003	0.1221	0.0310	0.8224	0.1367		0.0098	0.2244
	2004	0.1365	0.0373	0.8308	0.1520		0.0126	0.2338
	2005	0.1517	0.0444	0.8388	0.1680		0.0159	0.2437
	2006	0.1677	0.0524	0.8464	0.1847		0.0198	0.2542
	2007	0.1844	0.0613	0.8538	0.2020		0.0244	0.2652
	2008	0.2018	0.0711	0.8608	0.2199		0.0297	0.2767
	2009	0.2197	0.0819	0.8676	0.2384		0.0359	0.2887
	2010	0.2381	0.0936	0.8740	0.2573		0.0428	0.3012
	2011	0.2570	0.1062	0.8802	0.2765		0.0506	0.3141
	2012	0.2763	0.1196	0.8861	0.2961		0.0594	0.3275
	2013	0.2959	0.1340	0.8917	0.3159		0.0690	0.3413
	2014	0.3157	0.1491	0.8971	0.3359		0.0796	0.3555
	2015	0.3357	0.1650	0.9022	0.3560		0.0911	0.3700
	2016	0.3558	0.1816	0.9071	0.3761		0.1035	0.3848
	2017	0.3759	0.1989	0.9117	0.3962		0.1168	0.3999
	2018	0.3960	0.2168	0.9162	0.4162		0.1309	0.4152
	2019	0.4160	0.2352	0.9204	0.4361		0.1459	0.4307
	2020	0.4359	0.2541	0.9244	0.4558		0.1617	0.4464

第七章 中国—东盟自由贸易区林产品贸易潜力及影响因素

续表

进口国	年份	中国	印度尼西亚	马来西亚	菲律宾	泰国	越南	平均	进口国	中国	印度尼西亚	马来西亚	菲律宾	泰国	越南	平均
马来西亚	2002	0.4871	0.0693		0.6792	0.8979	0.2264	0.4720	越南	0.0772	0.3266	0.9114	0.1240	0.1102		0.3099
	2003	0.5059	0.0799		0.6930	0.9029	0.2450	0.4853		0.0884	0.3465	0.9158	0.1385	0.1239		0.3226
	2004	0.5244	0.0914		0.7064	0.9077	0.2640	0.4987		0.1006	0.3665	0.9200	0.1538	0.1385		0.3359
	2005	0.5425	0.1038		0.7193	0.9123	0.2833	0.5122		0.1136	0.3865	0.9240	0.1699	0.1538		0.3496
	2006	0.5603	0.1170		0.7318	0.9166	0.3029	0.5257		0.1276	0.4065	0.9278	0.1867	0.1699		0.3637
	2007	0.5776	0.1312		0.7438	0.9208	0.3227	0.5392		0.1423	0.4263	0.9314	0.2041	0.1867		0.3782
	2008	0.5946	0.1462		0.7554	0.9248	0.3427	0.5527		0.1579	0.4460	0.9349	0.2221	0.2041		0.3930
	2009	0.6112	0.1619		0.7666	0.9285	0.3627	0.5662		0.1742	0.4655	0.9382	0.2406	0.2221		0.4081
	2010	0.6273	0.1784		0.7773	0.9321	0.3828	0.5796		0.1912	0.4848	0.9413	0.2596	0.2406		0.4235
	2011	0.6429	0.1955		0.7877	0.9356	0.4028	0.5929		0.2088	0.5037	0.9443	0.2789	0.2596		0.4391
	2012	0.6581	0.2133		0.7976	0.9388	0.4227	0.6061		0.2269	0.5224	0.9471	0.2985	0.2789		0.4548
	2013	0.6728	0.2316		0.8071	0.9419	0.4425	0.6192		0.2456	0.5407	0.9498	0.3183	0.2985		0.4706
	2014	0.6871	0.2503		0.8163	0.9449	0.4621	0.6322		0.2646	0.5587	0.9524	0.3383	0.3183		0.4865
	2015	0.7009	0.2695		0.8251	0.9477	0.4815	0.6449		0.2841	0.5762	0.9549	0.3584	0.3383		0.5024
	2016	0.7142	0.2890		0.8335	0.9504	0.5006	0.6575		0.3038	0.5933	0.9572	0.3785	0.3584		0.5182
	2017	0.7271	0.3087		0.8415	0.9529	0.5193	0.6699		0.3237	0.6100	0.9594	0.3986	0.3786		0.5340
	2018	0.7395	0.3287		0.8492	0.9554	0.5378	0.6821		0.3437	0.6263	0.9615	0.4186	0.3987		0.5497
	2019	0.7514	0.3488		0.8566	0.9577	0.5558	0.6940		0.3638	0.6420	0.9635	0.4385	0.4187		0.5653
	2020	0.7629	0.3689		0.8636	0.9599	0.5735	0.7057		0.3840	0.6573	0.9654	0.4582	0.4385		0.5807

国外，泰国自其他 3 成员国林产品进口总额不断上涨，所占比重较小，可见其他 3 成员国不是泰国林产品进口的主要贸易伙伴。自中国的林产品进口额远高过马来西亚和菲律宾，但是进口效率却较低，说明人为贸易阻力较大。

越南的林产品进口效率平均水平偏低，为 44.14%，进口效率的国别差异较大。其中，自马来西亚进口林产品的贸易效率最高，为 94.21%，属于较高水平的贸易合作。2000—2020 年，自马来西亚的林产品进口额围绕 1.25 亿美元波动，这在一定程度上说明两国林产品贸易是稳定的，有助于林产品贸易开展。自菲律宾、泰国和中国进口林产品的贸易效率相近，在 21%—29%。中国、泰国是越南林产品进口的主要来源国，进口额及其所占越南林产品进口的份额不断扩大，但自两国的进口效率远低于马来西亚，说明越南人为阻碍自两国进口林产品；自菲律宾的林产品进口额及其所占越南林产品进口份额均较小，可见菲律宾不是越南林产品进口的主要来源国。自印度尼西亚进口林产品的贸易效率较高，为 49.93%。考察期间，自印度尼西亚的林产品进口额低于中国，但进口效率远高于中国，说明相对中国，越南更希望自印度尼西亚进口林产品。

表 7-10　　　　　　　　CAFTA 内部的进口效率

进口国	中国	印度尼西亚	马来西亚	菲律宾	泰国	越南	平均
中国		0.4482	0.7612	0.4367	0.9116	0.4322	0.5980
印度尼西亚	0.2921		0.1195	0.1838	0.4822	0.1544	0.2464
马来西亚	0.6362	0.2044		0.7816	0.9331	0.4016	0.5914
菲律宾	0.1011	0.1795	0.9024		0.3251	0.0719	0.3160
泰国	0.2627	0.1189	0.8761	0.2812		0.0635	0.3205
越南	0.2169	0.4993	0.9421	0.2834	0.2651		0.4414
平均	0.3018	0.2900	0.7203	0.3933	0.5834	0.2247	

注：数值为算术平均值。

第七章
中国—东盟自由贸易区林产品贸易潜力及影响因素

三 贸易潜力

根据本章第二节的分析方法，计算得到2002—2020年CAFTA成员国间林产品进口贸易潜力值，见表7-11。由表7-11可知，从贸易潜力来看，绝大部分年份，中国自CAFTA成员国进口林产品的潜力最大；除马来西亚外，其他成员国自中国进口林产品的潜力大于其自其余成员国进口的潜力，这在一定程度上说明大国效应对贸易潜力产生显著影响。

从可拓展进口贸易潜力[①]看，相对其他成员国，中国自印度尼西亚、菲律宾两国的可拓展进口贸易潜力最大；相对于菲律宾、泰国、越南，中国自马来西亚的可拓展进口贸易潜力较大；近年来，各成员国自越南的可拓展进口贸易潜力相差较大，其中，中国的可拓展进口贸易潜力最大；中国自泰国的可拓展进口贸易潜力不断扩大，而其他各成员国自泰国的可拓展进口贸易潜力整体呈缩小态势。这在一定程度上说明大国效应也对可拓展进口贸易潜力产生显著影响。

四 贸易非效率的影响因素

根据本章第二节的分析方法，利用2002—2020年CAFTA成员国间林产品进口额，对影响贸易非效率的因素进行分析。由于数据是面板数据，因此选择固定效应方法和随机效应方法进行模型估计，并进行豪斯曼检验，根据检验结果而选择固定效应模型，结果见表7-12。

---

① 可拓展进口贸易潜力=（实际进口额/贸易效率）-实际进口额。

表 7-11　2002—2020 年 CAFTA 内部林产品进口贸易潜力

单位：百万美元

出口国	进口国	2002 年 TE	2002 年 TR	2002 年 TR'	2008 年 TE	2008 年 TR	2008 年 TR'	2014 年 TE	2014 年 TR	2014 年 TR'	2020 年 TE	2020 年 TR	2020 年 TR'
中国	印度尼西亚	0.2726	1267.79	4650.93	0.3916	1241.38	3170.33	0.5087	2475.90	4867.02	0.6145	3623.67	5897.06
	马来西亚	0.6511	515.95	792.46	0.7327	386.66	527.74	0.7985	406.84	509.48	0.8500	363.01	427.06
	菲律宾	0.2610	74.64	286.01	0.3795	167.30	440.89	0.4974	701.30	1410.08	0.6046	515.55	852.73
	泰国	0.8659	373.16	430.95	0.9006	765.75	850.23	0.9270	2501.51	2698.62	0.9466	5253.28	5549.54
	越南	0.2565	72.11	281.18	0.3748	369.80	986.77	0.4929	1807.37	3666.79	0.6007	2583.55	4300.98
	中国	0.1307	111.01	849.31	0.2307	385.62	1671.29	0.3477	619.70	1782.36	0.4673	1233.46	2639.66
印度尼西亚	马来西亚	0.0257	15.91	618.68	0.0716	142.35	1987.25	0.1498	133.64	891.89	0.2550	104.29	408.98
	菲律宾	0.0572	1.51	26.34	0.1273	3.58	28.10	0.2266	9.38	41.41	0.3434	12.75	37.12
	泰国	0.3083	54.02	175.24	0.4278	202.20	472.67	0.5422	293.72	541.77	0.6433	201.90	313.86
	越南	0.0415	0.87	21.04	0.1011	10.38	102.68	0.1920	68.96	359.10	0.3048	92.92	304.81
	中国	0.4871	81.05	166.38	0.5946	315.37	530.38	0.6871	527.50	767.71	0.7629	830.53	1088.67
马来西亚	印度尼西亚	0.0693	221.79	3200.04	0.1462	296.41	2027.92	0.2503	394.48	1575.83	0.3689	657.72	1782.88
	菲律宾	0.6792	15.09	22.21	0.7554	14.36	19.02	0.8163	33.17	40.64	0.8636	16.29	18.86
	泰国	0.8979	82.77	92.19	0.9248	227.84	246.38	0.9449	256.29	271.23	0.9599	287.83	299.87
	越南	0.2264	5.33	23.53	0.3427	21.05	61.44	0.4621	88.34	191.16	0.5735	150.58	262.59

第七章 中国—东盟自由贸易区林产品贸易潜力及影响因素

续表

出口国	进口国	2002年 TE	2002年 TR	2002年 TR'	2008年 TE	2008年 TR	2008年 TR'	2014年 TE	2014年 TR	2014年 TR'	2020年 TE	2020年 TR	2020年 TR'
菲律宾	中国	0.0187	30.44	1626.43	0.0570	111.97	1965.04	0.1271	458.43	3606.97	0.2265	1068.80	4718.61
	印度尼西亚	0.0547	39.56	722.59	0.1233	55.35	448.71	0.2216	98.66	445.31	0.3379	169.96	503.04
	马来西亚	0.8523	66.50	78.02	0.8903	75.20	84.47	0.9192	127.50	138.70	0.9409	97.02	103.12
	泰国	0.1575	36.05	228.83	0.2639	38.51	145.90	0.3830	43.33	113.13	0.5010	59.30	118.38
	越南	0.0097	0.54	55.70	0.0354	3.76	106.15	0.0902	16.68	184.88	0.1770	43.47	245.54
泰国	中国	0.1085	53.53	493.51	0.2018	380.85	1887.69	0.3157	771.23	2443.08	0.4359	1070.70	2456.24
	印度尼西亚	0.0255	43.24	1697.09	0.0711	99.71	1401.62	0.1491	128.06	858.88	0.2541	204.68	805.56
	马来西亚	0.8137	177.12	217.67	0.8608	324.09	376.49	0.8971	262.50	292.62	0.9244	154.38	167.01
	菲律宾	0.1223	4.32	35.30	0.2199	13.28	60.38	0.3359	13.34	39.71	0.4558	11.38	24.97
	越南	0.0076	1.73	228.59	0.0297	25.46	856.35	0.0796	89.07	1119.36	0.1617	256.40	1585.53
越南	中国	0.0772	30.77	398.82	0.1579	297.38	1883.29	0.2646	589.55	2227.74	0.3840	1430.58	3725.86
	印度尼西亚	0.3266	51.82	158.65	0.4460	160.38	359.59	0.5587	306.83	549.22	0.6573	354.47	539.25
	马来西亚	0.9114	67.04	73.55	0.9349	179.62	192.13	0.9524	151.12	158.67	0.9654	86.24	89.33
	菲律宾	0.1240	2.91	23.48	0.2221	18.18	81.87	0.3383	13.33	39.40	0.4582	8.64	18.87
	泰国	0.1102	25.53	231.56	0.2041	206.36	1011.03	0.3183	409.06	1285.03	0.4385	405.54	924.76

注：TE 表示贸易效率，TR 表示实际贸易额（出口额），TR'表示贸易潜力。

表 7-12　　　　　各因素对于进口贸易非效率的影响

	变量	固定效应		随机效应	
		系数	t 值	系数	z 值
出口国的特征	GE_{it}	-0.0272***	-3.98	-0.0276***	-3.92
	BF_{it}	-0.0035	-1.13	-0.0035	-1.23
	MF_{it}	0.0020	0.44	0.0022	0.51
	TF_{it}	-0.0210***	-3.36	-0.0213***	-3.35
	FF_{it}	-0.0093***	-2.94	-0.0097***	-3.19
进口国的特征	GE_{jt}	-0.0091	-1.41	-0.0100	-1.52
	BF_{jt}	0.0024	0.92	0.0023	0.96
	MF_{jt}	0.0021	0.50	0.0019	0.46
	TF_{jt}	-0.0017	-0.38	-0.0010	-0.21
	FF_{jt}	-0.0121***	-3.04	-0.0112***	-2.87
常数		5.7669***	8.53	5.7924***	7.48
R^2		0.6952		0.6949	
F		111.80			
豪斯曼检验		20.25			
N		570		570	

综合来看：①进、出口国的政府办事效率与贸易非效率项负相关，即系数符号为负，与预期相符，但系数显著性存在差异。其中，出口国政府办事效率的系数在1%水平下显著，说明出口国政府办事效率的提高，将减弱出口贸易障碍，有利于林产品出口；进口国政府办事效率的系数不显著，说明进口国政府办事效率水平对林产品进口效率未产生显著影响。②出口国的商业自由度与林产品进口贸易非效率项之间存在负相关关系，与预期相符，但不显著；进口国的商业自由度与林产品进口贸易非效率项之间存在正相关关系，与预期不符，但不显著，这说明贸易国的商业自由化未能够显著促进产业分工、结构调整，并未对林产品贸易产生显著影响。③进、出口国的货币自由度与贸易非效率项之间存在正相关关系，与预期不符，但不显著，说明进、出口国家银行体系的效率水平并

未对林产品进口贸易产生显著影响。④进、出口国的贸易自由度对于贸易非效率项有负面影响，与预期符合，但系数显著性存在差异。其中，出口国的贸易自由度系数在1%水平下显著，说明出口国的贸易自由度越高，越有利于林产品出口贸易；进口国的贸易自由度系数不显著，说明进口国贸易自由度的高低未对贸易效率产生显著影响。⑤进、出口国的金融自由度与贸易非效率项在1%水平下显著负相关，与预期相符，说明金融业越开放越有利于贸易发展。主要表现在两个方面：一方面出口国金融自由化程度越高，则林产品供给企业遇到的融资约束越低，有助于林产品生成、出口；另一方面进口国金融自由化程度越高，则市场越活跃，有助于形成进口需求。

第四节 本章小结

本章选取2002—2020年CAFTA成员国间的双边林产品贸易数据及相关变量数据，运用时变随机前沿引力模型，从进口和出口两个视角，对CAFTA成员国间林产品贸易效率估计，测算前沿贸易潜力，并对影响贸易非效率因素进行研究。

（1）考察期间，CAFTA成员国间林产品进、出口贸易效率呈现上升趋势，大部分成员国间的出口贸易效率小于其进口效率。其中，泰国、越南与中国之间和马来西亚与菲律宾、越南之间的出口贸易效率大于其进口效率；菲律宾、泰国与越南之间的出口贸易效率与进口效率的关系，由大于转为小于；其他成员国间的出口贸易效率小于其进口效率。

（2）CAFTA成员国间林产品贸易具有较大的提升空间，但进、出口贸易潜力存在异质性。从贸易潜力来看，成员国间进、出口贸易潜力呈逐年增加；除个别情况外，中国与CAFTA成员国间林产品出口潜力、进口潜力大于其他成员国，这在一定程度上表明大国效应对贸易潜力影响显著。从可拓展贸易潜力来看，相对其他成员国，中国与CAFTA成员国间的可拓展贸易潜力较大。

（3）出口国的政府效率、贸易自由度、金融自由度越高，越有助于成员国间林产品贸易。进口国的金融自由度水平与贸易非效率之间存在显著负相关关系，表明其对鼓励成员国间林产品贸易具有较强的促进作用；政府效率、贸易自由度对成员国间林产品出口贸易产生显著的推动作用，但对成员国间林产品进口贸易未产生显著影响。贸易伙伴的商业自由度、货币自由度与成员国间林产品贸易效率之间不存在显著关系。

第八章
结论及政策启示

本章对全书主要研究结论进行归纳和总结,并在此基础上,对自由贸易区特别是由发展中国家参与建设的自由贸易区的林产品贸易稳步发展给出建议,最后指出本书存在的不足以及开展下一步研究的方向。

第一节 研究结论

区域一体化对于贸易的影响主要表现在以下两个方面,一是静态效应,即在经济资源总量不变、技术水平一定的情况下,区域一体化使资源的配置按较有效率的方向发展,导致成员国的贸易出现贸易创造、贸易转移和贸易扩大效应;二是动态效应,即区域一体化使竞争加强,引起贸易格局的改变,规模经济效应出现,导致部门和地区的投资与再投资变化,进而改变技术水平,使新的比较利益出现。基于以上分析,本书在总结已有关于区域经济一体化的贸易效应的研究基础上,构建自由贸易区的贸易效应理论分析框架,将林产品贸易流量作为贸易效应的代表性指标,系统地研究CAFTA建设对林产品贸易的影响。

本书在分析 CAFTA 成员国间的林产品贸易现状时发现:①中国、东盟林产品贸易规模均不断扩大,但前者的贸易规模、增长规模均大于后者；中国与东盟国家的林产品贸易规模持续扩大，但占前者对外林产品贸易的比重总体呈下降态势，而占后者的比重总体呈上升态势。②从贸易结合度来看，中国同东盟国家的林产品贸易关系较为紧密，其中，中国与东盟国家的林产品出口贸易结合度逐年攀升，而东盟国家与中国的林产品出口贸易结合度呈逐年减弱。③从贸易竞争性来看，中国与东盟国家的林产品竞争程度较高，整体呈倒"U"形变化。④从贸易互补性来看，中国与东盟国家的林产品贸易的总体互补性较高，且不断增强，东盟国家与中国的林产品贸易互补性较低，且逐年减弱。⑤中国与东盟国家林产品贸易以产业间贸易为主，产业间贸易程度较高。

本书循着理论分析框架，对CAFTA的林产品贸易效应进行实证研究，得出如下基本结论：

（1）林产品静态贸易效应的检验结果表明：从林产品整体来看，CAFTA对于成员国林产品出口贸易具有贸易转移效应，主要体现在CAFTA与成员国间林产品出口之间存在显著负相关关系，与成员国和非成员国间林产品出口之间存在显著正相关关系；CAFTA对于成员国林产品进口贸易具有抑制作用，体现在CAFTA与成员国的林产品进口之间存在负向关系，主要原因是部分成员国实施限制林产品出口、进口的贸易政策。

从具体林产品来看，CAFTA对于成员国部分林产品出口贸易具有贸易创造效应，主要体现在CAFTA与成员国的林果、纸及纸制品以及木浆（2010—2015年）3类林产品出口之间显著正相关；CAFTA对于成员国的人造板（2010—2015年）、林品（2004—2010年）、纸及纸制品（2004—2010年）3类林产品的进口贸易具有贸易转移效应，对于成员国间的其他原材贸易进口贸易具有贸易创造效应。

（2）林产品动态贸易效应的实证分析发现：CAFTA成员国间林产品贸易增长的主要原因是可自由贸易的林产品市场得到扩大。除个别国家外，成员国间林产品出口结构对于贸易的增长影响为正，而成员国间林产品进口结构对于贸易的增长影响由正转为负。竞争效应对于 CAFTA 各成员国间林产品贸易增长的影响并不一致。其中，中国林产品出口竞争力的提高对林产品出口增长具有拉动作用，其他成员国林产品在中国市场不具备出口竞争力，并未对中国林产品进口增长发挥拉动作用。

（3）分析林产品贸易效率发现：林产品贸易效率呈上升态势。CAFTA 成员国间林产品进、出口贸易效率均呈现波动上升。从整体来看，大部分成员国的出口贸易效率小于其进口效率。由于进、出口贸易效率上升幅度存在差异，个别成员国间的出口贸易效率与进口效率的大小关系发生改变，由大于转为小于。虽然贸易效率不断上升，贸易额不断扩大，但成员国间林产品的可拓展贸易潜力依然较大。相对其他成员国，中国与 CAFTA 成员国间的可拓展贸易潜力较大。

（4）进一步分析影响林产品贸易效率的因素发现：市场监督效率（包括政府效率、贸易自由度、金融自由度）有助于林产品贸易，而市场开放程度（商业自由度、货币自由度）未对林产品贸易产生显著影响。但贸易双方的政府效率、贸易自由度、金融自由度等因素对于成员国间林产品贸易的影响存在显著差异。其中，对于出口国而言，上述三因素与成员国间贸易非效率之间存在负相关关系，表明上述因素水平提升有助于林产品贸易。对于进口国而言，提升金融自由度水平能促进林产品贸易；政府效率、贸易自由度对出口贸易非效率具有显著抑制作用，但对进口贸易非效率未产生显著影响。贸易伙伴的商业自由度、货币自由度与成员国间林产品贸易非效率之间不存在显著关系。

第二节　政策启示

自由贸易区对于贸易的影响是很重要的，如何让自由贸易区对林产品贸易形成正向激励是在区域一体化的过程中每一个林产品贸易大国都必须严肃对待的。由于自由贸易区建设的基础不同,在自由贸易区建设的过程中成员国要充分利用两个市场、两种资源,积极发展本国林产品贸易。基于本书的理论和实证研究,提出如下建议:

(1) 面对当前贸易保护主义抬头的情况,各国参与自由贸易区建设应该立足于各自贸易区现状,同时从发展的视角开展多边谈判,促进自由贸易区均衡、共赢、包容发展,以确保自由贸易区内林产品贸易能够得到稳健发展,带动经济健康增长,有利于实现林业可持续发展的经济和社会目标;自由贸易区成员国应当积极推进自由贸易区谈判的达成,并根据协定切实降低林产品的关税和非关税贸易壁垒,实现自由贸易区内部林产品自由贸易。

(2) 自由贸易区的成员国应该注意到,旨在改善贸易条件、扩大市场规模的自由贸易区建设对于成员国之间林产品贸易发展的重要性,制定实施合理的政策清除成员国之间人为造成的贸易壁垒。此外,要全方位改善林产品贸易环境,比如简化通关程序、缩短通关时间,提高通关效率,推进贸易便利化;合理设置林产品通关口岸,使林业企业能够更加便利展开贸易。这为林业企业的贸易结构、生产结构调整注入新的动力,有助于其实现规模经济效应。

(3) 由于部分成员国市场机制不够完善、基础设施较为落后,其林业部门根据市场信息及时调整林业结构的能力较弱,林产品的竞争力难以快速提高,因此成员国要合理利用贸易规则,因势利导林业部门积极调整生产,避免市场调节的滞后性;成员国在自由贸易区的规则框架下实施支持措施提升林产品竞争力,如加强林产品运输的基础设施建设以降低运输成本,加大林业生产先进设备引进的补贴力度以提高生产效率,加大林业基础研发投入并推动成果的转化,积极推进先进信息技术在营林领域的应用以提高风险防范能力。

(4) 在国内市场上要着力减少政府过度干预,要全方位改善市场经济环境,提高市场效率,促进林产品及其生产要素的自由有序流动和平等交换：改善企业成立和关闭流程，简化审批手续，创新管理方式，以提高政府办事效率；加快金融服务领域的开放，放松金融市场管制，并推进货币自由兑换；积极下调贸易加权的平均关税税率，不断减少非关税壁垒的数量；有效实施稳健的货币政策，以保障物价稳定。

第三节　后续研究的问题

本书研究在实施自由贸易区战略的背景下，对CAFTA林产品贸易效应进行了尽可能全面的探讨，限于笔者自身研究能力以及数据层面的现实约束，无法对部分问题进行更加深入研究，未尽之处留作后续研究进一步努力的方向。

（1）在理论分析中关注了政府行为对于林产品贸易的影响，由于现有数据的限制，本书未找到合理变量代表一国政府的林产品非贸易关注。希望在下一步的研究中，选取合理的林产品非贸易关注变量，对自由贸易区的林产品贸易效应这一问题进行更加全面的分析。

（2）由于不同林产品的贸易存在一定差异性，林产品贸易数据加总程度越高则差异性越容易被忽视，希望在下一步的研究中，对林产品贸易中比重较大的各类林产品，分别使用更细致的数据对自由贸易区的贸易效应这一问题进行更加全面的分析。

参考文献

彼得·罗布森:《国际一体化经济学》,上海世纪出版集团 2001 年版。

曹亮等:《CAFTA 框架下中国进口的贸易创造和贸易转移——以 HS-6 位数机电产品为例》,《国际贸易问题》2013 年第 8 期。

陈汉林、涂艳:《中国—东盟自由贸易区下中国的静态贸易效应——基于引力模型的实证分析》,《国际贸易问题》2007 年第 5 期。

陈虹等:《TTIP 对中国经济影响的前瞻性研究——基于可计算一般均衡模型的模拟分析》,《国际贸易问题》2013 年第 12 期。

陈军亚:《西方区域经济一体化理论的起源及发展》,《华中师范大学学报》(人文社会科学版)2008 年第 6 期。

陈磊、曲文俏:《中国—东盟自由贸易区贸易效应评析——基于 Heckman 选择模型的研究》,《经济与管理评论》2012 年第 2 期。

陈诗阳:《中国—东盟自由贸易区:理论、现状和政策建议》,《亚太经济》2003 年第 3 期。

陈雯:《中国—东盟自由贸易区的贸易效应研究——基于引力模型"单国模式"的实证分析》,《国际贸易问题》2009 年第 1 期。

程伟晶、冯帆:《中国—东盟自由贸易区的贸易效应——基于三阶段引力模型的实证分析》,《国际经贸探索》2014 年第 2 期。

程滢:《中国林产品国际贸易的比较利益研究》,博士学位论文,浙江大学,2013 年。

崔庆波等:《中国—东盟自由贸易区对成员国国际产业分工结

参考文献

构的影响》,《广西社会科学》2017 年第 9 期。

戴明辉、沈文星:《中国木质林产品贸易流量与潜力研究:引力模型方法》,《资源科学》2010 年第 11 期。

董鹏馥等:《各类区域贸易协定对贸易促进作用的实证分析》,《世界经济与政治论坛》2014 年第 4 期。

董有德、赵星星:《内生自由贸易协定的贸易流量效应——基于平均处理效应的非参估计》,《世界经济研究》2014 年第 2 期。

范爱军、曹庆林:《中国对东盟地区的贸易流量分析——基于引力模型的研究》,《亚太经济》2008 年第 3 期。

方晓丽、朱明侠:《中国及东盟各国贸易便利化程度测算及对出口影响的实证研究》,《国际贸易问题》2013 年第 9 期。

龚新蜀等:《丝绸之路经济带:贸易竞争性、互补性和贸易潜力——基于随机前沿引力模型》,《经济问题探索》2016 年第 10 期。

顾艳红:《林业合作组织的主体行为与合作机制研究》,博士学位论文,北京林业大学,2013 年。

国家林业局:《2014 中国林业发展报告》,中国林业出版社 2014 年版。

韩民春、顾婧:《WTO 框架下建立 CAFTA 的静态与动态效应分析》,《国际贸易问题》2010 年第 5 期。

韩爽等:《贸易自由化对中国林产品出口的影响——基于微观引力模型的实证研究》,《学习与探索》2019 年第 9 期。

贺晓琴:《建立"中国—东盟自由贸易区"的目标、进程与利益分析》,《世界经济研究》2003 年第 6 期。

胡艳英、刘思雨:《贸易便利化对中国木质林产品出口东盟的三元边际影响研究》,《林业经济问题》2021 年第 4 期。

黄新飞等:《基于"多国模式"的中国—东盟自由贸易区贸易效应研究》,《学术研究》2014 年第 4 期。

江虹:《建立中国—东盟自由贸易区的经济效益分析》,《国际贸易问题》2005 年第 4 期。

蒋敏元等：《森林资源经济学》，东北林业大学出版社 2003 年版。

匡增杰：《中日韩自贸区的贸易效应研究》，博士学位论文，上海社会科学院，2014 年。

郎永峰、尹翔硕：《中国—东盟 FTA 贸易效应实证研究》，《世界经济研究》2009 年第 9 期。

李常君：《中国蔬菜出口日本的增长效应分析》，《世界经济研究》2006 年第 2 期。

李丽等：《中印自由贸易区的建立对中国及世界经济影响研究》，《世界经济研究》2008 年第 2 期。

李荣林等：《亚洲区域贸易协定的贸易效应——基于 PSM 方法的研究》，《国际经贸探索》2014 年第 12 期。

李周等：《中国林业产业结构分析与设计》，《林业经济》1991 年第 4 期。

林红：《重点国有林区民生林业发展机制研究》，博士学位论文，东北林业大学，2016 年。

凌冬梅、蔡志坚：《中美木质林产品贸易互补性和稳定性的演变与分析》，《世界农业》2016 年第 5 期。

刘斌、刘欣：《中国—东盟自贸区升级版的经济效应——基于 GTAP 模型分析》，《亚太经济》2016 年第 4 期。

刘艺卓：《林产品国际贸易及其影响因素研究》，中国农业出版社 2008 年版。

刘艺卓、田志宏：《世界林产品贸易格局分析》，《世界农业》2007 年第 8 期。

刘艺卓等：《世界林产品贸易主要影响因素的实证分析》，《中国农村经济》2008 年第 10 期。

刘艺卓等：《中国林产品产业内贸易分析》，《中国农村经济》2006 年第 9 期。

刘英杰：《中国苹果产业经济研究》，博士学位论文，中国农业大学，2005 年。

龙云安：《基于中国—东盟自由贸易区产业集聚与平衡效应研究》，《世界经济研究》2013 年第 1 期。

卢文鹏、李达：《创建中国—东盟自由贸易区的政治经济学分析》，《国际贸易问题》2002 年第 9 期。

吕冰、陈飞翔：《CAFTA 对中国企业出口国内附加值率的影响》，《财贸经济》2021 年第 6 期。

马俊英：《出口贸易对制度进步的影响》，博士学位论文，浙江大学，2016 年。

孟辕：《辽宁林农合作组织内部治理结构与动力机制研究》，博士学位论文，北京林业大学，2016 年。

庞波、夏友富：《木材及其产品进口与生态环境保护》，《国际贸易问题》2005 年第 12 期。

邱俊齐：《林业经济学》，中国林业出版社 1998 年版。

邱亦维、杨刚：《绿色贸易壁垒对中国林产品出口的影响及对策》，《国际贸易问题》2007 年第 5 期。

任力、黄崇杰：《国内外环境规制对中国出口贸易的影响》，《世界经济》2015 年第 5 期。

沈铭辉：《中国—东盟自由贸易区：成就与评估》，《国际经济合作》2013 年第 9 期。

石小亮等：《低碳经济下林产品贸易发展研究》，《管理现代化》2015 年第 1 期。

宋莎等：《中美木质林产品产业内贸易及影响因素的实证分析》，《经济问题探索》2013 年第 4 期。

宋维明、程宝栋：《世界林产品贸易发展趋势及对中国的影响》，《国际贸易》2007 年第 11 期。

宋学印：《国际准前沿经济体的技术进步机制：从追赶导向到竞争导向》，博士学位论文，浙江大学，2016 年。

孙衷颖：《区域经济组织的贸易便利化研究》，博士学位论文，南开大学，2009年。

陶剑：《中国贸易改革竞争效应的实证分析》，《上海经济研究》1999年第7期。

万佑锋：《中国智利FTA贸易效应研究——基于巴拉萨模型的实证研究》，《广西财经学院学报》2013年第6期。

王道俊：《建立CAFTA对于中国—东盟贸易产生的效应》，《世界经济研究》2006年第6期。

王勤、赵雪霏：《论中国—东盟自贸区与共建"一带一路"》，《厦门大学学报》（哲学社会科学版）2020年第5期。

王瑞、温怀德：《中国对"丝绸之路经济带"沿线国家农产品出口潜力研究——基于随机前沿引力模型的实证分析》，《农业技术经济》2016年第10期。

王学柏、李荣林：《中国—东盟自由贸易区的比较优势与效应分析》，《天津师范大学学报》（社会科学版）2006年第1期。

王艳红：《中国—东盟自由贸易区的经济效应研究》，博士学位论文，南开大学，2010年。

王卓：《区域经济一体化贸易效应研究述评》，《北京工商大学学报》（社会科学版）2009年第4期。

魏民：《中国东盟自由贸易区的构想与前景》，《国际问题研究》2002年第4期。

吴强：《贸易自由化下的中国农产品贸易政策变动之影响分析》，博士学位论文，南京农业大学，2008年。

小岛清：《对外贸易论》，南开大学出版社1987年版。

徐芬：《基于区内和区外双角度的中国—东盟自贸区贸易效应分析》，《国际商务研究》2021年第5期。

徐婧：《CAFTA对中国和东盟货物贸易效应差异的实证研究》，博士学位论文，上海社会科学院，2008年。

许庆等：《零关税政策背景下中国—东盟自贸区农产品贸易对中国经济影响的模拟分析》，《世界经济研究》2011年第11期。

薛艳：《我国林业投融资问题研究》，博士学位论文，东北林业大学，2006年。

杨重玉、高岚：《中国—东盟自由贸易区的中国农产品出口贸易效应》，《北京工商大学学报》（社会科学版）2018年第4期。

尹翔硕、汤毅：《比较优势、可贸易性与贸易不平衡》，《世界经济文汇》2013年第3期。

余鲁等：《基于CMS模型的中国畜产品出口波动影响因素分析》，《农业经济问题》2008年第346期。

余淼杰、高恺琳：《中国—东盟自由贸易区的经济影响和减贫效应》，《国际经济评论》2018年第4期。

袁立波：《中日韩区域服务贸易自由化研究》，社会科学文献出版社2013年版。

原瑞玲、田志宏：《中国—东盟自贸区农产品贸易效应的实证研究》，《国际经贸探索》2014年第4期。

张寒、聂影：《中国林产品出口增长的动因分析：1997—2008》，《中国农村经济》2010年第1期。

张寒等：《中国胶合板贸易波动实证分析》，《世界林业研究》2008年第2期。

张洪胜：《贸易自由化、融资约束与中国外贸转型升级》，浙江大学，2017年。

张焦伟：《FTA的经济效应与我国伙伴选择策略研究》，博士学位论文，南开大学，2009年。

张婕、许振燕：《CEPA贸易创造与贸易转移效应的实证分析》，《亚太经济》2007年第1期。

张亮：《中国对东盟的投资效应及产业影响研究》，《山东社会科学》2021年第4期。

张亚斌、马莉莉：《丝绸之路经济带：贸易关系、影响因素与发展潜力——基于CMS模型与拓展引力模型的实证分析》，《国际经贸探索》2015年第12期。

张中元、沈铭辉：《中国—东盟自由贸易区对双边贸易产品结构的影响》，《中国社会科学院研究生院学报》2017年第5期。

赵春、刘振林：《论"中国—东盟自由贸易区"的前景与挑战》，《世界经济与政治》2002年第11期。

赵金龙、赵明哲：《CAFTA对中国和东盟6国双边贸易的影响研究》，《财贸经济》2015年第12期。

赵雨霖、林光华：《中国与东盟10国双边农产品贸易流量与贸易潜力的分析——基于贸易引力模型的研究》，《国际贸易问题》2008年第12期。

钟慧中：《略论区域经济一体化贸易效应的数量评价方法》，《数量经济技术经济研究》1997年第10期。

周曙东、崔奇峰：《中国—东盟自由贸易区的建立对中国进出口贸易的影响——基于GTAP模型的模拟分析》，《国际贸易问题》2010年第3期。

周曙东等：《中国—东盟自由贸易区的建立对区域农产品贸易的动态影响分析》，《管理世界》2006年第10期。

周泽峰：《出口退税对林产品贸易的影响研究》，博士学位论文，中国林业科学研究院，2007年。

庄丽娟：《国际服务贸易与经济增长的理论和实证研究》，中国经济出版社2007年版。

庄丽娟、罗洁：《中国—东盟自贸区框架下中泰荔枝龙眼贸易效应分析》，《华中农业大学学报》（社会科学版）2014年第3期。

庄丽娟、郑旭芸：《中国—东盟热带水果贸易强度及潜力分析》，《华南农业大学学报》（社会科学版）2016年第1期。

Anderson, J. E., "A Theoretical Foundation for the Gravity Equation?", *The American Economic Review*, Vol. 69, No. 1, 1979.

Aslam, M., "The Impact of ASEAN-China Free Trade Area Agreement on ASEAN's Manufacturing Industry", *Journal of China Studies*, Vol. 3, No. 1, 2012.

参考文献

Baier, S. L. , Bergstrand, J. H. , "Estimating the Effects of Free Trade Agreements on International Trade Flows Using Matching Econometrics", *Journal of International Economics*, Vol. 77, No. 1, 2009.

Baldwin, R. , Taglioni, D. , "Gravity for Dummies and Dummies for Gravity Equations", NBER Working Paper Series-National Bureau of Economic Research, No. 12516, 2006.

Bergstrand, J. H. , "The Generalized Gravity Equation, Monopolistic Competition, and the Factor - Proportions Theory in International Trade", *Review of Economics and Statistics*, Vol. 71, No. 1, 1989.

Chirathivat, S. , "ASEAN-China Free Trade Area: Background, Implications and Future Development", *Journal of Asian Economics*, Vol. 13, No. 5, 2002.

Corden, W. M. , "Economies of Scale and Customs Union Theory", *Journal of Political Economy*, Vol. 80, No. 3, Part 1, 1972.

Devadason, E. S. , "ASEAN-China Trade Flows: Moving Forward with ACFTA", *Journal of Contemporary China*, Vol. 19, No. 66, 2010.

Estrada, G. E. G. et al. , "China's Free Trade Agreements with ASEAN, Japan and Korea: A Comparative Analysis", *China & World Economy*, Vol. 20, No. 4, 2012.

Ghosh, S. A. , Yamarik, S. B. , "Are Regional Trading Arrangements Trade Creating? An Application of Extreme Bounds Analysis", *International Economics*, Vol. 63, No. 2, 2004.

Hasan, M. M. et al. , "CAFTA: China-ASEAN Free Trade Aream Implication on Trade and Development", *Journal of Economics and Sustainable Development*, Vol. 5, No. 15, 2014.

Havens, R. M. , Balassa, B. , "The Theory of Economic Integration", *Journal of Political Economy*, Vol. 29, No. 1, 1961.

Helpman, E. , Rubinstein, M. M. A. Y. , "Estimating Trade Flows: Trading Partners and Trading Volumes", *The Quarterly Journal of Eco-*

nomics, Vol. 123, No. 2, 2008.

Johnson, H. G., "The Economic Theory of Customs Union", *Pakistan Economic Journal*, Vol. 1, No. 1, 1960.

Krauss, M. B., "Recent Developments in Customs Union Theory: An Interpretive Survey", *Journal of Economic Literature*, Vol. 10, No. 2, 1972.

Linders, G. J., De Groot, H. L. F., "Estimation of the Gravity Equation in the Presence of Zero Flows", *SSRN Electronic Journal*, Vol. 82, 2006.

Meade, *Trade and Welfare*, London: Oxford University Press, 1955, p. 618.

Park, D., "The Prospects of the ASEAN-China Free Trade Area (ACFTA): A Qualitative Overview", *Journal of the Asia Pacific Economy*, Vol. 12, No. 4, 2007.

Park, D. et al., "Prospects for ASEAN-China Free Trade Area: A Qualitative and Quantitative Analysis", *China & World Economy*, No. 4, 2009.

Qiaomin, L. et al., "Effects on China and ASEAN of the ASEAN-China FTA: The FDI Perspective", *Journal of Asian Economics*, Vol. 44, No. Supplement C, 2016.

Scitovsky, *Economic Theory and Western European Integration*, London: George Allen and Unwin, 1958, p. 154.

Sun, L. S. L., Reed, M. R. M. R., "Impacts of Free Trade Agreements on Agricultural Trade Creation and Trade Diversion", *American Journal of Agricultural Economics*, Vol. 92, No. 5, 2010.

Taylor, J. E. et al., "Does Agricultural Trade Liberalization Reduce Rural Welfare in Less Developed Countries? The Case of CAFTA", *Applied Economic Perspectives and Policy*, Vol. 32, No. 11993, 2007.

Tinbergen, J., *Shaping the World Economy: Suggestions for an In-*

ternational Economic Policy, New York: Twentieth Century Fund, 1962, p. 330.

Tovar, P., "Preferential Trade Agreements and Unilateral Liberalization: Evidence from CAFTA", *World Trade Review*, Vol. 11, No. 4, 2012.

Van, A. et al., "Are Food Safety Standards Weighing Exports Down? A Theoretically-Consistent Gravity Model Approach on Seafood Exports to the EU, Japan and US", International Agricultural Trade Research Consortium, 2009.

Viner, J., *The Customs Union Issue*, London: Oxford University Press, 2014, p. 240.

Yakop, M., Bergeijk, P. V., "The Weight of Economic and Commercial Diplomacy", *Ssrn Electronic Journal*, No. 478, 2009.

Yang, S., Martínez-Zarzoso, I., "A Panel Data Analysis of Trade Creation and Trade Diversion Effects: The Case of ASEAN-China Free Trade Area", *China Economic Review*, Vol. 29, No. C, 2014.

Yu, S. K. A. L., "Evolving China-ASEAN Relations and CAFTA: Chinese Perspectives on China's Initiatives in Relation to ASEAN Plus 1", *European Journal of East Asian Studies*, Vol. 12, No. 1, 2013.